丁凤琴 ◇ 著

本书出版幸承 2018 年国家自然科学基金项目"道德与净脏：具身隐喻映射及其神经机制"（31860283）和 2017 年宁夏回族自治区研究生教育创新计划示范课程建设项目"高级心理统计学"（YKC201706）的资助

青少年捐助行为
归因与教育

THE ATTRIBUTION AND EDUCATION
OF ADOLESCENTS'
CHARITABLE DONOR

科学出版社

北 京

内 容 简 介

目前，关于弱势群体的慈善教育非常突出的问题就是个人捐助行为的责任和意识普遍缺乏，个人捐助行为背后的原因机制也越来越复杂，捐助行为归因成为当前社会和教育界关注的焦点。

本书以青少年为研究对象，以捐助行为归因为研究主题，基于行为归因理论，考察了青少年捐助行为归因的特点，揭示了青少年捐助行为归因的内在心理机制，并结合实际探讨了青少年捐助行为归因的教育干预，旨在提升青少年的捐助意识和促进青少年捐助行为，对于促进青少年道德教育与和谐社会互助具有一定意义。

本书对心理学、教育学领域的科研工作者，以及中小学教师、家长具有重要的参考价值。

图书在版编目（CIP）数据

青少年捐助行为归因与教育 / 丁凤琴著． —北京：科学出版社，2019.6
ISBN 978-7-03-061319-6

Ⅰ.①青⋯ Ⅱ.①丁⋯ Ⅲ.①青少年教育-德育-研究-中国 Ⅳ.①G41

中国版本图书馆CIP数据核字（2019）第102852号

责任编辑：付 艳 苏利德 高丽丽 / 责任校对：王晓茜
责任印制：徐晓晨 / 整体设计：铭轩堂
编辑部电话：010-64033934
E-mail: edu_psy@mail.sciencep.com

科学出版社 出版
北京东黄城根北街16号
邮政编码：100717
http://www.sciencep.com
北京虎彩文化传播有限公司印刷
科学出版社发行 各地新华书店经销

*

2019年6月第 一 版 开本：720×1000 B5
2019年6月第一次印刷 印张：14 7/8
字数：270 000

定价：88.00元
（如有印装质量问题，我社负责调换）

前　言

　　用社会力量改善弱势群体的生存环境和生活质量，是慈善文化发展与和谐社会建构的基础。作为一种积极的、无偿赠予他人财物和给予他人帮助的利他性道德行为，捐助行为具有利他性，是公益和社会责任的象征，也是社会进步和成长的主要指标，更是慈善捐助与社会保障体制建构的基础。而捐助行为归因是说明和解释个体捐助行为的重要认知和动机因素，也是促进个体后续捐助行为的重要驱动力，捐助行为归因理应成为备受社会关注的研究主题。但国内目前关于弱势群体的慈善教育存在非常突出的问题，就是个人捐助参与率不高，捐助行为的责任和意识普遍缺乏，这显然与我国建立社会互助与共享的和谐社会的主题相悖。那么，是什么原因导致个体做出或不做出捐助行为？这些对个体后续的捐助行为及干预是否有影响？对前一问题的回答涉及捐助行为的归因推断，对后一个问题的回答则涉及捐助行为归因的后续效应和教育干预。

　　归因是指通过分析他人或自己的外在行为表现以推论和解释其原因的心理过程。对行为的不同归因会影响个体对行为信息的编码、解释和表征及对后续行为的认知，并会影响行为干预与决策的制定。青少年作为未来社会的主体，正处于社会认知能力、行为推理能力等形成和发展的时期，也处于社会意识、价值观等形成和塑造的关键时期，青少年捐助行为归因直接关系着未来社会慈善事业的发展。本书以正在成长和发展中的青少年群体为研究对象，力图站在发展的高度审视和把握青少年捐助行为归因的特点，揭示青少年捐助行为归因的心理机制，阐释青少年捐助行为归因的认知加工机制，并且在理论研究的基础上，结合已有教育干预理论和实际教学实践，对青少年捐助行为归因进行干预，旨在通过对捐助行为归因的干预，提升青少年捐助的思想与意识，这对于增强青少年捐助意识，加强青少年道德教育，促进青少年捐助行为，以及构建和谐社会，具有一定的意义。

本书共分三篇：第一篇，归因理论。本篇首先对归因的概念及其影响因素、经典归因理论、归因偏向理论、归因的双重认知加工和归因对行为的影响等相关内容进行了介绍，针对以上问题提出归因研究中存在的问题，并对青少年捐助行为归因的研究进行了构思。第二篇，青少年捐助行为归因的实证研究。本篇主要考察了青少年捐助行为自我服务归因和捐助行为群际归因偏向的特点；揭示了青少年自发特质归因的行为者联结效应和静止物联结效应，并从生理机制方面进行了印证；阐释了青少年捐助行为归因的特质启动、情境启动和混合启动效应；构建了跨情境下青少年捐助行为归因的心理机制。第三篇，青少年捐助行为归因的教育干预。本篇基于人际和群际视角探讨了青少年捐助行为归因教育干预的有效性；分析了青少年捐助行为归因及教学实践干预的年龄发展，并提出了青少年捐助行为归因集体教育干预方案、教学实践干预策略和个体教育干预策略。

本书具有三个突出特点：第一，归因理论与社会实践相结合。以往的归因研究大多从经典归因理论与归因偏向视角出发，本书则力图结合目前社会中关于捐助行为的现状及不足，将行为归因理论与社会实践相结合提出研究框架。第二，青少年捐助行为归因的实证研究。以往关于捐助行为归因的研究大都停留在定性分析层面，所运用的方法和手段也较为简单，本书基于行为归因理论与捐助行为实际，采用心理学实验法、问卷法考察青少年捐助行为归因的特点、心理机制和教育干预，所运用的方法更客观、科学、有效。第三，青少年捐助行为归因的教育干预。以往研究提出了行为归因的干预方法，但对许多干预方法的有效性未进行检验，本书提出行为干预策略，将行为归因干预策略与青少年捐助行为归因教育干预进行整合，考察青少年捐助行为归因教育干预的有效性，并在此基础上提出青少年捐助行为归因的干预措施。

本书在理论上弥补了以往研究仅关注西方文化背景下归因机制和规律的缺憾，将研究的视角拓展到中国本土文化情境下青少年群体捐助行为归因的特点及其心理机制，发展了青少年捐助行为归因的本土文化建构及其内在心理机制，提高了青少年捐助行为归因研究的本土契合性和生态效度；在实践上深化了教育工作者对青少年群体捐助行为归因的认识和理解，有助于为青少年群体捐助行为和道德教育提供有益的建议和对策，也有助于教育工作者有效地利用青少年捐助行为归因进行慈善捐助的有效预测和干预，为加强青少年道德思想教育和促进社会和谐提供了实践指导和策略抉择。

在本书撰写过程中，宁夏大学教育学院研究生景娟娟、高晶晶、程建艳、周雅婕、赵丽娟、宋有明、万媛、赵虎英、王冬霞、田雪阳参与了资料的整理与初稿的核对工作，科学出版社为本书的出版提供了大力支持，在此一并表示衷心的感谢。

本书参阅了大量相关文献，在此向原作者表示深深的感谢。尽管我们进行了仔细审核与校阅，但仍难免会有标注不全或遗漏标注的可能，希望读者予以批评指正。

丁凤琴

于宁夏大学金凤校区

2018 年 10 月 3 日

|目　录

第三篇　青少年捐助行为归因的教育干预

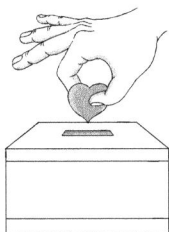

◆◆◆ 第一篇 ◆◆◆

/归因理论/

第一章

归因和归因理论

日常生活中，人们总是乐此不疲地对自己和他人的行为进行揣测和判断，目的在于寻求行为事件背后的原因并进行解释。比如，个体为什么要帮助他人？此类行为事件背后的原因是什么？此类行为事件的发生是个体人格原因造成的还是家庭社会环境造成的？是什么原因导致个体做出或不做出某种行为？这些原因对个体后续的行为是否有影响？诸如此类的众多问题，正是归因理论所关心和要解决的。归因理论的兴起，有助于厘清个体行为背后的原因，也有助于解释个体行为的动机、情感及其行为，更有助于揭示个体行为归因背后的人际适应与社会适应。

第一节　归因的概念及其影响因素

一、归因的概念

就字面意义而言，归因是"原因的归属"，即将某个行为或事件的结果归于某种原因，具体指个体对他人或自我的行为及背后的原因进行知觉分析，并做出因果解释的过程。心理学家 Heider 于 1958 年最早将归因（attribution）定义为个体根据社会信息对行为事件进行因果解释。Heider 从朴素心理学（naive psychology）的角度强调，每个人都是朴素心理学家，都能形成对行为信息的因果解释。Heider 认为，个体行为的产生都必有原因，这些原因或取决于外部情境，或取决于内部人格。自 Heider 之后，归因便成为心理学家广泛关注的经久不衰的研究课题。

后期心理学家更强调特定行为归因的心理机制以及内部加工过程。Weiner（1985）认为，归因是指人们对于自己或他人行为原因的知觉和解释，关注人类行为背后的原因。归因是个体在形成关于外部世界的心理表征中对刺激信息的认知过程（Johnson-Laird et al., 1999），强调了归因在外部世界和心理表征中的中介和桥梁作用。刘永芳（2010）则强调，归因是通过知觉、思维、推断等内部信息加工过程寻求行为结果产生的原因的认知活动，也是个体推断自己和他人行为原因的认知和决策过程。

以上关于归因的界定反映出两个特点：一是主观性，行为归因是建立在个体对自己或他人行为结果评价基础上的原因推断和解释；二是情境性，行为归因总是与特定的外部行为事件相联系，而特定的外部行为事件具有情境性和社会信息刺激性。

二、归因的影响因素

（一）认知因素

认知观点强调归因源于认知过程（Gilbert and Malone, 1995）。对内外归因的最早解释来自格式塔心理学（gestalt psychology），该理论提出，内外归因是特定知觉经验的自动结果。人们在进行人际互动时，互动对象的行为特质在知觉中占据凸显或优势的位置而受到观察者的注意，情境则作为背景信息被观察者低估甚至忽略。人为因素在知觉中占据优势地位，比情境因素更生动、熟悉和可获得，因此更容易获取个体的关注，导致内外归因倾向（Gilbert and Malone, 1995; Sabini et al., 2001）。近期有研究表明，内外归因倾向是由信息的显著性造成的（Trope and Gaunt, 2000）。但也有研究者对此提出质疑，认为知觉显著性只是阻止个体加工、利用环境信息而导致的内在归因，这完全可由缺乏对情境约束信息的知觉和对内在归因的不完全校正来解释（Gilbert and Malone, 1995）。

还有研究者提出两阶段归因过程（two step process of attribution）模型，并通过一系列"认知忙碌"实验加以验证（Gilbert et al., 1988）。该模型认为，归因过程包括两个阶段：第一阶段为联结阶段，即个体依赖于对他人的认知，自发地关注行为者本身，因此容易将其行为与内在特质相联结；第二阶段是推论阶段，即个体将最初的自发归因与情境因素的影响进行比较，据此做出调整。第二阶段的归因需消耗注意力和认知资源，只有当认知不太忙碌时，个体才会综合考虑内归因和外归因，而当没有足够的认知资源进行归因时，被试往往倾向于进行内归因。

Gilbert 和 Malone（1995）则在整合以往各种归因理论的基础上，阐述了归因产生的一般模型，即一个合理考虑环境因素的归因过程。观察者首先要充分感知行为发生的环境信息，产生在此环境中如何行动的心理预期，如个人信念、知识经验，然后对行为者的行为进行认知和分类，评价其实际行为是否符合个体的心理预期，如果符合就进行外归因，不符合就进行内归因（付建斌和焦书兰，2000）。任何环节出现认知偏差都会导致产生内外归因倾向，由此我们强调认知因素是引发内外归因倾向的重要原因。

（二）动机因素

动机（motivation）观点强调了目标、动机、信念和意愿等意图推理在归因过程中的作用。意图在本质上是归因的过程，是推动行为的动机性力量，也是行为理解和预测的关键（杜晓晓和郑全全，2010）。早在 1967 年，Jones 和 Harris 就强调归因过程中意图推论的作用，认为从行为意图到个人特质的推论，个体常常会忽视明显的情境限制条件，倾向于从个人特质推断行为原因。Malle（2006）则强调归因的目的性动机，更关注行为意图出现的理由和因果推论。所以，人们可能会根据行为意图背后的信念和意愿进行行为归因和推论。

Reeder 等（2004）设置了自由选择条件（纯粹利他动机）、迫选条件（服从动机，如权威者的要求）和不可告人的动机条件（自利动机，如获得奖金或留下好印象）三种情境条件，要求被试观察目标者的助人行为，研究发现，不同情境条件下被试对助人特质的反应时不同，说明个体在不同情境中以行为动机知觉及其动机内容为基础形成了特质归因。Reeder（2009）则在以往研究的基础上提出了多重推理模型（multiple inference model，MIM），该模型假设，情境因素通过个体的动机影响特质归因（图 1-1）。例如，关于个体消极行为的道德推理，当个体将自己的消极行为归因于自我防卫动机时，个体对目标者的评价更积极，道德水平也更高。也就是说，如果人们知觉到目标者相对积极的行为动机，那么很可能会将积极的人格特质归因于目标者。Reeder 等（2008）的道德行为归因研究也证明了动机在情境和特质归因之间的中介作用。

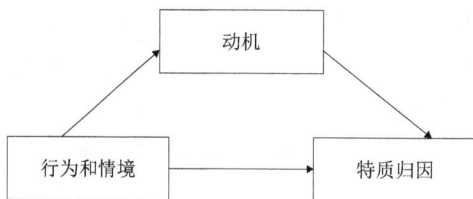

图 1-1　Reeder 的多重推理模型

Reeder（2009）进一步修正、扩展和完善了多重推理模型，认为心理理论在印象形成中有重要作用，并由此区分了意图行为和非意图行为。对于意图行为有五个判断标准：①预期结果；②相信这种行为能带来想要的结果；③计划行为；④有能力去实现行为；⑤知道实现行为的结果。在此基础上，其又将情境限制区分为软情境限制和硬情境限制。软情境限制如金钱奖励，与意图行为相对应，情境间接作用于行为，归因时整合动机和特质推理。硬情境限制如大风影响踢球，与非意图行为相对应，情境直接影响行为，归因时使用折扣原则（discounting principle）进行情境校正。总之，动机、意图、特质和情境推理之间是相互依赖的，归因是一个平行的过程，归因者能够自发地整合多种信息成分。

总体而言，多重推理模型的中心假设是动机因素可以解释意图行为，而内外归因可以解释非意图行为。意图行为的目标和动机推断为特质归因提供了理论依据。换句话说，人们并不直接从意图行为中推断特质，而是首先进行动机推断，通过动机推断为随后的特质归因提供依据。情境线索能帮助我们理解和识别行为者的动机，动机推理是形成特质归因的基础。强调归因者更关注个体内在的动机及其所处的情境，而非忽视情境线索或者试图控制情境因素的作用，为对内外归因倾向的解释提供了新的思路。

（三）人格因素

Sargeant 和 Woodiiffe（2007）提出了个人捐赠行为的通用模型，该模型认为人格特征会影响捐赠认知，进而影响捐赠行为。有研究者认为，捐赠的价值取向是影响捐赠信念与捐赠行为的调节变量，即捐赠的亲社会价值取向与捐赠信念一致，就会促进捐赠行为，捐赠的亲个人价值取向与捐赠信念一致，就会减少捐赠行为（Landry et al., 2006）。

另外，内隐人格也是与归因关系密切的重要变量。内隐人格观作为个体评价行为的基本信念和图式，对个体行为的解释和预测也有影响（Dweck et al., 1995）。因为不同人格特质的个体所持有的基本构念不同，这种不同的构念调节或制约着个体对其行为的理解和反应，所以会形成不同的认知模式和行为反应。有研究者将个体内隐人格划分为内隐渐变论与内隐实体论。内隐渐变论强调，个体人格特质是发展变化的、可塑的，个体的行为受到个体所处环境中的背景因素的影响；内隐实体论则认为，人格特质是稳定的、不变的，个体的行为主要是由内在特质决定的，较少受到外部环境因素的影响（Gervey et al., 1999），内隐实体论和内隐渐变论影响了个体对他人的行为归因（Dweck et al., 1995）。也有研究发现，与以内部控制源为主要特征的美国学生相比，以外部控制源为主要特征的日本学生更倾向于进行外部归因（Markus and Kitayama, 1991）。可见，不同内隐人格的个体会对输入的社会信息进行不同的编码和组织，从而会影响个体的行为归因。

（四）情境因素

归因作为对感知觉信息输入的解释、储存、恢复和使用的过程，不仅受到外部客观信息的影响，还会受到人类已有知识和经验等因素的影响。也就是说，个体的行为归因依赖于外界客观信息和内在知识经验，如关于内隐认知、内隐态度、内隐归因等的研究均是通过一定的情境启动激活个体相应的内隐认知进而进行研究的。赵荔（2013）认为，社会内隐认知具有社会性、积淀性和启动性，即社会内隐认知是基于一定的内在表征，并依赖一定情境线索的激活进而对个体的行为产生影响。从内隐认知的研究方法而言，启动法、内隐联想测验（implicit association test, IAT）等方法均需要为被试创设一定的情境线索，以便于个体进行内隐认知。归因作为一种基本的认知活动具有情境依赖性，自然也不例外。综合而言，个体的认知过程尤其是内隐认知具有情境依赖性，即面对不同的情境线索，内隐认知产生的启动效果是不同的。

Anderson 和 Bushman（2002）提出了一般攻击性模型（general aggression model, GAM）。该模型认为，个体人格因素和攻击行为的情境因素唤起了被试对攻击行为的解释及对他人和外界的攻击性归因，从而产生对他人和外界的攻击性行为。也就是说，情境因素通过行为归因与个体潜在的信念影响攻击行为，强调情境因素在行为归因中的作用，同时人格因素的作用也不容忽视。

有研究者通过实证研究证实了情境因素在行为归因中的作用。如个体在积极和消极情境中的认知加工存在一定的差异，积极的情境会引发个体愉快的感觉，进而促进个体的认知加工，而消极的情境会诱发个体不愉快的心情，并对个体的认知加工产生明显的干扰作用（辛勇等，2010）。个体对有意与无意情境下的助人行为的归因不同（Weiner, 1985）。Shapiro（1983）认为，当捐助情境匿名时，人们的行为归因更为积极，也更愿意进行帮助。尽管以上研究对道德性行为归因的研究相对较少，但可以肯定的是，外部情境因素和个体人格因素对捐助行为归因有重要的影响，情境因素可能是影响行为归因的重要因素。但已有研究从人格因素与情境线索交互作用的视角解释行为归因的较少，无法准确、清晰地解释行为归因的内在作用机制。

此外，情境影响行为归因具体表现为：①个体借助情境信息探寻行为事件背后的原因。Gilbert 和 Malone（1995）就通过对各种归因理论的梳理，提出个体在进行行为归因时，最先做的就是对自身所处的环境进行观察和觉知，然后在个体已有的知识经验或是信念的基础上产生下一步将做出何种行为的心理预期，接着又对个体的行为进行了分析判断，最后结合个体的实际行为和心理预期做出了行为归因。可见，加强对情境信息的关注，在一定程度上能够减少归因偏差带来的失误。②在中国文化背景下，情境因素会影响行为归因。Nisbett（2005）在中国文化背景下的实证研究表明，个体在进行认知归因时，不仅考虑自身因素，同时还会考虑所处的环境背景信息，并且十分关注个体和环境的相互作用。当内部信息模糊不清时，个体会倾向于考虑外部信息，而当外部信息模糊不清时，个体则会更多地考虑内部信息，这种对内外信息进行综合比较的加工方式，能够有效减少归因偏差。③情境信息的显著性也会影响被试的行为归因。Trope 和 Gaunt（2000）的研究发现，当情境信息的显著性提高时，有助于增强个体对情境信息的注意程度，从而降低了个体归因偏差的程度。王晓颖（2011）在研究中也表明，被试的特质归因偏差程度与情境信息的显著性呈负相关，即被试的特质归因偏差程度随着情境显著性的增强而降低。也就是说，增强情境信息的显著性能够减少特质归因偏差。

综上所述，首先，研究者从认知和动机角度提出内外归因倾向的不同理论模型，不同理论之间的相似性多于差异性。一是不同理论模型中的某些过程可能是同一加工阶段，只是使用了不同的概念，如信念、意愿、动机可以归纳成个人人格因素。二是单纯从某一个角度去解释内外归因倾向其实是不全面的，将认知和动机对立起来更是值得商榷的，因为认知性解释和动机性解释是相互交织的（Mezulis et al., 2004），且认知和动机本身也是相互联系的，认知和动机是影响行为归因的两个重要因素。其次，研究者从人格和情境角度解释了内外归因倾向，归因是对他人行为原因进行解释和推论的心理过程，情境和人格特征因素在其中产生了重要作用。人们在解释他人行为时往往倾向于高估个体人格因素而低估情境因素的作用，即产生内外归因倾向。我们认为，认知、动机、情境和人格因素在具体行为归因中的侧重点不同，但并非相互对立，而是相互作用，共同构成归因的基本心理过程和影响因素。行为归因受情境因素的影响，而其背后蕴藏着更复杂的行为动机、认知和人格因素，其对行为归因的产生尤为重要。所以，行为归因是由情境信息与人格因素交互作用引起的，从人格因素与情境线索交互作用的视角解释行为归因更加合理。

第二节　经典归因理论

归因理论是个体对他人行为因果关系做出解释和推断的理论。归因理论聚焦于个体如何利用因果关系积极地对周围的行为事件进行推断，构建关于客观世界有效而有意义的解释，力图揭示因果推断对个体态度、情感所产生的影响，是人类与世界互动的重要决定因素。

经典归因理论认为，普通人会采取类似于科学家寻找自然现象产生的原因时所采取的推断规则，积极地对外界信息进行推断和解释，并且非常重视推断的逻辑性（刘永芳，2010）。经典归因理论主要包括以下几种。

一、归因倾向理论

归因倾向理论最早是由 Heider（1958）在《人际关系心理学》（*The Psychology of Interpersonal Relations*）中提出来的，他将归因看作是个体从环境中提取信息进行因果互动的认知活动。Heider 的归因倾向理论的基本观点如下：个体对社会信息因果关系的分析和解释在很大程度上取决于个体对社会信息的主观构架，归因理论是关于个体行为与其动机、态度、情感和价值取向等相结合的理论。Heider 认为，人们在进行行为因果分析时，大多从内因（internal cause）和外因（external cause）两个角度考虑问题，行为事件归因具有双重性，即行为事件可归为内因（情感、态度、性格、努力）和外因（命运、天气、情境）两个方面。因此，Heider 的归因理论建立在日常生活基础之上，注重行为归因的普遍性和现实性。

基于内因和外因的划分，心理学家 Morris 和 Peng（1994）将行为归因划分为情境性归因（situational attribution）和特质性归因（dispositional attribution），情境性归因从外部情境和刺激寻找行为结果的原因，特质性归因从个体内在特质寻找行为结果的原因。美国社会心理学家 Rotter 于 20 世纪 60 年代提出，个体对自己周围发生事情的控制源有着不同的解释，有的人相信自己能够对事情的发展与结果进行控制，而另外一些人则相信命运、机遇等才是决定事情发展的主要因素，并由此提出归因的控制点理论，并将前者称为内控者，将后者称为外控者。需要说明的是，Rotter 提出归因的控制点理论的初衷不是解释个体对行为原因的不同认知，而是对个体归因差异进行说明和测量。

Weiner（2000）基于人际知觉将行为归因划分为个人归因（intrapersonal attribution）和他人归因（interpersonal attribution），个人归因是对自我行为结果原因的知觉，他人归因是对他人行为结果原因的知觉；基于群际知觉将行为归因划分为内群体归因（ingroup attribution）和外群体归因（outgroup attribution），内群体归因是对内群体行为结果原因的知觉，外群体归因是对外群体行为结果原因的知觉。尽管人际知觉和群际知觉具有复杂性和情境性，但个体在寻找行为事件的原因时总是倾向于从内外归因进行。最典型的表现就是个体对自我或内群体的积极行为进行内归因，而对自我或内群体的消极行为进行外归因。可见，内外归因倾向是行为归因的基础。

二、对应推断理论

Jones 和 Davis（1965）对 Heider 的归因理论进行了扩展和延伸，提出了对应推断理论（theory of correspondent inference）。该理论关注个体如何依据他人的行为结果推断出他人的态度、能力、性格等内在特质。依据他人外在行为推断其内在特质，不可避免地会出现一些偏差，原因如下：第一，个体的行为不仅受个体内在心理特质的影响，也受个体无法控制的外在因素的影响，二者之间并非一一对应的关系；第二，个人内在特质受行为背后的动机、内隐信念、文化价值等多种因素的影响，内在心理机制之间也相互作用；第三，个体的知识、经验和社会阅历以及年龄发展也会影响个人对内在心理特质的推断。

尽管依据行为主体的外在行为表现来推断其内在心理倾向存在一定的偏差，但 Jones 和 Davis（1965）认为，在进行对应推断时，个体可以遵循以下原则。

一是非共同效应原则。Jones 和 Davis（1965）认为，行为结果及其归因之间并非产生共同的效果，只有当个体做出不同寻常和独特的行为时，知觉者才会将行为结果与个体的内在特质相联系。也有研究表明，知觉者更加注意偶发行为，因为偶发行为是无意图的（Nisbett and Ross, 1980）。Jones 和 Davis（1965）也认为，个体行为的意图性越强，其行为被归因为内在特质的可能性就越大，可见非共同效应原则是有条件的。

二是低于社会需求性原则。Jones 和 Davis（1965）指出，当个体行为背离社会角色要求或社会期望时，会依据个体行为符合社会要求的程度进行归因。个体行为符合社会要求的程度越低，内在特质归因的可能性越大，对应推断的可靠性越高，即表现为低于社会需求性原则。Jones 和 Davis（1965）的研究发现，个体角色不一致行为更容易被归因于内在特质，表现出对应推断，原因在于个体角色不一致性行为不符合社会要求和社会期望，没有表现出社会称许性（social desirability）。但也有研究对此提出质疑，Duncan（1984）认为，美国黑人的暴力行为符合社会预期，按照低于社会需求性原则，黑人的暴力行为不会被归因于黑人的内在特质，而恰恰相反，对黑人暴力行为的内在归因远远高于对白人暴力行为的内在归因。

三是选择自由性原则。Jones 和 Davis（1965）认为，个体自由选择的行为对应推断的可靠性高，被称为选择自由性原则，即个体自由选择的行为容易被归因于内在特质，对应推断的可靠性增强；如果个体外在行为不是其自由选择的，那么行为被归因于内在特质的可能性小，对应推断的可靠性减弱甚至消失。

以上归因原则表明，个体在进行行为归因时会考虑潜在结果对自己的利弊，并加入个人动机、感觉和情感等非理性因素，从而产生归因的对应推断。此外，由于个人经验、背景信息等的差异是普遍存在的，人们对同一事物的动机、感觉和情感也是因人而异。另外，也正是归因的这种不确定性，使归因在实际应用中体现出很大的价值。当然，普通人并非完全按照以上原则进行归因，但以上原则为行为归因的系统研究和 Kelley 关于普通人的行为归因奠定了理论基础。

三、共变信息归因理论

与 Jones 和 Davis 不同，Kelly 更关注个体利用事件的哪些信息进行归因，并假定个体基于多重观察系统，充分、合理地利用大量的信息进行行为归因。Kelley 将来源于多重观察的共变信息划分为以下几种：①一致性信息，即在相同情境中行为主体的行为与多数人是否一致。如果行为主体的行为与多数人一致，就是高一致性信息，反之就是低一致性信息。②区别性信息，即行为主体是否对当前的刺激对象与其他不同对象都产生了相同的行为。如果行为主体只对当前的刺激对象产生某种行为，就属于高区别性信息，如果对其他不同对象也产生了相同的行为，则属于低区别性信息。③一贯性信息，即行为主体在某情境下是否对当前的刺激对象总是表现出相同的行为。如果行为主体对当前的刺激对象总是表现出相同的行为，就属于高一贯性信息，如果偶然表现出相同的行为，则属于低一贯性信息。

更为重要的是，基于多重观察的信息与行为事件原因之间是密切关联的。Kelley（1973）指出，如果某种信息存在，特定的结果也存在，如果这种信息消失，特定的结果也随之消失，那么这种结果显然就归因于这种条件，而高一致性、高区别性和低一贯性信息容易导致刺激归因，而低一致性、低区别性和高一贯性信息容易导致个人归因。这三种共变信息对行为归因非常重要，所以该理论又被称为三维归因理论（three dimensional attribution theory）。

有研究发现，低一致性、低一贯性、高区别性信息分别对应于个人归因、情境归因和刺激归因（Hilton et al., 1995）。马伟军（2010）通过实验发现，低一致性、高一贯性、低区别性行为事件被归于内因，而高一致性、低一贯性、高区别性行为事件被归于外因。依据共变信息与行为结果的共变原则进行归因，类似于科学家处理实验结果时常用的方差分析（analysis of variance）逻辑，因此也称为方差分析归因模型（variance-analysis attribution model），这是 Kelley 对归因研究的重要贡献，他强调了归因的认知机制，开创了归因认知机制研究的新领域。

然而，方差分析归因模型是一种理想化的归因模型，因为实际生活中个体在没有足够的信息可供参考的情况下，也可以借助头脑中储存的知识、经验、信念和观点进行行为归因（Kelley, 1973）。所以，个体的任何一个行为原因都能单独产生同样的行为结果。如果不同的行为原因能够产生同样的行为结果，那么当其他原因存在时，某一种给定的行为原因对于行为结果的作用就遵循了折扣原则，即其他原因削减了某一种给定原因对行为结果的作用。与此相对应，Kelley 还提出了增加原则（augmentation principle），即在缺乏某种拮抗原因的条件下行为结果依然产生，那么某一种给定原因的作用就被增强了。例如，残疾儿童缺乏正常儿童健康的体魄，但残疾儿童的学业成绩优于正常儿童，当残疾儿童学业成绩被归于其内部原因时，这种内部原因就更加突出。可见，Kelley 的三维归因理论在主观上是具体的、合理的、可能的。

但 Kelley 的归因理论依旧存在一些缺陷，具体如下：第一，Kelley 过高估计了普通人的共变推理能力，因为普通人关于行为事件与行为结果的共变能力是有限的。第二，Kelley 的归因理论忽视了普通人行为信息加工过程中存在的其他可能性。事实上，普通人头脑中的信息加工过程并不像 Kelley 假设的那样。第三，Kelley 没有注意到行为归因的文化背景性，如美国白人将黑人看成是具有攻击性和暴力性的群体，而白人的这种认知图式是具有文化历史渊源的。

四、归因的联合模型

尽管 Kelley 提出了基于信息与行为结果的共变原则的归因理论，实际上却采用差异法对共变信息的行为归因进行了研究。差异法就是强调某种因素在事件发生时存在，事件不发生时不存在，则此单个因素就是导致事件发生的原因。有研究者采用差异法对共变信息的行为归因进行了研究（Hilton et al., 1995; Van Overwalle, 1997），发现高低一致性、一贯性、区别性信息被分别归因于个人、情境和刺激三个维度。

契合法与差异法都是对行为归因最基本的研究方法。契合法就是强调某种因素在同一事件发生的不同场合都出现，则此共同因素就是这一事件的原因。有研究者结合契合法与差异法对共变信息中的行为归因进行了研究（Van Overwalle and Heylighen, 1995），提出了联合归因模型（joint model of attribution）。联合归因模型指出，不同的共变信息分别被归因于不同的原因维度。一致性、一贯性、区别性、偶然性不同的共变信息分别在内外、稳定性、普遍性与可控性原因维度产生对应的推断连锁（correspondent inference chain）和最显著归因。该模型将共变信息和原因维度结合起来进行研究，既考虑了差异法的作用，也考虑了契合法的作用，从相互作用与相互关系的角度对行为归因进行研究，符合心理学研究的生态效度（ecological validity），研究也更有现实意义。

基于归因的联合模型，马伟军（2010）在研究中发现，一致性高、一贯性低、区别性高被归于外因；一致性低、一贯性高、区别性低被归于内因。此外，还有研究发现，归于内因时，除一致性低的信息运用了差异法外，其他共变信息则运用了契合法；而归于外因时，除一致性高的信息运用了契合法外，其他共变信息则运用了差异法。为此，马伟军（2011）通过与自我关联的情境故事法，操纵一致性信息的程度，探讨了一种共变信息的程度差异对归因的影响，结果发现，信息的一致性高时被归于外因，信息的一致性低时被归于内因。尽管如此，行为事件的归因机制可能比共变信息预测的维度更为复杂。

总之，以上归因理论将归因者看作是具有高度理性的个体，归因者凭借自己的逻辑信息推断能力对行为原因进行判断，就像科学家采用"共变原则"来建构自己的归因模式一样，过高地估计了普通人的推断能力，忽视了普通人的主观性和特定社会的文化历史性，偏离了普通人的真实生活。

第三节 归因偏向理论

如果个体仅仅采取类似于科学家研究因果关系的原则进行符合逻辑信息的理性归因，那么在任何条件下个体的行为归因都应该是客观的、一致的、无偏的。然而，在现实生活中，个体在利用有限的信息迅速做出行为归因时，往往会表现出特定原因的系统偏好，即归因偏向（刘永芳，2010）。归因偏向是一种非对称性的因果判断现象，普遍地存在于社会生活与物理现象中。归因偏向是归因研究中的一个非常重要的内容。20 世纪 70 年代初，认知心理学家非常关心在进行行为判断时"人的思维为什么经常会犯错误"的问题。实际上，在行为归因过程中，归因者要凭借自己的主观感受、情绪或个性特征等对自己或他人的行为结果进行因果关系分析，不可避免地会带有强烈的主观色彩，或夸大行为主体的内在品质，或夸大外在环境因素的影响，产生行为归因偏向。归因偏向主要包括以下几种类型。

一、基本归因偏向

（一）基本归因偏向的研究概况

最早采用实验证明基本归因偏向的是 Jones 和 Harris（1967），他们在实验中要求被试分别在"自由选择"和"迫选"条件下阅读一篇关于目标人物支持或反对某种行为事件的短文。在"自由选择"条件下，研究者告知被试目标人物是按照自己的真实意愿来选择立场而撰写文章的。在"迫选"条件下，研究者清楚地告诉被试目标人物是按照实验者的要求来写指定立场的文章的，即在写文章时对于自己究竟持有哪种观点是没有选择的。但是结果出人意料，无论是在"自由选择"还是"迫选"条件下，被试都倾向于认为文章反映了作者本人的真实态度，也就是说，被试完全忽视了情境约束条件对目标人物的限制，在"迫选"条件下仍然从作者内在的真实态度来推断行为，认为其文章在很大程度上表达的是作者的真实想法。这一实验结果既违背了 Jones 和 Davis（1965）提出的对应推断理论，也违背了 Kelley（1973）提出的折扣原则。

Ross 等（1977）在一项简单的回答游戏（quiz game）中，随机地将被试分配到回答组、提问组和控制组，结果发现，回答组的被试和控制组的被试都将提问组的被试评价为聪明、智慧，而忽视了提问组被试的角色优势与任务。Ross等（1977）将这种从内部心理解释行为的偏差称为基本归因偏向（fundamental attribution error，FAE）。也就是说，基本归因偏向是指一种将他人的行为自发地归因于行为主体的个人特质因素而非情境性因素的稳定倾向。Gilbert 和 Jones（1986）将这种高估行为者内在特质在行为中的作用的现象称为"对应偏差"或"过度特质归因偏差"。

大量研究证明了基本归因偏向的存在。Snyder 和 Frankel（1976）采用无声采访范式，让被试观看关闭声音后的采访录像，并观察行为焦虑的目标者，用指导语呈现采访话题，结果发现，不管是能够引发焦虑的话题，还是与焦虑无关的中性话题，被试都推断目标者的特质焦虑水平很高，即产生了基本归因偏向。Miller 等（1981）的研究也发现，即使在实验者迫使被试表达某种观点的压力下，其仍然将行为归因于实验者本人的真实态度。基本归因偏向与个体对行为事件的内在特质聚焦有关。Gilbert 和 Malone（1995）的研究发现，在没有提及任何有关归因偏差的行为事项时，被试依旧认为他人对自己的行为评价会受到基本归因偏向的影响。在行为者的行为被实验指导语限制的条件下，观察者全然不顾行为者的外部条件限制，对行为者进行内在特质判断，表现出了过高的基本归因偏向（Van Boven et al., 1999）。刘永芳（2010）也认为，当要求解释行为主体的积极行为时，实验者更可能认为行为主体的积极行为是由其内部因素造成的。

以上研究结果表明，基本归因偏向在不同的研究领域和范式中都得到了证实。基本归因偏向至今仍然是得到最多记录和研究的一种归因偏向。基本归因偏向的研究成果如此丰富，所以社会心理学家认为基本归因偏向是"最活跃和被重复证明最多"的心理现象。

（二）基本归因偏向的解释

基本归因偏向成为社会心理学家争议的主题，研究者试图通过不同理论对此进行解释。最早的解释来源于格式塔心理学派，格式塔心理学家认为，对人的知觉容易成为我们知觉的对象，人的行为特质在知觉中占据凸显或优势的位置，而知觉的情境成为背景，容易被忽视甚至忽略。对人的知觉比对背景信息的知觉更生动、熟悉和可获得，更有可能受到归因者的关注。也有研究者对此提出质疑，认为行为主体的显著性阻止归因者加工和利用情境信息，完全是归因者缺乏情境信息知觉能力和对情境信息校正不完全造成的（Leyens et al., 1996）。因此，行为主体的显著性不能产生独立效应。Gilbert 和 Malone（1995）整合了各种归因的解释理论，描述了归因产生的一般模型，见图1-2。

| 环境感知 | → | 行为期望 | → | 行为感知 | → | 行为归因 |

图 1-2　归因产生的一般模型

图1-2说明，在进行行为归因时，首先要对环境信息进行感知；然后结合环境信息产生如何行为的心理预期，这种心理预期来自个体已有的信念、知识和经验；接着对行为主体的行为进行分析和判断；最后依据个体的心理预期与行为主体的实际行为进行行为归因。如果个体的心理预期与行为主体的实际行为符合，则对行为进行外部归因；如果不符合，则对行为进行内部归因。

Gilbert 和 Malone（1995）依据上述模型提出了基本归因偏向产生的四种原因。

1）缺乏对环境信息限制条件的知觉。它包括两种情况：一是个体根本就没有知觉到环境信息，将行为产生与环境信息割裂开来；二是个体对环境信息主观诠释的偏差，如归因者常常会把自己感受到的对环境的认识等同于行为主体对环境的认识，容易产生行为归因偏向。

2）对行为不切实际的期望。个体将自己头脑中的主观期望看成是行为者的典型反应，从而产生行为归因偏差。对环境信息的主观期望会影响个体的行为判断，容易对行为信息的真实性和客观性产生主观偏差。当知觉者的客观信息被激发时，基本归因偏向会自然降低。

3）行为分类的扩大化。即便是在对环境信息正确知觉和对行为心理预期进行客观准确的把握的基础上，个体仍然会产生基本归因偏向。原因在于归因者以自己头脑中的已有图式（schema）同化行为主体的实际行为，将行为预期与行为知觉进行匹配，评价行为者的行为是否符合观察者的期望，将不同类别的行为进行同一归类，造成行为分类的扩大化，产生归因偏差。

4）对内在特质校正的不完全。内在特质校正是一个意识的、相对控制的过程，受认知、动机和信息可靠性等因素的影响。个体依据自己的主观经验对行为进行调节，主观经验调节的不充分会对行为归因产生影响，个体总是倾向于行为内在特质的固着。

在先验信念的基础上，Gilbert 和 Malone（1995）又提出了归因的扩展模型，概括了对应偏差产生的所有原因。归因的扩展模型是目前被公认的对基本归因偏向最完全和最具解释力的理论，较好地解决了研究者一直争论不休、莫衷一是的问题，该模型也因此广为流传，具体见图 1-3。

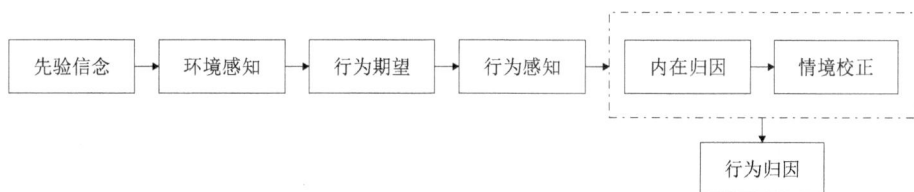

图 1-3　归因的扩展模型

近年来，研究者也通过信息加工过程对基本归因偏向进行了解释分析，如对认知的过度低需求（Chiu et al., 2000）和对结论的过度高需求（Choi and Nisbett, 1998）是基本归因偏向产生的原因。Trope 和 Gaunt（2000）认为，无法有效加工和利用情境信息是基本归因偏向产生的原因，但当情境信息的显著性提高时，有助于增强个体对情境信息的注意程度，也有助于降低个体基本归因偏向的程度。对于情境信息认知限制者而言，情境性信息属于非有效信息，结果将会导致更多的基本归因偏向的产生。也有研究者认为，个体在认知繁忙时进行社会加工和判断，存在社会加工的类别化、特性化概括和校正三个过程，其中，类别化和特性化概括是对行为信息的简单归类与概括，处于意识加工的较低层次，是一种快而脏（quick and dirty）的加工，而校正阶段处于意识加工的较高层次，需要认知努力去进行（Gilbert et al., 1988）。以上研究结果说明，同时提高情境信息的显著性和加工情境信息的能力，可能是减少基本归因偏向的有效方法。

二、活动者和观察者归因偏向

（一）活动者和观察者归因偏向的研究概况

基本归因偏向强调个体从内部心理对行为进行解释。当个体分别作为活动者和观察者在同一行为背景条件下对自我和他人的行为结果进行归因时，容易产生观察者和活动者归因偏向，即作为观察者对活动者的行为结果进行内部归因，而作为活动者对自己的行为结果进行外部归因（Jones and Harris, 1967）。这种现象在日常生活中是司空见惯的，如"我打他是因为他冒犯了我，你打他是因为你是一个攻击性的人"，"我捐助是因为我内心想这样做，他捐助是因为他想获得荣誉或升迁"。Waston（1982）进一步指出，活动者和观察者归因偏向，实际上就是我对我的行为结果做出情境归因，我对他人的行为结果做出特质归因。Johnston 和 Lee（2005）采用情境故事对儿童自我和他人的不同效价行为归因进行了研究，结果发现，儿童对自我消极行为多进行情境归因，而对他人消极行为多进行特质归因，但儿童对积极行为的归因不存在他人和自我的显著差异。显然，活动者和观察者归因偏向的确存在显著的行为效价效应。

（二）活动者和观察者归因偏向的解释

为什么自我作为活动者对自己的行为结果和自我作为观察者对他人的行为结果归因倾向不同？比较流行的解释有以下几种。

第一，活动者对自己和他人的行为知觉偏向不同。Krueger（1998）关于自我知觉偏向（self perception bias）和他人知觉偏向（others perception bias）的研究发现，被试能够非常准确地指出他人对自己行为的知觉偏向。有研究者认为，个体普遍存在"自己对他人的人际关系与内心状态的了解远甚于他人对自己的了解"的知觉偏向（Pronin et al., 2001）。Pronin 等（2002）采用偏向盲点（bias blind spot）实验，要求被试填写一份对自己和普通人成功行为归因的问卷，实验结果显示：被试认为普通人身上存在行为归因偏向，但是几乎所有的被试都认为他们自己不存在行为归因偏向。也就是说，被试对他人的知觉偏向比对自身的知觉偏向更为敏感，个体即使知觉到了自己对行为的归因偏向，但出于自我保护的需要，也很难客观地面对或改变这种认知偏差，而对他人行为归因偏向的判断则不存在这样的困扰。那么，活动者和观察者对自己和对他人的行为知觉偏向是否与自我保护需要相联系？如果存在这样的心理趋势，又如何解释中国人津津乐道的"当局者迷，旁观者清"的观点？这些都有待于我们进一步检验和考查。

第二，活动者和观察者的关注点或看问题的角度不同。刘永芳（2010）认为，自我将自己行为的内在特质看成是稳定的、不变的，在归因时将自我行为的关注点放在环境的变化方面；而将他人行为的环境信息看成是固定不变的，在行为归因时将关注点放在他人行为的内在特质方面。刘永芳（1997）还提出了归因的"背景效应假设"，认为个体总是参照一定的背景事件，在一定的参照框架（reference frame）内进行行为归因。可见，背景事件不同，对行为事件的解释角度就不同，那么对行为结果的归因偏向便不言而喻。

第三，活动者和观察者对行为结果的目的性感知不同。Malle（2002）致力于行为归因的研究，认为个体依据自我经验对行为事件进行目的性感知。目的性感知不仅影响行为归因，还影响行为的预测。个体对自我和他人行为的目的性感知不同，结果容易导致对自我和他人行为的归因偏向。个体对行为的目的性感知可解释行为归因。此外，活动者和观察者归因偏向偏差的出现不在于提供目的性行为本身，关键在于活动者和观察者如何对行为进行归因。Malle（2006）的研究显示，活动者比观察者更加偏爱使用目的性感知对自我和他人的行为进行推理。行为者在行为归因中看到的是自己的"心理镜像"而非客观行为事件本身（Pronin et al., 2004）。现实生活中，个体总觉得自己对行为的目的性感知是正确的，以自己的目的性感知为依据对他人的行为进行归因，而用自己的心理期望改变行为事件的客观信息以进行自我行为归因，出现行为归因偏向也在所难免。

总之，活动者和观察者的行为归因偏向已成为研究者关注的焦点，但关于活动者和观察者行为归因偏向偏差的解释还是很复杂的，不同的研究者从不同的角度进行解释，在某一范畴理论下的解释是合理正确的，但这种解释能否推广应用到其他研究领域？在现实生活中，这种解释对行为的预测究竟有多强？

这些都是不清楚的，我们所能肯定的是活动者和观察者对行为的归因倾向不同，作为观察者，有低估环境作用而高估个人倾向作用的归因倾向，而作为活动者，则依据自己的心理信念和行为感知解释他人的行为。

三、虚假一致性归因偏向

前述的基本归因偏向与活动者和观察者归因偏向聚焦于行为的内外归因维度，而一致性信息的高低是决定内外归因的关键因素（Van Overwalle and Heylighen, 1995）。一致性信息是关于个体和大多数人对某刺激的反应是否一致的信息。马伟军（2011）认为，由一致性信息高低决定的内外归因最能体现行为归因偏向。然而，在现实生活中，个体对行为的归因并未完全按照一致性信息的高低来对行为进行相应的内外归因，而是产生了虚假一致性归因偏向（false consensus attribution bias）。虚假一致性归因偏向是指个体低估一致性信息的程度或高估他人与自己观点的一致性程度。虚假一致性归因偏向有以下两种表现形式。

一是低估一致性信息（underuse of consensus information）偏向。其强调在个体对行为结果比较熟悉和了解的情况下，一致性信息被低估或忽略，个体直接对行为结果进行归因。Kassin（1979）对此现象进行了解释，认为一致性信息包括外显一致性信息和内隐一致性信息两类。外显一致性信息就是研究者给出的关于个体与大多数人是否一致的信息（Kelley, 1973; Van Overwalle and Heylighen, 1995）。内隐一致性信息是指以自己为基础认为大多数人会像自己那样行动（Ross et al., 1977）。当外显一致性信息与内隐一致性信息相互矛盾时，个体宁愿依靠自己的内在信念进行行为归因。尤其是当被试得知主试提供的一致性信息依据的样本与自己同属一个群体时，其会利用一致性信息进行行为归因。

二是虚假一致性效应（false consensus effect）。它是指个体高估他人与自己观点的一致性，认为多数人会以与自己相同的态度来看待同样的行为（叶映华，2008）。研究者在一项关于是否同意张贴海报的研究中发现，同意张贴海报的学生估计 63.5% 的同学也会张贴海报，不同意张贴海报的学生估计只有 23.3% 的同学会张贴海报（Ross et al., 1977）。虚假一致性效应是一种相当稳定的现象，个体对自我的消极信息更容易表现出行为归因的虚假一致性效应，所以有必要结合具体的背景信息对虚假一致性效应进行研究。

虚假一致性归因偏向产生的原因主要有：第一，人们比较愿意和与自己有相似态度或行为的人接触，在行为归因中就会高估自己与他人观点的一致性。

心理学中的从众行为（conformity behavior）和羊群行为（herd behavior）就是最好的佐证。个体积极寻找与自己观点相一致的信息以减少认知失调带来的心理困惑。第二，个体在进行行为归因时会以己度人，高估自己与他人观点的一致性程度，尤其会高估自己与内群体的积极信息的一致性。因此，个体与大多数人保持一致，一方面能够互相帮助以抵御风险，另一方面也能带来心理上的归属感与安全感。

四、自我服务归因偏向

（一）自我服务归因偏向的研究概况

基本归因偏向关注个体内在特质对行为结果的普遍作用，而当个体基于自己或他人（人际）视角进行行为归因时，则会表现出自我服务归因偏向（self-serving bias）（人际归因偏向）。Miller 和 Ross（1975）将个体夸大和高估自己积极行为的内在品质且同时夸大和高估自己消极行为的外在因素的现象称为自我服务归因偏向。自我服务归因偏向是日常生活中的自然现象，如学生将自己考试通过归功于自己的努力与能力，而将自己考试失败归于试卷的难度大或教师的教学质量差。个体倾向于把自己的积极行为结果归因于稳定的内部人格特征，而认为自己的消极行为结果与人格特征不相关（Mezulis et al., 2004）。例如，小学生更容易对他人的积极行为做外归因，对他人的错误行为做内归因，而对自我行为归因则与对他人行为归因相反；驾驶员容易将交通事故归因为天气和路况等外部因素，而将惊险地避开交通事故归因为自己的机敏、驾驶技能等内部因素。也就是说，人们知觉自己行为的原因总是比知觉他人行为的原因表现得更为积极。在人类的演化过程中，自我服务归因偏向可能是人类保留下来的、能适应人类社会和自我价值的有着重要进化优势的心理内驱力（Sedikides and Skowronski, 2009）。自我服务归因偏向常常被看作是自我强化偏向的近义概念，尤其是当人们面对消极行为结果时，其表现得尤为突出。

此外，跨文化研究发现，与东方人相比，西方人更倾向于进行自我服务归因（Heine and Hamamura , 2007），这可能与东西方文化的差异有关。东方文化强调集体主义，更关注群体合作的力量，更看重行为事件发生的背景，个体对行为倾向于环境归因；而强调个人主义的西方文化更少关注行为背景，个体对其行为倾向于特质归因，也可能是由于东方文化自谦的归因方式更受到社会赞许。因而，东方文化的个体对积极行为的归因更倾向于外归因。另外，还有研究表明，日本与太平洋岛的被试缺乏自我服务归因偏向（self serving attributional bias），印度被试的自我服务归因偏向表现较弱，相比之下，朝鲜与中国被试的自我服务偏向较强（Mezulis et al., 2004）。以上研究表明，东方文化与西方文化背景下个体的自我服务归因偏向存在差异。

当然，与自我服务归因偏向相对的概念是自贬归因（self effacing attribution），即个体将积极的行为结果进行外部归因，将消极的行为结果进行内部归因。国内研究者发现，在人际比较情境中，青少年不会做出自我服务归因偏向（刘肖岑等，2011）。由此看来，在大多数情况下，自我贬低归因极少出现，除非情境特殊或条件异常。所以，个体对积极行为进行归因时，常常夸大自己的内在品质，表现出对自己行为结果进行积极稳定的内在特质归因，而对于他人行为结果进行外归因，这就不可避免地会表现出自我服务归因偏向。

（二）自我服务归因偏向的解释

当自我服务归因偏向被越来越多的研究所证实时，研究者开始将注意力转向自我服务归因偏向的理论解释。也就是说，过去的研究关注自我服务归因偏向的验证性，而现在的研究更多关注自我服务归因偏向的解释性；过去的研究想证明自我服务归因偏向的存在性，而现在的研究则关注自我服务归因偏向的理论性。那么，到底如何解释自我服务归因偏向？主要有以下几种理论。

1. 解释水平理论

解释水平理论（construal level theory，CLT）认为，人们对行为后果或事件原因的解释与认知是以社会距离为参照点的，对于社会距离远的个体倾向于采用高水平解释，而对关系亲近的对象所做的行为则更多采用低水平解释（Trope et al., 2007）。人们认识自己的行为原因时，可以说社会距离为零，相比之下，他人则在心理上更"远"，因而对自己和他人的行为原因进行解释时，由于社会距离远近不同而在决策时会表现出不一致的偏好。心理距离在内隐层面上会影响感知者对不同主体行为信息的表征，当个体在时间或空间上距离行为主体很远时，个体习惯采用整体的、更加抽象的特质对不同主体的行为进行内隐归因（钟毅平和黄柏兰，2013）。因此，产生自我服务归因偏向是由于社会距离的不同而使个体对自己和他人行为采用了不同的解释水平。

2. 锚定—调整理论

Quattrone（1982）提出的归因锚定—调整理论（anchoring and adjustment theory，AAT）认为，归因是一个锚定—调整的过程，个体常常会采用启发式原则进行归因，归因锚定可能受到呈现问题方式的影响，可能源于个体对行为者的先验认识，也可能源于归因者对行为与人类本性的基本假定，因而或为情境归因，或为特质归因。研究表明，个体对行为的归因过程受到归因信息与目标共同作用的影响，其中，在无意识的自动化加工过程中，归因目标使个体进行归因时，或进行特质锚定，或进行情境锚定，而在有意识的控制加工过程中，可用信息的性质调整归因，且强化性信息使锚定强化，折扣性信息使锚定弱化（Lieberman et al., 2005）。Tamir 和 Mitchell（2010）的研究指出，个体在推理他人行为的原因时，首先将自己的观点作为锚定点，但是个体并不简单地认为自己和他人的观点是完全相同的，所以个体会根据感知到的自己和他人的差异进行调整，进而做出最后的行为归因。个体站在自己的角度，通过感知到的自己与他人的差异主动进行调整而产生的行为归因，必然会出现行为归因偏向。

此外，当个体有积极心理锚定时，表现出对成功进行内部归因，对失败进行外部归因（Campbell and Sedikides, 1999）。当行为结果符合个人心理锚定时，容易产生内在归因，而当行为结果不符合个人心理锚定时，容易产生情境归因（Miller and Ross, 1975）。在现实生活中，成功符合个体的心理锚定，失败不符合个体的心理锚定，因此，个体对成功进行特质归因，对失败进行情境归因。

3. 自我肯定理论

Steele（1988）提出的自我肯定理论（self affirmation theory, SAT）认为，维持积极自我评价是一种动态平衡的过程，个体为了维持正向自我评价，对他人行为进行归因时就会表现出自我服务归因偏向。一般认为，人们在行为归因中表现出自我服务归因偏向是为了寻求积极的自我形象（黄仁辉等，2005），即在进行行为归因时偏袒自己是由个体的"自我提升"动机引起的。研究发现，青少年在人际比较的情境中并未表现出外显自我提升，没有做出自利归因偏向，他们对自贬归因者的评价更高，也希望与之交往；而在非人际比较的情境中，个体外显自我提升（以自利归因为代表）在青少年早期发展到顶峰（刘肖岑等，2011）。也有研究表明，中国人的自我提升的特点表现为人际性和隐蔽性（佐斌和张阳阳，2006）。可见，具有人际性和隐蔽性特点的自我肯定动机会引起人们的行为归因偏差。而且，个体会根据效价对自己和他人的行为给予不同的评价，从而会做出服务自己的行为归因偏向。

此外，在趋乐避苦的原则框架下，个体为了增强和维护自尊、给他人留下好印象、避免认知失调的动机，而出现自我服务归因偏向（刘永芳，2010）。其主要原因在于，成功总是与快乐相伴，失败总是与痛苦相连，为增加成功带来的欢乐或减少失败引起的不快，个体总是将成功的原因指向自己，而将失败的原因推之于外。人们使用自我服务归因偏向的目的是寻求自我肯定、维护自我形象（刘肖岑等，2010）。积极自我概念、自我价值、自尊和自我提升等都是对自我服务归因偏向最有力的解释。如此看来，自我服务归因偏向有助于个体自我意识的发展和社会适应的优化。

那么，当个体的价值和自尊得到肯定时，是否还会表现出自我服务归因偏向？答案是肯定的，个体的自我服务归因偏向将削减或消失（Sherman et al., 2007）。所以，应努力从个体内部动机出发，减少个体的自我贬低与自我否定，以进一步减少其自我服务归因偏向。在不同情境中，此方法的普遍性能否得到验证？刘肖岑等（2011）的研究发现，个体在非人际比较情境中出现自我服务归因偏向，而在人际比较情境中不会表现出自我服务归因偏向，说明自我服务归因偏向在中国文化背景下还具有情境依赖性的特点。

综上所述，不同理论从不同角度对人际视角下个体行为归因偏向的产生进行了解释。人们为了寻求积极自我形象而做出的自我服务归因偏向可能会无意识地受到社会距离的影响，也可能是由于推理他人行为时，以自己观点作为锚而进行有意识的修正和调节，还可能受到个体自我肯定、自我提升动机的影响。

五、群际归因偏向

（一）群际归因偏向的研究概况

自我服务归因偏向表现于群际中，则会产生群际归因偏向（intergroup attributional bias），即将内群体好的行为归于内在因素，将外群体好的行为归于外部因素（Hewstone，1990）。群际归因偏向不仅表现在一般群体中，也经常出现于不同民族和人种之间，因此也叫"终极归因错误"（ultimate attribution error）。群际归因偏向是社会心理学中常见现象之一，即个体在群际认知过程中，自然而然地在认知、行为、资源分配中偏袒内群体、贬低外群体。

有研究者通过实证研究证明了群际归因偏向的存在。Guerin（1999）的研究发现，儿童对自己喜欢人群的积极行为和自己不喜欢人群的消极行为进行内部归因，而对自己喜欢人群的消极行为和自己不喜欢人群的积极行为进行情境归因。群际归因偏向也是偏袒内群体、贬低外群体的最主要表现（Hewstone et al., 2002）。当各个群体之间进行比较时，多数人都认为自己的群体是最杰出的（Jourden and Heath, 1996）。可见，群际归因偏向是解释内群体和外群体行为的方式和路径，有助于我们深刻理解群际归因偏向的本质内涵和内在机制，然而却仍难以对群际归因偏向的文化普适性做出终极性回答。因为研究者从对立的两个群体出发进行研究，而对和谐社会理念下的不同群体的适用性鲜有研究，群际归因偏向的立论依据显得有所欠缺。

此外，伴随着"我们"这个概念的逐渐形成，群体归因偏向也随之产生，人们倾向于将积极信息归因于内群体，更有可能忽视自己内群体的一些消极信息（Gaertner et al., 2006）。有研究发现，在消极刺激条件下，青少年比成年人更少地表现出群体偏好，这种差异只有在控制了内群体认同之后才会出现，因为成年人对自己内群体的认同显著高于青少年；而在积极刺激条件下，青少年比成年人更偏爱自己的内群体（Liebkind et al., 2006）。可以说，在良好的或暂时的群体结构中都可能出现群际归因偏向，而且受到内群体认同的影响，在同一行为效价条件下，个体对不同群体行为的归因会表现出不同程度的群体偏好。此外，个体对事件原因的解释受到当事人的影响，如果当事人是个体，中国被试容易把事件原因解释为情境因素，如果当事人是群体，中国被试容易将行为的原因归于特质因素；与此相反，美国被试在个体作为当事人时，倾向于特质归因，在群体作为当事人时，倾向于情境归因（Menon et al., 1999）。可见，中国个体对群体的积极行为原因进行解释时，倾向于对内群体进行特质归因，对外群体进行情境归因，表现出明显的群际归因偏向。

（二）群际归因偏向的解释

1. 群体显著性认知

个体归因时会自觉地知觉行为者的群体特征，如果行为者的所属群体特征被显著知觉，那么个体便容易将群体显著特征与该群体的刻板印象和偏见等相联系，并据此进行行为归因，从而产生群际归因偏向（Hewstone, 1990）。Islam和Hewstone（1993）通过操纵两种实验顺序来控制群体显著性：第一种顺序是对内外群体进行评价后再进行内外群体的行为归因；第二种顺序是对内外群体进行行为归因后再进行内外群体的评价。显然，第一种顺序强化了群体的显著性，结果显示，第一种顺序条件下的群际归因偏向显著高于第二种顺序条件下的群际归因偏向。此外，群际归因偏向产生的过程有两个，即自我锚定与自我分化。在自我锚定过程中，自我意识在很大程度上决定着个体对内群体显著性的感知；在自我分化过程中，个体认为两群体间的人格特质是完全不同的，外群体成员所拥有的人格特质被视为最差的，而内群体成员所拥有的特质却被认为是最好和最显著的（孙潇，2010）。可见，群际归因偏向使个体对自己所在群体的显著性认知增强，使个体对外群体的显著性认知降低。

2. 群体认同

社会认同理论（social identity theory, SIT）认为，个体被人为地进行社会分类后，将形成内群体与外群体。其中，内群体成员通常偏爱自己群体成员的态度与行为，因而对内群体表现出较高的认同，从而对自己群内成员行为进行积极归因，从中获得一种归属感和维持积极的自尊；而对外群体成员行为给予消极的评价，并人为地将群体间的差异进行不同水平的夸大，通过社会比较来达成积极的内群体认同和消极的外群体认同（Tajfel and Turner, 1986）。社会认同理论从动机角度为群体归因偏向的研究提供了理论支持。社会比较的结果就是使内群体的积极认同得到强化，外群体的积极认同减弱，而内群体的积极认同导致群际归因偏向（Hewstone, 1990）。Islam 和 Hewstone（1993）认为，对内群体的积极认同可以提高个体自我肯定的需要，容易导致群际归因偏向。所以，群际归因偏向的强弱程度受到内群体认同的调节，高内群体认同的个体，其群际归因偏向更强，而低内群体认同的个体，其群际归因偏向更弱。

3. 群体其他特征

已有研究认为，个体在进行行为归因时会知觉行为者的群体特征，并据此进行行为归因（Hewstone, 1990）。内群体认同强度、群体显著性、外群体刻板印象、群体偏见、群体关系等因素对群体归因偏向都有影响和作用（马伟军，2009），即不同的内群体认同强度、群体显著性、外群体刻板印象、群体偏见和群体间关系使得个体做出不同的行为归因。值得注意的是，在这些群体特征中，群体认同在调节群体心理和行为中起着更为重要的作用（Markus and Kitayama，1991）。群体认同作为一种微观的社会认同，受群体文化价值和文化信念的影响。群体认同不同，外群体的刻板印象、群体偏见、群体关系也就不同，相应地，群体归因偏向也就不同。因此，群体服务归因偏向会受到内群体认同、对外群体的刻板印象、群体偏见、群体关系等群体特征的影响，而群体认同差异是对行为归因偏差更为重要的影响因素。

以上研究表明，群体显著性和群体认同是影响群际归因偏向的重要因素。群际归因偏向可被看作是一种人际适应，促使群体内人际的和谐，维持群体内的稳定和个体在群体中的地位与成员资格，而内群体认同也会强化内外群体之间的竞争。在我国构建和谐社会的过程中，积极内群体认同会促进内群体的和谐，但也势必会造成群体之间不同程度的竞争，影响社会安定与和谐。所以，研究中国文化背景下内群体认同对群际归因偏向的影响及群际归因偏向增强和削弱的因素包括哪些，以及对这些问题的回答，将有利于促进我国文化内部群体间的和谐。

综上所述，基本归因偏向容易导致个体关注行为内在原因而忽略了行为的情境信息；活动者和观察者归因偏向是从行为归因者的不同角度和所处位置进行行为归因，导致的结果就是各说各有理，产生认识上的偏向。虚假一致性归因偏向强调行为归因中高估自己与他人观点的一致性而低估或忽略行为的一致性信息，表明个体的认知加工能力确实是有限的；自我服务偏向和群际归因偏向容易导致个体或群体高估自己或内群体消极行为归因的外部环境和他人或外群体消极行为归因的内在特质，最终目的是进行个体或群体的自我保护和自我防御，也带有明显的自我欺骗的性质。以上归因偏向在现实生活中具有普遍性，但每种归因偏向又都具有各自条件限制下的特殊性。在现实生活中，源于个体心理的复杂性和行为的情境性，这些归因偏向并非各自独立存在，在某些条件下具有一定的重叠性、交互性及与现实的非对应性。当然，这些归因偏向对个体的行为至关重要，决定了个体如何行动，也决定了行为干预和训练的决策机制与策略选择。

第二章

归因的认知加工及其对行为的影响

在归因偏向的研究中，研究者一方面强调了归因偏向的普遍存在，另一方面强调了认知与动机对归因偏向的影响。个体的认知与动机是在内部心理结构的基础上，通过内部加工机制对行为归因偏向进行解释，归因的认知加工理应受到研究者的关注。

第一节　归因的认知加工

一、归因的双重认知加工

（一）归因的双重认知加工过程

归因过程是一个主观建构的过程，研究者从意识与无意识领域来研究归因的认知加工过程。White（1990）提出原因加工理论，强调归因认知加工过程的自动性与控制性，将归因加工过程划分为自动加工（automatic processing）和控制加工（controled processing）两种。自动加工不需要个体注意的参与，不受个体记忆容量的限制，适用于简单而熟悉的活动；控制加工则需要个体注意的参与，易受个体记忆容量的限制，适合于复杂而不熟悉的活动。显然，自动归因加工强调归因过程的自发性，属于社会认知的内隐加工，具有无意识性和自动性的特点。

随着内隐社会认知领域的不断丰富和深入，越来越多的研究者明确提出了内隐归因的概念。叶映华（2008）采用自陈式量表和 IAT 对行为归因过程进行了研究，结果发现，归因包括内隐归因和外显归因两个部分。有关道德行为事件的研究指出，个体对于道德事件更倾向于做出内隐归因（Miller et al., 2007）。经典的投射测验实际上反映了内隐归因的思想，个体分析模棱两可的事件并将自己内隐的判断和推理投射到外部行为事件上。有研究者采用自陈式量表和 IAT 对学校管理者的绩效归因过程进行了探讨，研究结果表明，绩效归因包括外显归因和内隐归因，并且它们均会影响个体的工作绩效评估（叶映华，2008）。叶茂林和杨治良（2004）使用投射法（projection method）考察了未成年人归因的内隐特征与攻击行为，结果发现，未成年人内隐归因是产生攻击性行为的重要原因。以上研究说明，个体的内隐归因是一种无意识的觉知，是自动产生的，可以采用间接测量的方式揭示个体的内隐归因。但已有研究从内隐的角度探讨群体积极行为归因的甚少，也鲜有研究比较个体内隐归因和外显归因的不同。

毋庸置疑，内隐归因属于内隐社会认知，具有间接性、直觉性、不自觉性和自动化等特征。具体而言，间接性是指内隐归因是存在的，但我们无法用传统的直接测量的方法去证实，只能采用间接测量的方法和技术；直觉性是指在内隐归因过程中，对归因结果的获得，行为归因主体无法详细分析其产生过程，往往是"知其然，而不知其所以然"，即便是出现行为归因偏差，主体对这种归因偏差状态仍然不能够觉察；不自觉性是指内隐归因表现为行为主体对行为刺激的归因并没有表现出明确的目的，脱离了意识的监控，不能够为行为主体的意识所直接控制；自动化是指内隐归因由于没有明确的目的性和目标性，在对行为进行归因时就没有围绕某个行为目标而出现意识监控，行为主体对行为事件的归因似乎是完全自动化的，就像一个程序预存在头脑中一样，而这个预存的程序是被自动执行的。所以，采用合理的技术与方法进行内隐归因的研究完全是可行的。

（二）归因的双重认知加工理论

行为归因属于社会认知的范畴，尽管关于归因的认知加工机制与加工理论的研究很少见，但我们可以从社会认知的相关理论来阐释归因的双重认知加工理论，为深入了解归因的认知加工机制提供一些借鉴。

1. 激活扩散理论

Collins 和 Loftus（1975）最早提出了激活扩散理论（spreading activation theory, SAT），这一理论假设个体的日常概念和知识是以网状结构存在的，并且通过语义和联想建立联系而形成许多节点，当某一刺激概念被激活后，通过语义网络中节点和节点之间的联结进行激活扩散，使得目标概念也达到一定程度的激活，从而使目标概念的加工得到易化。Klinger 和 Greenwald（1996）通过给被试设置目标刺激与启动刺激在语义上相关或不相关两种启动条件，然后掩蔽启动刺激，请被试对目标刺激进行联想判断，结果发现，目标刺激与启动刺激在语义相关条件下产生了显著的启动效应，说明阈下启动刺激的确激活了目标刺激的加工，此结果支持了激活扩散理论假设的观点。激活扩散理论是在掩蔽条件下对目标刺激与启动刺激进行的加工，属于无意识语义启动。可见，启动刺激对目标刺激的启动效应取决于两者的语义相关性，相关性越高，语义表征网络中的联结越紧密，内隐加工速度越快。更为重要的是，启动刺激和目标刺激的关联启动是在无意识或无意图的觉知条件下内隐地发生的，实际上就是强调内隐加工的存在性和被操纵性。

2. 双重加工模型

20 世纪 90 年代之前，大多数研究者是在意识层面上对个体认知进行研究，而且主要采用传统的自陈量表对个体认知直接进行测查。Greenwald 和 Banaji（1995）提出了认知的双重加工模型（dual process model, DPM），该模型认为社会认知包括内隐和外显两个过程，揭开了潜藏于个体意识之下的内隐认知的神秘面纱，内隐信息加工也逐渐成为认知心理学领域的一个前沿性研究课题。近年来，社会认知中的许多理论和实证研究也都表明，存在外显和内隐两种信息加工系统，分别作用于不同的心理与行为（Greenwald and Banaji, 1995）。内隐认知的兴起，扩大了研究者的视野，不但在意识层面研究个体的自我认知与自我态度，还在无意识层面研究个体的自我评价与态度倾向，能够综合全面地反映个体的心理状态与心理本质。因此，归因作为社会认知加工的重要内容，理应具有外显性和内隐性。

双重态度模型（dual attitudes model, DAM）强调，人们对同一对象可以同时拥有两种不同的态度，一种处于深思熟虑的外显水平，另一种处于无意识的内隐水平（Wilson et al., 2000）。内隐与外显态度都可以对行为决策产生作用。当无意识层面的态度与个体的目标相互冲突和矛盾时，意识层面的态度对其进行调节，以保持内隐与外显的一致性。

3. 认知体验自我理论

Epstein（1998）提出了认知体验自我理论（cognitive experiential self theory,

CEST），试图将精神分析心理学派提出的无意识心理和现代认知心理学提出的意识心理的研究结果进行整合，认为个体既具有无意识心理也具有意识心理。相应地，个体对自我进行评价时也存在两种信息加工方式：一种是基于意识层面的理性加工，另一种是基于无意识层面的经验加工，前者属于外显认知，后者属于内隐认知。外显认知和内隐认知共同维护自我系统的一致性和整体性。

4. 联想命题评价模型

Gawronski 和 Bodenhausen（2007）提出了联想命题评价模型（associative propositional evaluation model, APEM），以揭示内隐态度和外显态度的形成机制和潜在的心理加工机制。联想命题评价模型认为，内隐态度和外显态度的加工具有不同的潜在心理加工机制，内隐态度的潜在心理过程是联想加工（associative processe），而外显态度的潜在心理过程是命题加工（propositional processe）。联想加工是自动的，以独立于个体主观价值和信念的单纯激活为特征；而命题加工则需要意识的判断，并且依赖于个体的主观价值和信念，遵循认知协调性的原理。两种加工机制的产生在一定程度上支持了 Greenwald 和 Banaji（1995）提出的认知双重加工模型。在命题加工过程中，行为被认为是意识判断和决策加工的结果，而在联想加工过程中，行为则被看作是无意识的、自动联想和自动化扩散激活的结果。这两种加工过程以相互协作或相互对立的形式来决定个体的行为。

总之，以上的研究者普遍承认信息加工具有两种形式，对于信息加工系统的两类加工机制也是一致认同的。这些研究为行为信息的归因机制提供了理论视角，拓宽了归因研究的思路，使研究者能够从外显归因和内隐归因两方面研究个体的行为归因加工。

（三）归因双重认知加工的关系

归因的两种信息加工系统将归因划分为外显归因和内隐归因，那么这两种归因是否存在一定的关系？是对立的关系还是相互依赖的关系？二者的关系强度如何？对于这些问题的回答，有利于我们理解内隐归因与外显归因的划分及其关系。尽管研究者没有直接证明内隐归因和外显归因的关系，但我们可以通过对内隐认知和外显认知关系的阐述，间接推断内隐归因与外显归因的关系。根据不同的心理加工机制与理论观点，可将内隐归因与外显归因之间的关系概括为"同一论"与"分离论"。

1. 内隐归因和外显归因的"同一论"

同一论假定，内隐归因和外显归因是同一个心理结构，个体对于行为内隐的归因才是反映个体"真实"的解释，而外显归因则是其他因素对内隐归因干扰以后的歪曲表达，因而会出现各种归因偏差（Fazio et al., 1995）。研究表明，由于外显态度比较容易受到个人动机、自我服务动机等意识性意图的影响，在进行外显态度测量时，被试就有可能有意识地改变自己的回答从而掩饰真实意图，造成测量误差，因而外显态度并不能反映人们的真正态度；相比之下，内隐测量技术反映了被试的无意识反应，从而使个体难以对自己的反应进行有意识的改变，因此，内隐测量技术所测得的态度是个体态度的真实表达（Nosek et al., 2002）。有研究发现，外显态度与内隐态度的一致性程度较高（Rudman et al., 2001; Greenwald and Nosek，2001）。还有研究表明，个体内隐态度与外显态度之间的一致性受到自我和群体之间差异的影响，在外显测量中，自己的"真实态度"受到群体压力、群体偏好等因素的影响，使得外显态度受到了不同程度的歪曲，从而疏远了两者间的关系（Nosek, 2004）。这些研究表明个体外显态度和内隐态度具有相同的心理结构，但是二者之间可能会受到测量技术、个体意识性意图及自我—群体差异等因素的影响而表现出不一致。

2. 内隐归因和外显归因的"分离论"

分离论认为，内隐归因与外显归因的心理加工机制不同，它们分属两种不同的心理结构。个体对于行为外显的归因是受到意识所控制的，而内隐的归因则是自动化的、无意识的。研究表明，大学生存在内隐归因和外显归因，但在成功条件下，被试内隐归因与外显内归因的得分呈显著负相关（$r=-0.31$），而与外显外归因得分相关不显著；在失败条件下，内隐归因与外显归因各维度之间的相关不显著（$rs<0.07$），说明了无论是对成功事件进行归因还是对失败事件进行归因，被试的内隐归因与外显归因总是背道而驰的，从而表明被试经历了双重结构的归因过程（李森，2012）。有研究采用多种特质—多种方法矩阵进行的研究也发现，当触及社会规范（如公正、道德等）时，内隐偏见会与外显偏见分离，个体对残疾人和老年人的外显偏见与内隐偏见之间的相关较低（$rs<0.15$）（Nosek and Smyth, 2007）。有研究者以评价法及反应时法对外显群体和内隐群体的偏爱进行研究，结果表明，在外显实验中，被试对外群体的评价在积极的人格特征词出现时更高，从而表现出外群体偏爱，但积极的人格特征对外群体的作用在内隐实验中并不显著，出现了内群体偏爱（Crisp and Nicel,

2004）。这说明内隐认知和外显认知之间是相互分离的，前者包含了个体在实际认知时无意识地表现出来的部分，而后者则是个体期望自己在实际的行为认知中表现出来的部分。

在此基础上，另一些研究者还运用 Liseral、Mplus 等软件分析方法对内隐归因与外显归因之间的关系进行了探讨。从归因双重过程模型的研究得知，通过外显测量和内隐测量所获得的归因是分离的或者说是相互独立的（Greenwald and Nosek, 2001）。有研究者以被试对测题的评分来测量外显归因，采用 IAT 测量内隐归因，结果发现，个体的内隐归因很大程度上影响其归因偏差，被试在内隐归因上存在自利归因偏向；而在外显归因上，被试则避免出现归因偏向而试图做出更加理性的归因；进一步使用 Liseral 统计软件建构归因双重过程模型发现，IAT 测验与外显测量结果之间的相关不显著（$r=-0.28$）（郑全全和叶映华，2007）。另外，有研究者基于多重内隐测量视角，采用外部情感西蒙作业（extrinsic affective Simon task, EAST）、命中联系作业（Go/No-go association task, GNAT）及 IAT 等反应范式探查内隐自尊及其特点。同时，采用结构方程建模的方法探查外显自尊与内隐自尊之间关系的研究也发现，外显自尊与内隐自尊之间的相关不显著（$r=0.15$），说明外显自尊与内隐自尊分属于两个相对独立的评价系统（杨福义和梁宁建，2007）。这些研究为内隐归因和外显归因相互分离的观点提供了实证研究证据，表明外显归因不受内隐归因的影响，从而体现了行为归因的双重加工过程。

上述关于外显归因和内隐归因的关系研究均通过相关程度进而做出推论，尽管采用的统计方法比较合理，但由于研究者对两种信息加工系统的研究视角与关注点不同，在两种信息加工系统的划分标准与依据方面存在着分歧，对两种信息加工的理解也存在着区别，导致内隐认知和外显认知关系的研究结果不统一。例如，对于态度的划分，有的研究者称其为外显态度和内隐态度（Greenwald and Banaji, 1995），有的研究者称其为直接测量的态度和间接测量的态度（Gawronski et al., 2007）。究竟这些类型指向的是同一研究领域还是不同研究领域？概念与概念之间是否混淆与叠加？用其中一个概念来解释另一个概念的依据与标准是什么？研究的标准与依据不同，概念的内涵和意义也不同，使得内隐加工与外显加工之间的关系并不稳定，也使得内隐加工与外显加工的关系更为复杂。关注内隐归因的即时建构性和情境效应，将会为行为归因的研究提供整合的观点，并能为不同研究者对行为归因研究的结果差异提供新的解释视角。

二、自发特质归因

自发特质归因是指个体在无意识状况下仅仅根据其他人行为方面的信息来推断其人格特质，进行印象形成的过程（Uleman et al., 2005）。当我们看到某个人的行为时，如小明很快解开了这道难题，我们会对小明进行"聪明的"内在特质的推理，甚至我们自己都没有意识到自己已经进行了这样的加工。这个过程是相对自动化的，很难被抑制和干扰。

（一）自发特质归因过程

早期的研究者采用迫选测量研究进行行为归因，即让被试在罗列出的几个原因维度上进行选择。这种研究方法尽管严格控制了实验条件，对数据的统计也易于操作，但被试的反应不是他们自发激活的，而是由研究者事先规定的。内隐认知概念的提出使得研究者对内隐层面的归因更为关注，并且逐渐将注意力转向于没有明确要求和提示的自动化的自发特质归因研究。

Smith 和 Miller（1983）最早采用了反应时法研究被试的自发特质归因。他们让被试在计算机上阅读描写行为事件的材料（如"凯瑟帮助盲人过马路"），然后计算被试对行为事件做出个人特质和情境归因的时间。结果发现，被试对行为事件的特质归因很迅速，所需反应时较短，而对行为事件的背景归因相对比较慢，所需反应时较长。由此，Smith 和 Miller 推断，当行为事件涉及特质归因时，被试对行为事件的归因时间是迅速且短暂的；当行为事件涉及背景归因时，被试需要从长时记忆中提取相关信息进行理解和判断，对行为事件的归因时间相对较长。后来的研究者发现，个体在没有明确意识和明确意图的条件下，对行为事件进行自发特质归因（Ross and Nisbett, 1991; Crawford et al., 2007）。可见，自发特质归因具有自动化、难以控制、较少付出心理资源、有效性等特点。

Todorov 和 Uleman（2002）首次使用了错误再认范式进行自发特质归因的研究。该范式包括学习阶段和再认阶段。在学习阶段给被试呈现一些隐含特质的行为句子和面孔照片的配对，如"小红扶老奶奶过马路"是隐含"乐于助人"这一特质的行为句子，句子上面是小红的面孔照片，要求被试记忆这些配对。记忆阶段过后是再认阶段，屏幕上呈现之前学习过的部分照片和特质词的配对，被试需要用最短的时间判断这个特质词是否出现在之前学习阶段与该照片配对的行为句子中。配对有两种：系统配对和随机配对。前者是面孔照片和行为句子隐含特质词的配对，比如，小红—乐于助人；后者是面孔照片与别的面孔照片对应的句子中隐含的特质词配对，比如，小红—聪明。如果在学习阶段建立了行为者—特质联结，那么在随后的再认测验中，系统配对时的错误率显著高于随机配对，因为被试建立的行为者—特质联结的熟悉性将导致他们做出更多"是"的判断。尽管研究者大都了解了在进行行为句子编码过程中个体可以自主激活"特质"的概念，但是在研究者中依然萦绕着一个争论焦点，即是个体有没有可能把激活的特质与行为者或其他特质联系起来？这也是这一研究还没有解决的一个突出问题。

（二）自发特质归因理论

关于自发特质归因，其理论模型主要有两种：直觉模型和过程模型。

1. 直觉模型

直觉模型由 Schoda（1994）创立。该模型强调自发特质归因活动只是一般人的内隐性理论，这种现象可以在没有意识的情况下对知觉者业已掌握的比较稳定的特征活动模式之中的目标、价值与信念进行激活，并且在这个过程中，不管是个体本身还是情境本身，都不是由个体来理解，实际上是利用个体在情境中的活动表现来对其目标和意图自动察觉。通常状况下，我们可以运用传统的归因理论对自发特质归因现象加以阐述和解释，然而对于传统归因理论中关于个体和情境的分离观点中，直觉模型是持不赞同观点的，直觉模型提出，个体只有通过对各种偶发状况的行为进行判断，才能彻底揭示人格特质，原因在于特质无法利用其自身进行揭示，而只有利用情境才能达到判断效果。

2. 过程模型

过程模型由 Skowronski 等（1998）创立。该模型将自发特质归因的过程分为三个部分：首先，知觉者针对个体活动的理解，激活编码过程中的特质，例如，在阅读文章时个体提炼出来的要点本身，其中便含有特质隐义，所以特质概念便能够受到特质描述并轻易被激活；其次，知觉者会将这类特质概念与行为紧密地结合描述主体，并且该联系可能有着多元化的特点，如人们所具有的心理防御策略便是将陌生人与外貌上相似的重要他人相联系，个体更加倾向于将自己与成功或著名的他人相联系，将负面传播者与消极情绪相联系；最后，倘若这种联结形成，个体推断认知对象的过程便会受到这些特质的潜在影响（廖全明和黄希庭，2006）。

此外，也有研究认为，具有不同心理模式的个体对行为事件的归因倾向不同（Winter and Uleman, 1984; Uleman, 1987）。倾向于个人特质决定行为的个体在进行行为事件归因活动中，更倾向于进行自发特质推理（spontaneous trait inference, STI）；倾向于背景信息决定行为的个体在进行行为事件归因活动中，更倾向于进行自发环境推理（spontaneous situation inference, SSI）。自发特质推理和自发环境推理都会产生无意识效应，具有自发性和直觉性。个体越倾向于习惯性地使用特质描述行为，行为的自发特质归因就越有可能发生。

那么，自发特质归因的原则与条件是什么？哪些推断过程可能自发产生？哪些推断过程不可能自发产生？有研究者认为，特质线索激活了被试的自发特质推理（Winter and Uleman, 1984; Uleman, 1987）。也有研究指出，自发特质归因是一个较深层次的心理加工活动，会导致行为主体与行为特质的强联结（Crawford et al., 2007）。然而，先前的研究大都致力于证明自发特质归因的存在性与普遍性，对于自发特质归因的认知加工机制的探讨尚处于探索阶段，更鲜有针对特定情境与特定群体的自发特质归因的研究，关于自发特质归因的认知加工机制和内部差异性和普遍性，有待于进一步研究和证实。

三、归因的认知加工偏向

个体在对行为进行归因时，常常表现出对特定原因的系统偏向（刘永芳，2010），形成行为归因偏向。行为归因偏向是一种非对称性的因果判断现象，普遍存在于社会生活中。归因的自我服务偏向、群际归因偏向、对应偏向等实际上侧重于从认知加工角度进行阐述。此外，认知心理学强调认知加工也是由信息的获得、编码、储存和提取等一系列认知操作所组成的信息加工系统。因此，归因的认知加工偏向也围绕信息的记忆和解释环节进行。归因的认知加工偏向有助于理解行为归因在记忆和解释中的加工偏向，为行为归因认知加工偏向的探索提供了一条新途径。

（一）归因的记忆偏向

记忆偏向是指某一个人群对某些先前相关信息的回忆与再认成绩优于另一个人群的现象。归因的记忆偏向是指个体利用行为信息的记忆编码或表征对随后与行为归因相关的信息进行提取时的记忆偏向（刘永芳，2010）。也就是说，尽管归因是对行为信息进行加工时所产生的一种推断过程，但在此过程中，对行为信息进行的记忆编码导致对随后归因信息的良好保持。

Hamilton（1986）对归因任务难度的记忆进行了研究，他们向 3 组被试呈现了 3 套同样的行为事件，每个行为事件后面紧跟着 6 个句子，作为行为归因判断的 6 条信息，被试的任务是根据给出的 6 条信息将行为事件归因于个人或刺激因素。实验的关键是对 6 条信息进行控制，划分为 3 种实验条件：① 5：1 的条件，也被称为"偏个人归因条件"，即 5 条信息表明行为事件的原因来自个体，只有 1 条信息表明行为事件的原因来自刺激；② 3：3 的条件，也被称为"平衡混合归因条件"，即 3 条信息表明行为事件的原因来自个体，3 条信息表明行为事件的原因来自刺激；③ 1：5 的条件，也被称为"偏刺激归因条件"，即 1 条信息表明行为事件的原因来自个体，5 条信息表明行为事件的原因来自刺激。在呈现了每一个行为事件和相关的行为信息后，要求被试对行为事件的个人归因和刺激归因做出判断，并对这种判断的自信程度进行评估。48 小时之后，请这些被试回到实验室，要求他们回忆前面呈现过的一套行为句子。Hamilton（1986）的研究发现，行为归因信息以特质和情境平衡混合启动，比偏情境启动和偏个人启动会促使被试回忆出更多的归因信息。刘永芳（2010）指出，平衡混合启动下进行两种信息的选择性加工是相当困难的，需要激活潜在的知识构念以进行归因的深加工，而偏情境启动和偏个人启动只需依据供选刺激进行归因的浅加工，归因信息不容易被储存于长时记忆中。

Hastie 等（1984）有关个人印象形成的研究表明，在对他人形成印象时，被试对与先前形成的印象或预期不一致的信息的回忆要比与先前的印象或预期一致的信息快。此研究结果有助于解释 Hamilton（1986）的偏刺激归因和偏个人归因，即 6 条信息中的 5 条是一致的，做出一种归因，只有 1 条与其他信息不一致，需要做出另一种归因，那么，6 条信息中与其他 5 条信息归因不同的那条信息更可能被回忆出来。为此，Hamilton（1986）继续对偏个人归因条件和偏刺激归因条件下的信息回忆比率进行了分析，结果表明，当个人归因信息与 6 条归因信息中的其他 5 条不一致时，回忆成绩更优，而当刺激归因信息与 6 条归因信息中的其他 5 条不一致时，回忆成绩也较优，此研究结果为 Hastie 等（1984）有关个人印象形成的研究提供了可能性。研究结果也进一步表明，与多数信息不一致的信息更难以被整合到印象形成中，需要对其进行深加工才能形成印象联结。

为了说明混合条件下被试对归因任务进行了深加工，从而容易对归因信息进行提取，Hamilton（1986）又进行了第二个实验，要求被试首先阅读描述行为事件的句子 4 秒钟，然后提供行为事件的 6 条信息以供被试做出个人归因或刺激归因，计算机自动记录被试做出个人归因或刺激归因的时间，结果发现，被试在混合条件下做出归因所用的时间显著长于在偏刺激和偏个人归因条件下做出归因所用的时间。刘永芳（2010）指出，混合条件下被试对信息进行了精细加工，对这些信息的记忆和提取更容易，而偏刺激和偏个人条件下被试对信息进行了浅加工，对这些信息的记忆和提取比较困难。可见，对行为信息进行归因时，归因深度加工条件下的记忆效果要远远优于浅度加工条件下的记忆效果，归因信息的提取依赖于归因任务加工水平。

（二）归因的解释偏向

解释偏向（explanatory bias，EB）最早是由 Hastie 等（1984）提出的，主要是指当个体面对与自己期望值不一致的行为时，会做出比与自己期望值一致的行为更多的解释和原因推断，表现出解释偏向。按照 Crick 和 Dodge（1994）的解释，社会信息加工过程（social information processing, SIP）包括编码、解释、搜寻反应、反应评价和执行反应 5 个阶段。信息编码首先表现为对信息进行选择性知觉加工，然后进行较深的语义加工以进行储存，最后进行信息的解释水平加工。语义加工属于信息的深加工，对信息记忆和解释具有决定性作用。以往研究证实了行为归因的解释偏向，但对行为信息语义水平的加工还缺乏实证研究，更缺乏对行为信息解释水平加工的系统研究。

此外，Crick 和 Dodge（1994）区分了行为主体对行为的编码过程和解释过程，认为行为主体的认知过程首先表现为对行为刺激线索进行编码，然后在记忆中储存，以便进一步解释与表征这些行为线索，所以行为主体的解释偏向是对行为刺激进行选择性编码和储存的结果。也就是说，行为信息的加工是从选择性知觉加工开始到较深的语义加工，然后进行信息的解释加工，而信息的语义加工对信息记忆和解释起决定性的作用。因此，解释偏向通常被认为是认知加工过程的最后环节。解释偏向通常是以归因作为切入点，通过纸笔测试的形式就能测量到被试的内隐归因和态度。但解释偏向与将 IAT 作为测量内隐归因的方法有明显不同：首先，IAT 是基于反应时的行为归因的研究方法，需要记录被试在实验中的反应时，必须借助计算机完成，限制了行为归因研究的大规模开展；其次，IAT 通过个体对不同效价词的反应时间接推导个体行为归因，脱离了社会真实情境；最后，与 IAT 比较起来，解释偏向是将行为归因结果作为研究对象加以分析，并且是在真实情境中自然地激活个体的内隐信念和态度，更具生态效度，应用前景更为广阔。

在关于解释偏向的实证研究中，大多数研究集中于正常被试和焦虑群体、攻击性群体、高自尊群体等特殊群体的归因偏向和解释偏向，以便进一步了解此类群体的内隐态度和内隐认知。研究表明，高攻击性儿童在解释模棱两可的情境时，倾向于进行敌意性解释和归因（De Castro et al., 2002）。更为重要的是，高攻击性的成年人也存在行为归因的解释偏向（Bailey and Ostrov, 2008）。Wingrove 和 Bond（2005）要求特质愤怒高的被试阅读与攻击有关的模棱两可的短记叙文，然后请他们对短文故事中主人公的行为结局进行推测，在被试进行推测之后，紧接着呈现关于主人公具有攻击与非攻击行为的句子，然后自动记录特质愤怒高的被试阅读这些行为句子的反应时。研究结果表明，特质愤怒高的被试对模棱两可的短文结局的推测具有攻击性，并且在随后的阅读中对攻击行为句子的反应时显著短于对非攻击行为句子的反应时。国内学者袁俏芸和黄敏儿（2008）的研究表明，具有攻击性的男童在对线索模糊的社会情境进行解释和归因时，普遍具有较强的攻击解释和较多的敌意归因偏向。此外，高社交焦虑个体容易对社会事件进行消极性解释和归因（Vassilopoulos and Banerjee, 2008）。

以上关于解释偏向的研究主要集中于临床患者群体对行为信息的认知加工，而直接研究青少年群体与解释偏向关系的研究少之又少。那么，临床患者群体的解释偏向是否能被运用到青少年群体中？此外，群际归因偏向在许多内群体和外群体归因的研究中都得到了证实（Hewstone, 1990; Doosje and Branscombe, 2003）。青少年群体作为一个特殊的群体，由于存在自我增强和自我提升的动机及对内群体积极的心理期望和预期，在进行捐助行为归因时理应也存在行为归因偏向。然而，目前的研究并未从实证角度对青少年群体自利归因偏向和内群体归因偏向进行考证，更缺乏对青少年群体行为归因偏向的年龄特点的研究。

第二节　归因对行为的影响

归因对人类行为的作用一直是研究者关注的焦点。对行为的不同归因会影响个体对行为信息的编码、解释和表征，并影响个体对后续行为的认知和情感，进而影响自己的行动。研究表明，归因与行为预测（Weiner, 1985）、行为反应策略（张爱卿和刘华山，2003a）、行为决策情绪（Weiner, 1985）、行为决策制定（Burton et al., 2003）的关系密切，能预测和控制个体的后续行为（Gilbert and Malone，1995），对行为的"做"效应有着明显的调控作用（索涛等，2011）。所以，行为归因是人类行为预测、决策和干预的基础。合理准确的归因是推动人类行为的主要动力，也是解释人类行为的有效途径。行为归因将有助于我们探索和理解人类复杂行为背后的原因，进一步控制、预测和干预人类的后续行为，以便于更好地适应人类社会生活。

一、归因对行为的预测

（一）归因对行为的直接预测

归因对人类行为具有直接激励或抑制作用。归因作为社会认知的一部分，对后续行为的实施有直接预测作用（Dooley, 1995; Steins, 1999）。Weiner（1980）设计了可控和不可控两种情境以便观察助人者在哪种情境中更愿意帮助他人。结果表明，助人者在实施帮助之前会考虑求助者寻求帮助的理由，如果助人者判断行为的原因来自不可控的外在因素，就更可能对其实施帮助；反之，则不会实施帮助行为。Weiner（2000）提出了动机归因理论，其核心是对行为归因后果进行研究。具体而言，就是通过归因的作用机制、个体的情感反应或是期望发生变化，进而影响后续的行为表现，成为后续行为的动因。

根据 Weiner（2000）的动机归因理论，研究者进行了大量的研究，从一开始只简单研究成就领域的自我归因和个人动机，进一步扩展到了人际归因和社会动机领域。例如，人际行为的责任归因关注的就是对他人的行为结果的认知归因及有关行为责任的推理判断，这一课题引起了众多研究者的兴趣，其中令人印象深刻的是张爱卿和刘华山（2003a）在成就动机方面的研究。他们的研究结果证实了归因的部位和归因的可控性会影响个体的责备行为，并发现部位和可控性往往还能够通过对情感反应或是结果预期发挥作用而影响到后续的责备行为。夏勉和江光荣（2007）研究了心理求助行为中的责任归因，结果显示，无论个体是否求助或是否主动求助，都普遍倾向于将心理问题归因于内部原因，进而推断自己对问题负有责任，但是责任推断并不能预测个体的求助行为，而心理问题的可控性则可以预测后续的求助行为。Eaton 等（2006）的研究表明，积极归因对于宽恕行为具有显著的预测作用。刘璐等（2011）的研究发现，个体的诚信态度受到行为归因和反馈的交互作用的显著影响，诚信归因和奖励对诚信态度起到了强化作用，反馈和归因对"信"的反应比对"诚"的反应更积极。

以上研究均表明，个体对行为事件的认知归因能够直接影响后续的行为表现，也验证了 Weiner（2000）的动机归因理论假设。可以说，认知归因是影响或改变个体慈善捐助行为的突破口，我们可以通过对个体认知归因的干预以提升其后续的捐助行为。个体是否做出助人行为受到行为归因的影响，行为归因与助人行为之间的关系密切，行为归因是决定个体是否做出慈善捐助行为的影响因素之一。

（二）归因对行为的间接预测

情绪的认知评价理论认为，个体对某种情境进行的认知评价会产生特定的情绪反应，且二者共同作用影响其后续行为（Lazarus, 1991）。那么，归因作为一种认知过程，是否会对个体的行为产生影响呢？ Weiner（1980）设计了酒鬼和生病两种情境来研究助人行为归因，结果表明，同情、愤怒等情绪以认知归因为中介影响助人行为。Weiner（1980）著名的记笔记实验，对不同归因下的助人行为进行比较后发现，内部、可控的归因对助人倾向的干扰最为显著，即不想记笔记的学生最不可能得到帮助。Weiner（2000）的研究认为，归因在行为刺激与后续行为之间起中介作用，即行为刺激—归因—情绪—行为模型。也就是说，不同的行为刺激引起不同的行为归因及其情感反应，继而影响后续行为，为归因的中介作用提供了理论基础。此外，内隐人格观理论也认为，实体论和渐变论两种内隐观通过影响个体的行为归因进而影响个体的行为（Dweck et al., 1995）。

归因在其他变量间的关系中也起中介作用，在许多实证研究中均得到了证实。Johnson-Laird 等（1999）认为，归因在外部行为表现与内部心理表征之间具有中介作用。黎玉兰和付进（2013）的研究表明，归因在自尊与人际宽恕之间起部分中介作用。归因在关系重视程度和宽恕特质对宽恕动机的预测中具有中介作用（马洁，2010）。有关责任归因的研究发现，内部归因能够显著预测责任推断，并以情感为中介影响后续行为（Weiner, 2000）。还有研究发现，学习归因对自主学习有直接预测效应，学习环境适应以学习归因为中介影响自主学习，而学习归因在自我概念和自主学习的关系中起部分中介作用（王静琼等，2010）。归因方式在工作和家庭冲突与职业倦怠之间起部分中介作用（丁凤琴和付卫玲，2011）。在中小学教学中，我们也可以观察到，考试焦虑、成就动机、成功期望等变量的确对成就行为产生了影响，但其中也可能以成就归因为中介建立变量之间的联系。

此外，归因在其他变量间的关系中也起调节作用。责任归因在不同行为决策后果和"做"效应之间起明显的调控作用（索涛等，2011）。责任归因在公平感和情感承诺反应之间也起调节作用（王怀勇和刘永芳，2012）。归因在相对剥夺感与行为反应的关系中起调节作用（马皑，2012）。因此，归因不仅对行为具有直接或间接的影响，而且在某些情境或人格与行为之间起着调节作用。

综上所述，归因作为一种社会认知因素，是个体后续行为的重要推动力量，既能直接预测个体的后续行为，又能以中介或调节变量的方式作用于成就行为、宽恕行为、信任行为及决策等方面。

二、归因对捐助行为的影响

（一）捐助行为的概念

捐助行为作为人类一种共有的文化传统，在东西方文化发展史上源远流长。但是文化、地域的差异性与捐助内容和形式的多样性，使其具有不同的外延和内涵，也使其在理论界尚没有形成一个明确的且普遍被接受的定义。到目前为止，国内外学者关于捐助行为已进行了大量的理论研究和探讨，但均是众说纷纭，只能涉及一体多面中的一面。然而，总体来说，不外乎从以下几个视角进行探析。

第一，文化渊源的视角。文化思想作为一种意识形态，自诞生之日起便与慈善捐助结缘。例如，佛教中的核心理念"慈悲"思想，佛家思想强调"菩提心"，即"大慈大悲、普度众生"，认为只有慈悲，才能成就真正的佛道，成就菩萨心肠，成就人间净土。又如，中国古代的儒家文化，其思想内核中的仁爱思想、大同思想和义利观与慈善也有着异曲同工之妙，儒家文化中的"仁"即仁爱，是一个将道德感情和伦理规范相结合的范畴，认为"仁者爱人"应从"孝悌、德恕"开始，并从中引申出爱民守礼的善念和品质。再如，西方基督教文化也与慈善有着不浅的渊源，如基督教强调"博爱"，主张"爱人如己"，并认为人们生来就充满罪恶感，要不断"赎罪"，以求死后灵魂能得以升华，从而取得上帝的"原谅"。

第二，目的性和利他性的视角。基于利他性视角，人们帮助他人是完全出于自愿和善心，不求回报。定险峰和刘华山（2011）将慈善捐助定义为：无偿将金钱或财物赠给与自己没有利益关系的个体或组织的行为。他们均认为，慈善捐助就是个人、群体或社会组织自愿向社会或受助者无偿捐助钱物或提供志愿服务的行为，属于典型的道德行为，具有利他性。基于目的性视角，其认为个体之所以进行捐助，纯粹是为了自己之后在同样的处境下能够得到同样的回报。这种观点更多的是从社会交换理论的角度解释人们的捐助行为。Prince 和 File（1994）将捐赠者的动机分为公有主义、虔诚、投资、社交、利他主义、报答他人及君主思想 7 种，简称"慈善的七副面孔"。所以，捐助行为包含利他动机，甚至某种程度上还存在利己动机。

第三，慈善组织者的视角。从这个角度来看，慈善可以分为官办慈善和民办慈善两种。例如，中华文明自古就有"民为邦本"的思想，我国古代思想家孟子更是将这种思想阐述为"民为贵，社稷次之，君为轻"，此后荀子更进一步提出"君者，舟也；庶人者，水也。水则载舟，水则覆舟"的观点，所有这些体现在实践层面便是"惠民"的社会慈善观，如一旦发生灾祸，统治者就会通过施粥、赈谷、调粟等多种赈灾方式来救助难民，到了唐宋、明清时期，统治者更是开始兴办慈幼局、养济院、普济堂等各类赈灾机构，这是一种典型的官办慈善，从这个意义上理解，慈善事业潜在地包含着一种社会责任和国家管理手段。此外，也有学者认为，慈善是指在政府的倡导下，由个人和团体自愿组织的，对处于困境中的个体所采取的一种不求回报的奉献行为（周秋光和曾桂林，2006）。以上研究者都强调，慈善是一种由民众自发帮助别人形成的社会事业，并将其作为个人所必须履行的捐赠钱物或提供服务给需要帮助的人的一种责任。例如，个人或团体基于无私利他观念，为生活困难者实施的帮助活动，或出于对弱势群体的同情和慈善意愿而做出的帮助行为。

总体而言，捐助行为均具有利他性、自愿性和积极性，体现的是一种助人与互助的精神，表现为在这种精神指导下的一种亲社会行为或亲社会行为的集合，是一种升华了的慈善事业。慈善捐助更多强调个人、组织或者团体受良心、慈悲、怜爱等道德心理及某种动机的驱使，而表现出自觉自愿地帮助社会弱势群体中非血缘的、非利益关系的、无法克服困难的个人或组织的一种责任行为。

（二）我国慈善捐助的现状

近年来，随着国民经济的持续发展、区域交通的便利及信息传播渠道的广泛化和极速化，我国慈善事业相较之前有了全面的发展，最直接的表现即是捐赠规模和数量的不断攀升。但是，中国慈善事业发展的现实情形仍不容乐观，具体表现在以下方面。

首先，个人慈善捐助意识相对缺乏。长期以来，中国政府对社会救济和社会福利的统包，使公民慈善理念产生偏向，即认为慈善仅是政府和富人的行为，这就进一步造成了中国慈善捐助更多依赖于中国企业和政府，而中国民间慈善捐助相对较少，导致出现了中国民间慈善捐助意识缺乏的现状。由于慈善捐助意识的缺乏，个人捐助的部分原因是由于官方或半官方的引导，是组织策划下的慈善，并非完全是个人自觉自愿的行为，捐助行为背后的原因令人担忧。

其次，捐助归因偏向导致慈善捐助规模的狭隘化。归因对行为具有直接预测作用，归因是影响行为的重要认知因素（Weiner，2000）。也就是说，个体合理、正确的归因方式能引发更多的慈善捐助行为。但受我国地域条件和环境条件的限制，慈善捐助教育发展不均衡，如果不能进行捐助行为归因的积极引导和教育，民间个人慈善捐助的巨大潜力便难以发挥，以致国民中自觉自愿地参与慈善活动的人数非常有限，极大地影响了慈善捐助参与人数的规模和发展趋势。此外，我国慈善捐助具有慈善主体与客体的"熟人化"的特点，捐助行为偏向于内群体，表现出内群体归因偏向，这也会进一步阻碍慈善捐助事业的发展。

（三）归因对捐助行为的直接和间接影响

捐助行为作为个体自愿地给他人捐款、捐物或者给予服务的行为，也是对他人有帮助、有益于社会的一种纯粹的利他行为。捐助动机可能有两种：一种是无目的或意图的"纯粹利他"动机；另一种是个体自愿捐助动机，被称为"热心肠"。随着归因研究的不断发展与丰富，越来越多的研究发现，归因可以通过直接或间接的方式，说明、解释、预测甚至是干预人类的社会行为。不仅如此，探讨归因和慈善捐助行为之间的相互作用机制及其形成，有利于对慈善捐赠者行为的原因进行探究与细分，也有助于慈善捐助者把握慈善教育事业规模与性质的发展趋势，以及预测未来可能发生的变化。所以，归因对捐助行为的影响研究对于慈善捐助动机机制和慈善教育政策的制定意义重大。

如前所述，归因对个体行为的影响主要有两种观点：一种观点认为，归因可以间接地影响个体的行为，如 Weiner（2000）的动机归因模型认为，个体的成功或失败的经验会影响个体成功或失败的归因，而个体成功或失败的归因又会影响个体的情绪和期望，并进而影响个体的后续行为；另一种观点则认为，个体对事件的归因会直接影响其行为。那么，捐助作为一种典型的亲社会行为，是否也受到归因的影响呢？

归因作为影响捐助行为的重要认知因素，对捐助行为具有显著的预测作用。基于消费者视角的研究表明，个体更可能认为企业无条件的捐赠行为是出于利他动机，而对企业公益营销行为的原因更可能做利己动机归因（Dean，2003）。个人捐赠行为的通用模型认为，人格特征通过捐赠认知的中介间接影响捐赠行为（Sargeant and Woodiiffe, 2007）。Weiner 于 1980 年也通过实验对归因与慈善行为之间的关系做了研究，结果表明，助人者在助人之前会考虑被帮助者需要帮助的理由，如果他相信需要帮助的原因是一个人不能控制的外在因素，就很可能对其实施帮助，反之则不会实施帮助。之后的研究者依据 Weiner 的归因理论重复了这个实验，并且也得出了相同的结果。不仅如此，我国的张爱卿和刘华山（2003b）也指出，行为原因的控制性与个体的责任推断、情感反应有直接的联系，并进而会影响到助人意愿。由此可见，归因会影响个体的捐助行为。

（四）归因影响捐助行为的情境性

个体在进行社会判断过程中，不仅需要达成一定社会共识的法则和逻辑，还离不开外部的情境因素（Gilbert and Malone, 1995）。一般而言，当外部情境信息与行动者的行为相一致时，人们往往容易做出一致的归因判断；但若通过情境信息能对行动者行为背后的心理状态做出多种判断推理时，个体就不容易产生一致的归因结果。例如，同样的捐助行为，如果常年资助贫困山区的孩子上学，捐助者知道自己的行为能让这些孩子顺利完成学业，享有和其他孩子同等的教育资源，并且捐助者也有能力达成这样的目标，那么此时情境信息和行为者的行为是相符合的，观察者也倾向于对此行为做出一致的内在特质归因，即认为捐助者的个人特质是善良的、无私的；但如果是紧急事件中的捐助行为呢？观察者可能会将助人者的行为归因于内部特质，也可能归因于外部情境，因为情境信息的加入使得观察者很难得出一致的推理结果。由此可见，情境因素是社会归因中一个不可或缺的因素。情境和归因共同影响行为的理论主要有以下几种。

1. 道德认知发展观

科尔伯格与皮亚杰的道德认知发展观认为，个体对行为事件所做出的道德判断是建立在道德推理之上的，而道德推理又受到道德情境的影响和作用，他们十分重视道德判断中认知归因的贡献（喻丰等，2011）。其具体过程如下：道德情境→道德推理（认知归因）→道德判断。科尔伯格的研究理论中最著名的海因兹偷药事件就很完美地诠释了这一过程，正是因为受限于道德情境的影响，个体对海因兹偷药事件进行道德推理和归因判断时，才不会鲁莽地得出结论。

2. 道德判断的社会直觉模型

Haidt（2001）提出的道德判断的社会直觉模型认为，在道德的判断和推理过程中，不仅存在道德情境的影响，还会受到道德直觉的影响，道德直觉包含了大量的情感成分，如道德信念和道德动机等。其具体过程如下：道德情境→道德直觉（道德信念等）→道德判断→道德推理。但他只一味地强调道德直觉的决定作用，否认道德推理对道德判断的影响。

3. 道德判断的双加工模型

Greene（2007）在整合上述观点的基础上提出了道德判断的双加工模型。Greene 认为，道德情境通过道德直觉这一情绪过程对行为道德判断产生影响；

道德情境通过道德推理和归因判断这一认知过程作用于道德判断这一结果，个体在做道德判断时，这两种加工过程是可以同时存在的。

4. 亲社会行为理论

Fabes 等（1992）通过亲社会两难情境研究儿童的亲社会推理，并在总结前人研究成果的基础上提出亲社会行为理论，认为按照产生过程，亲社会行为可分为对他人需要进行注意、确定助人意图及助人意图与行为相联系三个阶段。该理论强调个人因素和对特定助人情境的解释是影响亲社会行为的重要变量，并指出在紧急情境下，情感因素在助人决策中起主要作用；而在非紧急情境下，个体的认知因素和人格特质起关键作用。

由以上理论可知，从情境线索与人格因素交互作用的视角解释行为归因更为合理。行为归因是由情境信息与人格因素的交互作用引起的。个体对有意与无意情境下的助人行为的归因不同（Weiner, 1985）。Shapiro（1983）认为，当捐助情境匿名时，共情反应强烈的个体更愿意进行帮助。但 Bolton 等（2005）的研究发现，公开传递行为的声誉信息会显著地增加个体的捐助行为。日常生活中，某些个体的慈善行为有时很明显是为逃避他人的责难或受到社会指责而做出的一种反应。

但已有研究中从人格因素与情境线索交互作用的视角解释行为归因的较少，忽视了价值取向、内隐人格及主体信念在情境因素与行为归因中的调节作用，以及行为归因对行为有调节的中介作用，无法准确清晰地解释行为归因的作用机制。所以，个体是否做出捐助行为，既受到捐助归因的影响，也受到人格因素和情境因素的影响，而行为归因也是决定个体是否做出慈善捐助行为的重要中间变量，与个体当前行为及其后续行为产生的关系密切。

（五）归因影响捐助行为的心理模型

通过梳理研究者对归因理论的大量研究，我们发现众多理论都将归因过程分为两部分：一部分的关注焦点是归因的前提研究，即个体是怎样进行归因的，具体的归因过程是什么，又会受到哪些因素的影响，这方面的研究着重从理论上阐述认知归因过程的内在结构；另一部分则关注归因的后果研究，即不同的归因会引起个体情绪和行为等发生哪些变化，也就是归因的效果及作用，这部分研究也为归因理论开拓了广阔的应用前景（Kelley and Michela, 1980）。Kelley 和 Michela（1980）关于归因影响行为的心理模型见图 2-1。

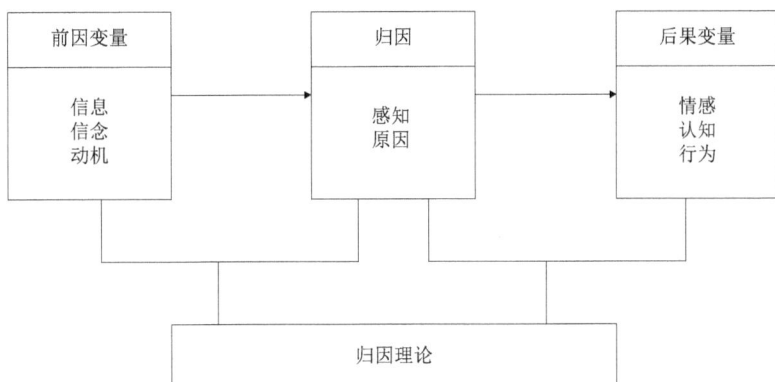

图 2-1 归因影响行为的心理模型

图 2-1 表明，归因作为个体社会认知的一部分，对行为有着重要的影响。个体在实施捐助行为时，也要经历一个从认知到行动的过程，这一认知过程会受到诸多前因变量的影响（如情境信息、信念、动机等），进而引起个体的情感反应或是价值期望，并对后续的捐助行为产生促进或抑制作用。我国的张爱卿等（2005）的研究指出，对被试进行外部不可控归因，则引起较低责任推断和较低生气类情感反应，个体的助人意愿就会增强，反之亦然。例如：艾滋病如果起因于外界不可控的环境因素，个体认为艾滋病患者承担的责任低，不会引起对艾滋病患者生气等消极情感，个体更愿意帮助他。本书将以上述研究为基础，深入探讨这些内、外影响因素是如何通过认知归因的作用机制影响后续行为的。

总之，捐助行为是一种重要的亲社会道德行为，受个人内在因素和情境因素共同影响。情境因素影响捐助行为，而捐助行为背后蕴藏着复杂的捐助动机，动机推理更是捐助行为归因形成的关键因素。归因既能够直接预测后续行为，又在其他变量之间起中介或调节作用。归因作为一种社会认知，通过直接或间接的作用对个体的慈善捐助行为产生重要的推动力。归因连通了个体内部心理表征和外部行为，通过影响或改变个体的情感反应和期望水平，对行为动机产生作用，继而影响后续的捐助行为。

◆◆◆ 第二篇 ◆◆◆

/ 青少年捐助行为归因的实证研究/

第三章

青少年捐助行为归因的特点

自 Heider 之后，行为归因成为心理学家广泛关注和经久不衰的研究课题，原因在于归因是个体外部世界和内在心理表征的中介和桥梁；归因是个体行为预测的前提与基础；合理归因有利于行为的合理决策和制定。以往大量研究证明，个体在对自己行为和他人行为进行归因时，容易产生自利归因偏向（John and Robins, 1994; 查仲春和韩仁生，2001；Heine and Hamamura, 2007）和群际归因偏向（Guerin, 1999; Hewstone et al., 2002; Jourden and Heath, 1996）。同时，以往研究也探查了个体行为内隐归因和外显归因之间的关系，但已有研究还存在以下几方面的缺憾。

首先，已有研究忽视了行为内隐归因的研究。Greenwald 和 Banaji（1995）提出了认知的双重加工模型，认为社会认知包括内隐社会认知和外显社会认知。近年来，社会认知中的许多理论和实证研究也都表明，存在两种信息加工系统，即外显加工和内隐加工。归因作为社会认知加工的重要内容，理应具有外显性和内隐性。在研究归因时，大多数研究都是从外显归因的角度进行，鲜有研究从内隐归因的角度研究青少年群体的特点。尽管叶映华（2008）的研究发现大学生和学校管理者都存在行为和绩效的内隐归因和外显归因，叶茂林和杨治良（2004）的研究发现未成年人存在行为的内隐归因，但这些研究很少涉及青少年群体行为内隐归因的表现差异。

其次，已有研究忽视了外显群际归因与内隐群际归因的关系。White（1990）提出原因加工理论，强调归因过程是一个自动化的过程，将归因加工机制划分为自动加工和控制加工两种。自动加工不需要注意的参与，不受记忆容量的限制，适用于简单而熟悉的活动；控制加工则需要注意的参与，受记忆容量的限制，适合于复杂而不熟悉的活动。自发特质归因属于内隐加工，具有无意识性和自动性的特点。研究者采用特质线索回忆和图片启动等内隐测量方法对自发特质归因进行了研究（Crawford et al., 2007; Carlston and Mae, 2007）。最近的研究开始关注内隐归因的加工机制，对行为者和信息提供者特质联结的加工机制进行了研究，然而对于整个内隐归因的无意识机制尚缺乏系统的研究，更鲜有对特定群体的外显群际归因与内隐群际归因的认知加工关系的研究。本章在关注青少年群体捐助行为外显群际归因的基础上，进一步将捐助行为归因延伸和拓展至内隐群际归因及外显群际归因与内隐群际归因的认知加工关系上，以便在更深的层次上理解青少年群体捐助行为外显群际归因与内隐群际归因的差异及其关系，也有助于系统理解群际归因的本质及其群体差异。

最后，已有研究忽视了行为结果中的归因偏向。Miller 和 Ross（1975）强调行为类型中的自利归因偏向，将行为划分为积极行为和消极行为，并认为个体容易将积极行为进行内部归因，将消极行为进行外部归因，产生自利归因偏向。这种自利归因偏向表现于群体之间则会产生群际归因偏向，即将内群体的积极行为进行内归因，将内群体的消极行为进行外归因。那么，当行为结果只表现为积极效价时，是否还会表现出自利归因偏向与群际归因偏向，即对自己和内群体的积极行为进行内归因，对他人和外群体的积极行为进行外归因？答案是肯定的。研究者认为，人们使用自利归因偏向与群际归因偏向的目的是寻求自我和内群体肯定，维护自我和内群体形象，提高自我和内群体价值，增强个人自尊和内群体自尊（刘肖岑等，2010）。从进化心理学的角度看，人类寻求积极自我意象的动机和维护集体形象的动机具有文化沿袭性和文化演化性。如此看来，自利归因偏向与群际归因偏向是人类共有的一种普遍的自我和内群体提升动机，有利于维护个体和内群体的形象和自尊。因此，无论是从积极行为还是从消极行为层面来看，自利归因偏向与群际归因偏向都是一种普遍的存在。

近年来，捐助行为作为一种积极的无偿赠予他人财物和帮助的利他性道德行为日益受到研究者的关注，而捐助行为背后的归因特点值得我们关注。青少年时期社会认知能力的发展是形成行为归因的关键。那么，青少年捐助行为背后的原因究竟是来自个体自身还是来自社会外界的刺激？是什么原因导致青少年捐助行为的做或不做？青少年是否存在捐助行为自利归因偏向和群际归因偏向？对这些问题的回答，既涉及行为归因的先前影响因素，也涉及行为归因的个体和群体效应。

本章以捐助行为这一积极行为结果为出发点，探讨青少年捐助行为自我服务归因偏向与群际归因偏向，以进一步揭示青少年捐助行为自我服务归因偏向与群际归因偏向的特点，为研究如何减少自我服务归因偏向与群际归因偏向，有针对性地对青少年进行行为归因教育和干预，促进青少年人际与群际相互理解与和谐融合，提供理论依据。此外，《中共中央关于构建社会主义和谐社会若干重大问题的决定》特别指出，要发展慈善捐助事业，完善社会捐助政策，增强社会慈善捐助意识。慈善捐助是社会工作的重要一环，加强对弱势群体的捐助和关爱，更是和谐社会构建的基础与目标。本章通过对青少年群体捐助行为归因特点的研究，以理论统领实践，开展慈善捐助研究，对于促进慈善捐助事业、规范社会道德行为和优化社会慈善教育都具有一定的参考价值，同时对于加强和提升青少年群体社会捐助责任意识和道德人格教育都有着重要的启示。

第一节　捐助行为情境故事与归因词收集

一、捐助行为情境故事的收集

（一）理论基础

情境故事法是通过呈现能够引发某种反应的特定情境，要求被试对故事中主人公的行为进行判断和识别。Johnston 和 Lee（2005）采用情境故事法对儿童自我和他人的积极和消极行为归因进行了考察，发现被试对消极行为比对积极行为的归因更倾向于内部归因。董振华（2005）采用情境故事法研究了被试对陌生人和熟悉人的行为归因，发现被试对陌生人容易做出内部归因，对熟悉人容易做出外部归因。只有通过实践收集和整理捐助行为情境故事，并通过情境故事评价和访谈等方法使获得的情境故事具有客观意义，才有可能从社会、学校、家庭和青少年道德等不同范畴捕捉情境故事的关键性信息，进而进行行为归因。

（二）研究目的

本节通过实践收集和整理及道德模范示例获得捐助行为情境故事，并通过情境故事评价和访谈等方法，使获得的情境故事具有客观意义和实际价值。

（三）研究方法

1.研究被试

某大学 26 名大一学生参与了情境故事开放式问卷调查，11 名大一学生参与了情境故事访谈；大学 40 名大一学生参与了情境故事评定任务。

2. 研究思路

首先，心理学要研究捐助行为，第一要回答"什么行为称得上捐助行为"，也就是研究捐助行为的"应然"，侧重理论思辨的推理；第二要回答"个体因为什么而做出捐助的行为"，也就是研究捐助行为的"实然"，侧重捐助行为的归因机制。

其次，捐助行为情境故事应考虑情境故事信息，包括事件发生的背景、人物、线索三个方面；也应考虑行为归因关键因素，包括归因对象和实际行为两个方面，本节的归因对象是基于群体视角的内外群体，实际行为直接指向捐助行为。

最后，以捐助行为为靶子，以情境故事为研究方法，建立内外群体捐助行为及其归因偏向的联系，既符合捐助行为归因理论，也符合现实捐助行为。

3. 捐助行为情境故事设计

捐助行为情境故事通过三条途径产生：首先，采用开放性问卷调查了 26 名大学生对捐助行为的日常观察与评价，收集"与捐助行为关系密切"的情境故事作为编辑情境故事的素材。开放性问卷主要涉及两个问题：①你认为一个人的捐助行为如何体现？②通过日常生活中的哪些具体事例表现出来？其次，采用访谈法了解 11 名大学生对捐助行为的看法和态度。访谈涉及两个问题：①下列这些行为能否体现一个人的捐助行为？为什么？②你认为最应该帮助的是哪些人？为什么？具体见表 3-1。最后，依据调查和访谈结果，通过网络搜集"身边的好人好事""全国或省市道德模范标兵故事"，挑选比较典型的、有价值的、能体现日常生活的捐助行为故事。

表 3-1　开放性问卷调查和访谈结果

捐助行为	调查结果（n=26）		访谈结果（n=11）			
	频数	百分比 /%	能体现 / 人	百分比 /%	应帮助 / 人	百分比 /%
帮助孤寡穷困老人	22	85	11	100	10	91
帮助身陷困境的人	9	35	10	91	7	64
帮助家境穷困儿童	10	38	7	64	9	82
帮助山区贫穷的人	7	27	7	64	3	27
帮助家境贫困大学生	20	77	10	91	11	100
帮助无家可归的儿童	15	58	6	55	6	55
帮助无生活能力的成人	19	73	9	82	10	91
帮助街头乞讨老人	6	23	3	27	3	27

续表

捐助行为	调查结果（n=26）		访谈结果（n=11）			
	频数	百分比 /%	能体现 / 人	百分比 /%	应帮助 / 人	百分比 /%
帮助流浪孤儿	8	31	4	36	3	27
帮助家庭穷困残疾儿童	19	73	10	91	9	82
帮助沿街乞讨儿童	4	15	2	18	1	9

表 3-1 说明，个体认为捐助行为的对象大多应是老弱病残或无经济来源与生活能力的人，都属于弱势群体，较易引发人的同情心而获得更多帮助。同时，个体认为应对街头讨要的老人和儿童实施帮助的比例较低，一方面与这些人的背景信息不明确有关，另一方面与社会媒体宣传报道的关于这些人的欺骗行为有关。

对通过以上方法获得的捐助行为情境故事进行编制，研究者在捐助行为情境故事的编制中，为避免故事情境因素和人物因素对被试的影响，首先，根据问卷调查和访谈结果，将捐助行为情境故事限制在对上述捐助对象的捐助行为中；其次，通过网络挑选比较典型的能体现上述捐助对象的捐助行为故事；最后，将两个虚拟的人物匹配到不同的捐助行为情境故事中，形成 8 个捐助行为情境故事。

4. 捐助行为情境故事的评定

请某校 40 名大一学生对情境故事进行评定，了解情境故事的适合性和典型性及评定的一致性。被试首先阅读情境故事，然后判断情境故事中的捐助行为是否适合，是否典型，并在 5 点量表上进行评定（1= 最不适合、最不典型，5= 最适合、最典型）。

（四）研究结果

1. 捐助行为情境故事适合性的评定

我们对捐助行为情境故事的适合性进行判断，对贫困大学生（$M^{①}$=4.41，$SD^{②}$=0.60）、孤寡贫困老人（M=4.51，SD=0.52）、贫困残疾儿童（M=4.45，SD=0.53）、无生活能力成人（M=4.35，SD=0.54）适合性评定的平均数均高于理论均值 3 分，4 组捐助情境故事适合性得分的单样本 t 检验值分别为 $t_{39}^{③}$=14.68，

---

① M 代表平均值。

② SD 代表标准差。

③ t 代表两个平均数差异检验，t_{39} 代表两平均数差异检验的自由度为 39。

t_{39}=15.66，t_{39}=17.34，t_{39}=18.22，ps[①]<0.001，说明 4 组情境故事中的捐助行为是存在的；重复测量方差分析表明，F[②]$(3，117)$=0.95，p[③]>0.05，说明这 4 组情境故事是同质的。另外，对捐助行为情境故事的评定一致性进行检验，4 组捐助行为情境故事的同质信度为 0.698，分半信度为 0.751，符合心理测量学的标准。

2. 捐助行为情境故事典型性的评定

我们对捐助行为情境故事典型性进行判断，对贫困大学生（M=4.36，SD=0.53）、无生活能力成人（M=4.28，SD=0.55）、贫困残疾儿童（M=4.33，SD=0.59）、孤寡贫困老人（M=4.44，SD=0.57）典型性评定的平均数都高于理论值 3 分，4 组捐助情境故事典型性得分的单样本 t 检验值分别为 t_{39}=16.23，t_{39}=15.03，t_{39}=14.27，t_{39}=16.32，ps<0.001，说明 4 组情境故事中的捐助行为是典型的；重复测量方差分析表明，$F(3，117)$=0.93，p>0.05，说明 4 组情境故事是同质的。另外，对捐助行为情境故事典型性的评定一致性进行检验，4 组捐助行为情境故事的同质信度为 0.772，分半信度为 0.815，符合心理测量学的标准。

（五）讨论分析

本节在情境故事的设置上，选择了贫困大学生、无生活能力成人、贫困残疾儿童、孤寡贫困老人作为被捐助的对象，这 4 种捐助对象的设置具有同质性，并且从多个对象考察了捐助行为。后续的研究以此为基础，从故事信息和故事人物等方面进行变量的设定，以更为全面地考察捐助行为归因的影响因素。

本节遵循从捐助行为情境故事的适合性到典型性的评定思路，通过 40 名大学生对捐助行为情境故事适合性和典型性及其评定的一致性的鉴别，证明了捐助行为情境故事具有良好的内容效度和同质信度。全部情境故事的评定均符合心理测量学的标准，可以用作后续研究的材料。

二、捐助行为归因词的收集

（一）理论依据

对捐助行为相关的特质归因词与情境归因词进行收集，既可反映人们对待捐助行为的倾向性，也可反映特定情境下人们对待捐助行为的态度与情感倾向。

---

① ps 代表差异分别显著。
② F 代表方差分析。
③ p 代表差异显著。

心理词汇学假设（psychology lexical hypothesis）认为，词汇是探索个体心理与行为的重要研究工具，那些与人类生活相关的最显著的个体差异最终在其语言体系中得到编码，且这种差异越重要，越可能用单一词汇来表达，因此，通过自然语言分析可获得一组特质词汇，来揭示特定背景下的个体行为差异（John et al., 1988），所以可将词汇看作是探索个体心理和行为的有效途径。如果词汇能够涵盖所有的心理倾向与特征，那么通过词汇联想任务得到的词汇就是全面的和系统的。通过词汇联想任务，可反映出大学生对捐助行为相关词汇的归类结果，被归为同一属性的词汇应该具有高度一致性，反映的是同一类行为。

（二）研究目的

本次研究的目的是选择合适的捐助行为特质归因词和情境归因词作为后续研究的启动任务材料，并通过创设特质归因词和情境归因词来了解青少年捐助行为归因的心理差异和特点。

（三）研究方法

1. 研究被试

某大学共有 40 名大一学生参加本次实验，其中，有 20 名被试（男生 8 名，女生 12 名）参加词汇筛选任务，20 名被试（男、女各 10 名）参加词汇评定任务。

2. 研究思路

首先，访谈并查阅文献资料，收集和描述与亲社会行为（捐助行为）相关的特质归因词和情境归因词，并制作特质归因词和情境归因词词表，这是最简单的搜集词汇的方法。同时，分别采用捐助和非捐助行为作为靶子词，访谈学生被试，要求他们说出自己认为能揭示捐助和非捐助行为的特质归因词和情境归因词 10 个左右（不得重复），并与通过查阅文献获得的特质归因词和情境归因词进行合并、归类。

其次，采用 K-B 法对访谈和查阅文献资料获得的词汇进行筛选。K-B 法是 Katz 和 Braly 在研究群体印象时采用的技术，后来引发了研究者对群体特征的探讨（Leslie et al., 2007）。按照 Katz 和 Braly 的要求，大学生被试被发给描述不同群体特质的形容词词表，要求他们从 84 个形容词中选出 5 个最具代表性的特质形容词来描述美国人、中国人、黑人等 10 个不同的社会群体，而那些被指出频率最高的特质形容词即是这一群体的特征集。每个特质词被随机选出的概率为 6%（5/84），某些特质词的选出率远远高于随机率（6%），说明这些特质用来描述某一群体特征时具有评价的一致性。K-B 法最大的优点是方便、操作性强，能使特定群体的典型特征被量化。

最后，对筛选出的词汇进行评定。词汇评定法是对人格特质词汇进行研究的基础。黄希庭和张蜀林（1992）对 562 个人格特质形容词的好恶度、意义度和熟悉度进行了评定，归纳出大学生认为的最消极的和最积极的 10 种人格特质。词汇评定法的优点在于能够对与行为相应的人格特质词进行量化分析，缺陷在于被试在进行评定时只能按照提供的答案进行迫选（forced choice），表现出社会称许效应（social desirability effect），访谈法能够有效克服社会称许效应。K-B 法的优势在于对评价词的一致性程度进行测量，三种方法综合应用可反映出词汇评定的有效性和适用性。

3. 研究程序

首先，本节通过查阅文献资料（迟毓凯，2005；李谷等，2013）并结合访谈，初步进行词汇的收集。通过归类整理、分析综合，确定了描述个体助人行为特质和情境的形容词各 40 个，并制作形容词表。

其次，为保证选词的有效性和便于被试理解，在问卷指导语中界定捐助行为特质归因词和情境归因词。捐助行为特质归因词是形容实施捐助行为的个体所表现出的稳定的个人内在特性的词。捐助行为情境归因词是形容实施捐助行为的个体所处的外在环境，即在何种情况下实施捐助行为，或实施捐助行为的外在动机的词。要求被试从 40 个形容词中筛选出 21 个最能代表捐助行为的特质归因词或情境归因词，词频均大于随机率 53%（21/40），说明被试评定的一致性较好。

最后，请学生对这 21 个捐助行为特质归因词和情境归因词的典型性、意义度和熟悉度进行 5 点评定（1= 完全不典型、完全不了解、完全不熟悉，5= 非常典型、非常了解、非常熟悉），以进一步考察词汇的有效性。此外，在捐助行为特质归因词中加入 2 个中性词（寂静的、广阔的），在捐助行为情境归因词中也加入 2 中性词（方正的、椭圆的），目的是检验捐助行为特质归因词和情境归因词与中性词的差异，以更好地区分词义。

（四）研究结果

20 名学生被试对捐助行为特质归因词和情境归因词的典型性、意义度和熟悉度的 5 点评定结果，见表 3-2。

表 3-2　捐助行为特质和情境归因词的评定结果（$M \pm SD$）

特质归因词				情境归因词			
形容词	典型性	意义度	熟悉度	形容词	典型性	意义度	熟悉度
善良的	3.95±1.15	3.80±1.15	4.15±1.15	名誉的	3.70±1.15	3.75±1.15	3.55±1.15
友爱的	3.85±0.93	3.50±0.93	4.20±0.93	榜样的	2.80±0.93	3.55±0.93	3.35±0.93
爱心的	4.30±0.93	3.90±0.93	4.25±0.93	面子的	3.00±0.93	3.45±0.93	3.55±0.23
无私的	3.95±0.23	3.80±0.23	4.00±0.23	地位的	3.35±0.23	3.80±0.23	3.70±0.23
仁慈的	3.55±0.23	3.60±0.23	3.85±0.23	名声的	3.10±0.23	3.75±0.23	3.60±0.23
大度的	3.35±0.23	3.50±0.23	3.45±0.23	声望的	3.30±0.23	3.45±0.23	3.65±0.23
慷慨的	3.75±0.23	3.95±0.23	3.80±0.23	要求的	3.50±0.40	4.00±0.40	3.70±0.40
热情的	4.00±0.40	3.80±0.40	3.90±0.40	危急的	3.45±0.40	3.55±0.40	3.40±0.40
感恩的	3.25±0.40	3.40±0.40	3.75±0.40	自发的	3.40±0.40	3.00±0.40	3.20±0.40
真挚的	3.35±0.40	3.60±0.40	3.55±0.40	紧急的	3.35±0.40	3.60±0.40	3.70±0.40
同情的	3.80±0.40	3.95±0.40	3.80±0.40	主动的	2.85±0.40	3.35±0.40	3.50±0.40
宽容的	3.35±0.40	3.70±0.40	3.80±0.40	服从的	3.40±0.40	3.70±0.40	3.60±0.40
诚实的	3.10±0.40	3.55±0.40	4.00±0.40	赞赏的	3.55±0.40	3.70±0.40	3.70±0.40
热心的	3.90±0.40	3.70±0.40	3.70±0.40	跟随的	3.70±0.40	3.40±0.40	3.70±0.40
真诚的	3.45±0.40	3.75±0.40	3.80±0.40	自愿的	3.85±0.40	3.45±0.40	3.30±0.40
负责的	3.00±0.40	3.40±0.40	3.55±0.40	偶然的	3.45±0.40	3.55±0.40	3.55±0.40
慈善的	3.35±0.40	3.45±0.40	3.45±0.40	仿照的	2.55±0.40	2.40±0.40	2.60±0.40
同情的	3.35±0.40	3.40±0.40	3.60±0.40	效仿的	2.75±0.40	3.00±1.08	3.15±1.08
诚恳的	3.40±1.08	3.55±1.08	3.40±1.08	从众的	2.95±1.08	3.00±1.08	3.25±1.08
正直的	3.30±1.08	3.05±1.08	3.35±1.08	赞扬的	2.80±1.08	3.10±1.08	3.05±1.08
高尚的	3.90±1.08	3.60±1.08	3.85±1.08	临时的	2.95±1.08	3.00±1.08	3.45±1.08
寂静的	2.15±1.08	2.85±1.08	3.60±1.08	方正的	1.60±1.08	1.80±1.08	3.35±1.08
广阔的	2.00±1.08	2.45±1.08	3.80±1.08	椭圆的	2.25±1.08	2.45±1.08	3.45±1.08

　　对 21 个捐助行为特质归因词、2 个中性词（寂静的、广阔的）进行配对 t 检验，结果表明，"爱心的""热情的""善良的""无私的"等 10 个特质归因词之间在典型性和意义度上的得分差异均不显著（$ps > 0.05$）；10 个特质归因词在典型性和意义度上与 2 个中性词之间的得分差异均显著（$ps < 0.05$），但其在熟悉度上的得分与 2 个中性词差异均不显著（$ps > 0.05$），这说明这些词对于描述个体的捐助行为特质是典型的、有意义的，也是被试所熟悉的词汇。

　　对 21 个捐助行为情境归因词和 2 个中性词（方正的、椭圆的）进行配对 t 检验，结果表明，"名誉的""地位的""紧急的""要求的"等 10 个情境归因词之间在典型性和意义度上的得分差异均不显著（$ps > 0.05$）；10 个情境归因词在典型性和意义度上与 2 个中性词之间的得分差异均显著（$ps < 0.05$），但其在熟悉度上的得分与 2 个中性词差异均不显著（$ps > 0.05$），这说明这些词对于描述个体的捐助行为情境是典型的、有意义的，也是被试所熟悉的词汇。因此，本节研究选取的捐助行为特质归因词和情境归因词各 10 个。

（五）讨论分析

1. 捐助行为归因词获得的一致性

本节采用三种方法搜集捐助与非捐助行为特质归因词与情境归因词，根据本节研究的结果，三种研究方法获得的特质归因词与情境归因词具有相对一致性。

首先，通过查阅文献资料并结合访谈，搜集整理 40 个描述捐助行为的特质归因词与情境归因词。其次，通过 K-B 法筛选出 21 个最能体现捐助行为的特质归因词与情境归因词，所筛选出的捐助行为特质归因词与情境归因词的频率都高于各自的随机率，说明被试评定的一致性程度较高。最后，通过词汇评定法进行的分析表明，10 个特质归因词与情境归因词的典型性、意义度得分与两个中性词的得分差异均非常显著，而熟悉度的得分与两个中性词的得分差异均不显著，说明这些词对捐助行为而言是符合的、重要的和有效的。捐助行为特质归因词与情境归因词的符合度、重要度和熟悉度的差异均不显著，表明特质归因词与情境归因词均能用来表征捐助行为。

2. 捐助行为归因词的意义

采用三种方法搜集捐助行为特质归因词与情境归因词，尤其是将无法量化的词汇通过这三种方法转化成可量化的变量，有独特的优势，也使三种研究方法获得的特质归因词与情境归因词具有相对一致性，但仍然是属于对捐助行为的一种表面化的评价。我们更关心的是人们为什么会形成这些特质归因词与情境归因词？这些特质归因词与情境归因词的内涵是什么？是否存在词汇的"名"与心理的"实"的问题？对这些问题的深入考察和分析，仅仅靠对特质归因词与情境归因词的表面分析是无法明了的，还需要在更多的理论框架下，通过各种研究手段进行进一步的探索与研究，以揭示捐助行为特质归因词与情境归因词背后的心理学意义。

第二节　青少年捐助行为自我服务归因特点

当个体对自己和他人行为的原因进行推理时，总会以一种有利于自己的方式来推理或者解释行为，从而表现出对自己行为积极的评价与归因。个体倾向于把自己的积极特质或行为结果归因于稳定的内部人格特征，而认为自己的消极特质或行为结果与人格特征不相关（Mezulis et al., 2004），这种归因偏向被称为自我服务归因偏向，也被称为利己归因偏向或自利归因偏向。儿童更容易把自己的亲社会行为原因归于利他的动机，而使他人行为动机大打折扣（Smith et al., 1979）。那么，青少年捐助行为归因究竟是利于个体自身还是利于他人？青少年捐助行为内隐自我服务归因与外显自我服务归因的关系如何？基于以上问题，本节采用问卷法与实验法进行探讨。

一、研究目的

探讨青少年捐助行为外显归因和内隐归因偏向的特点；探讨情境倾向和特质倾向青少年捐助行为外显归因和内隐归因偏向的差异。

二、研究假设

青少年存在捐助行为的外显和内隐自我服务归因偏向；情境倾向青少年和特质倾向青少年的自我服务归因偏向存在差异。

三、研究方法

（一）研究被试

首先，通过内隐人格信念量表对某工商职业技术学院的 300 名学生进行施测，剔除无效与不完整的问卷后，剩余有效问卷 274 份，有效回收率为 91.33%。其次，根据被试在内隐人格信念量表上的得分，将人格特质项目均分大于 3 且人格情境项目均分小于 3 的被试视为特质倾向者，而将人格情境倾向项目均分大于 3 且人格特质倾向项目均分小于 3 的被试视为情境倾向者，得到了 73 名特质倾向者和 45 名情境倾向者。最后，从筛选出的被试中随机选取情境倾向者和特质倾向者各 35 名作为本实验的被试，其中女生 18 人，年龄范围为 15～19 岁，平均年龄为 17.44 岁（$SD=1.40$）。

（二）实验设计

实验采用2（人格类型：特质倾向者、情境倾向者）×2（捐助主体：自己、他人）两因素混合设计。其中，人格类型为被试间变量。外显归因研究的因变量是被试捐助行为归因倾向得分。内隐归因研究的指标是被试将自己捐助或他人捐助行为归因于特质词与情境词的反应时之差。

（三）实验材料与程序

1. 内隐人格信念量表

内隐人格信念量表（Norenzayan and Schwarz, 1999）包括对两种人格倾向的评价，其中一种为人格特质倾向，另一种为人格情境倾向。要求对每个项目进行5级评定："1"表示"非常不同意"，"5"表示"非常同意"。另外，要求被试回答两个问题：①你认为你的行为在多大程度上取决于你的人格品质？"1"表示"几乎不"，"5"表示"完全取决于"。②你认为你的行为在多大程度上取决于你所处的环境？"1"表示"几乎不"，"5"表示"完全取决于"。具体见附录二。

2. 外显归因材料

实验选取已经编制好的6个捐助行为情境故事：①让被试在7点量表上评定故事中的主人公×××的行为原因；②假如你是×××，你的行为更可能是由何种原因引起的？"1"表示"个人内因"，"7"表示"环境外因"。具体见附录一。

3. 内隐归因材料

摘选已经编制好的捐助行为特质归因词和情境归因词各10个，同时选取自己捐助词和他人捐助词各5个，将自己捐助词、他人捐助词与"捐助"结合分别构成5个"自己捐助"和"他人捐助"短句。具体见附录三。

（四）实验程序

1. 内隐实验程序

采用GNAT范式，采用E-prime 2.0编写GNAT内隐测量程序。整个实验程序分为两个阶段：练习与正式实验。首先，给被试呈现指导语，待其明白指导语后完成练习部分，也就是让被试在两个类别（自我捐助与他人捐助、特质归因词与情境归因词）之间做出区分，目的是让被试熟悉整个实验程序。练习组块共有 16 个刺激词，其中分心刺激和目标刺激各占 1/2，反应时间间隔设为 1000 毫秒。练习阶段设有反馈程序，若被试在练习阶段的正确率低于 85%，则需要反复练习，直到合格方可进入正式实验。

练习阶段结束以后，开始正式实验，正式实验总共包括 4 个部分，4 个部分的顺序是随机的。每一个部分有 120 个属性词，其中信号词为 90 个，噪声词为 30 个。看到目标短句的提示后，被试按照指导语对后面的属性词又快又准确地按空格键反应（Go），或者不做任何反应（No-go）。

无论做 Go 还是 No-go 反应，随后的刺激词都将出现。根据 Nosek 和 Banaji（2001）的 GNAT 实验，刺激出现到消失的"反应时限"以 500～800 毫秒较为适宜（Nosek and Banaji，2001），本次实验定为 650 毫秒。在整个实验过程中，由 E-prime 软件自动记录被试的反应时与正确率。GNAT 的刺激呈现模式见图 3-1。

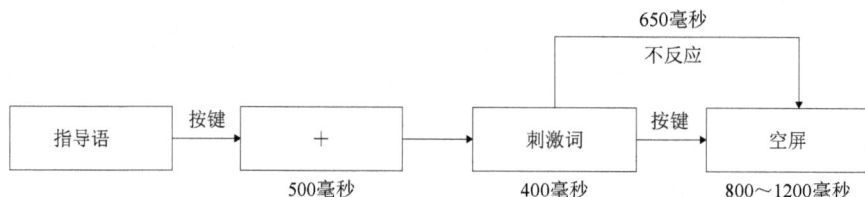

图 3-1　GNAT 的刺激呈现模式

2. 实验测验程序

首先，由心理学老师和心理学研究生发放问卷，请被试先填写人口统计学问卷和内隐人格信念量表，之后再完成故事中主人公行为原因的评定；接着，一周后，根据被试在内隐人格信念量表上的得分，筛选出特质倾向者被试和情境倾向者被试；然后，预约被试进行内隐实验，在进行内隐实验时，主试告诉被试将参加一个词汇判断实验，在实验过程中要求被试理解指导语之后进行实验，练习 16 个试次，然后开始正式实验；最后，实验完成之后，发放零食和小纪念品，讲解实验目的。

四、研究结果

（一）分组有效性检验

我们以人格类型为自变量，分别以被试在两个附加问题上的得分为因变量进行单因素方差分析，结果表明，特质倾向者在第一题上的得分（3.26±1.07）

显著高于情境倾向者在第一题上的得分（2.66 ± 1.06），$F(1, 68)=5.60$，$p < 0.05$；且特质倾向者在第二题上的得分（2.80 ± 0.96）显著低于情境倾向者在第二题上的得分（3.46 ± 0.95），$F(1, 68)=8.25$，$p < 0.01$，可见，人格类型的分组是有效的。

（二）青少年捐助行为人际归因偏向

我们通过对人际视角下青少年内隐归因和外显归因数据进行配对筛查，删除在内隐归因实验中击中率小于 50% 的 3 名被试，最终纳入 34 名特质倾向青少年和 33 名情境倾向青少年，对 67 名青少年人际视角下的内隐归因和外显归因数据进行分析。

以归因均分和理论均值（4 分）之差表示外显归因倾向，差值绝对值的大小反映了被试归因偏向的强烈程度，正值表示更倾向于情境归因，负值表示更倾向于特质归因。以被试对自己捐助（他人捐助）归因于特质词和情境词的击中平均反应时之差表示内隐归因倾向，差值绝对值的大小反映了被试归因偏向的强烈程度，正值表示相比于情境词，被试对捐助行为归因于特质词时反应时较长；反之，负值则表示相比于情境词，被试对捐助行为归因于特质词时反应时较短。对人际视角下青少年捐助行为外显归因与内隐归因倾向分别进行描述统计，见表 3-3。

表 3-3　人际视角下青少年捐助行为外显归因与内隐归因偏向的描述统计结果（$M\pm SD$）

人格类型	外显归因		内隐归因	
	自己捐助	他人捐助	自己捐助	他人捐助
特质倾向者	-0.84 ± 1.65	-0.94 ± 1.53	-41.93 ± 68.42	-22.32 ± 60.08
情境倾向者	-0.79 ± 1.33	0.28 ± 1.25	-23.25 ± 46.13	39.08 ± 137.91

首先，以外显归因倾向得分为因变量，进行 2（人格类型：特质倾向者、情境倾向者）×2（捐助主体：自己、他人）两因素的重复测量方差分析，结果显示，人格类型的主效应显著，$F(1, 65)=5.36$，$p < 0.05$，特质倾向者的归因得分显著低于情境倾向者的归因得分，表明特质倾向者比情境倾向者更易于进行特质归因；捐助主体的主效应显著，$F(1, 65)=4.68$，$p < 0.05$，被试对自己捐助行为归因的倾向得分显著低于对他人捐助行为归因的倾向得分，表明对于自己的捐助行为更加倾向于特质归因。

人格类型和捐助主体的交互作用显著，$F(1, 65)=6.64$，$p < 0.05$，见图 3-2。简单效应检验表明：在自己的捐助水平上，特质倾向者与情境倾向者的差

异不显著，$F(1, 65)=0.02$，$p > 0.05$，而在他人捐助水平上，特质倾向者与情境倾向者的差异显著，$F(1, 65)=12.55$，$p < 0.001$。

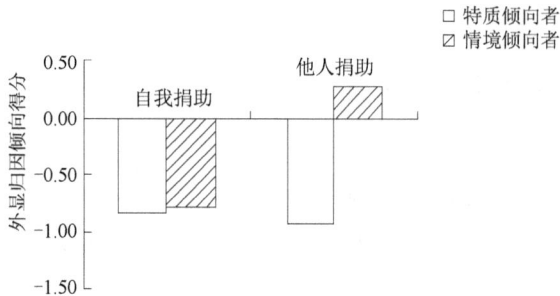

图 3-2　人格类型与捐助主体的交互作用图

其次，以内隐归因倾向得分为因变量，进行 2（人格类型：特质倾向、情境倾向）×2（捐助主体：自己、他人）的两因素重复测量方差分析，结果发现，人格类型主效应显著，$F(1, 65)=6.40$，$p < 0.05$，特质倾向者归因得分显著比情境倾向者归因得分低，这表明特质倾向者更倾向于进行特质归因，而情境倾向者更倾向于进行情境归因；捐助主体主效应显著，$F(1, 65)=9.02$，$p < 0.01$，被试对自己捐助行为归因得分显著比对他人捐助行为归因得分低，这表明被试对自己捐助行为归因时更倾向于特质归因，而对他人捐助行为归因时更倾向于情境归因，由此表现出了自我服务归因偏向现象。但人格类型与捐助主体的交互作用不显著，$F(1, 65)=2.45$，$p > 0.05$。

（三）青少年捐助行为外显归因与内隐归因的关系

为了探查人际视角下青少年慈善捐助归因是否具有双重加工特性，对外显归因倾向与内隐归因倾向（即击中平均反应时的差值）进行相关分析，结果发现，被试对自己捐助外显归因与对他人捐助外显归因之间的相关不显著，$r=0.19$，$p > 0.05$，对自己捐助内隐归因与对他人捐助内隐归因之间的相关不显著，$r=0.21$，$p > 0.05$；自己捐助外显归因与内隐归因之间的相关不显著，$r=-0.06$，$p > 0.05$，他人捐助外显归因与内隐归因之间的相关也不显著，$r=-0.03$，$p > 0.05$，表明被试对人际慈善捐助进行外显归因和内隐归因时采用了两种不同的认知加工机制，从而说明青少年人际慈善捐助的内隐归因与外显归因是相互分离的。

五、讨论分析

本节首先让被试对情境故事中主人公（即他人）行为的原因进行评定，然后通过假想故事中的主人公是自己，再对其行为的原因进行评定，进而从自我—他人视角探查了青少年捐助行为外显归因的特点。同时，采用 GNAT 范式考察了青少年在无意识状态下是如何解释自己和他人捐助行为的原因的。本节的研究主要有以下发现。

（一）青少年外显自我服务归因偏向

其主要表现为：青少年对自己捐助行为的归因更倾向于特质归因，而对他人捐助行为的归因则没有表现出明显的归因倾向。这可能是因为捐助行为本身就是一种具有积极效价的行为，是社会倡导的道德行为，使得青少年对自己和他人捐助行为进行归因时，为了寻求积极的自我形象而表现出对自己行为进行特质归因的偏好现象，这与以往的许多研究结果相一致（John and Robins, 1994；查仲春和韩仁生，2001；马伟军，2009）。但也有研究表明，中国人的自我提升表现具有人际性和隐蔽性的特点（佐斌和张阳阳，2006）。因而，青少年对他人捐助行为进行归因时没有表现出明显的归因偏向，或许是因为被试对他人捐助行为的归因更加具有隐蔽性。外显归因研究结果还发现，青少年对自己—他人捐助行为的外显归因受到人格类型的影响，特质倾向者对自己和他人捐助行为归因都进行稳定的特质归因，且两者之间不存在显著性差异，未表现出明显的自我服务归因偏向；而情境倾向者则对自己和他人捐助行为的归因存在显著性差异，对自己捐助更倾向于特质归因，而对他人捐助更倾向于情境归因，从而表现出自我服务归因偏向。这说明特质倾向者的外显归因并未受到不同捐助主体的影响，而是进行稳定的特质归因；情境倾向者的外显归因受到人际情境的影响，与特质倾向者相比，情境倾向者对捐助行为归因时更易做出情境归因，这与以往的研究结果吻合（Markus and Kitayama, 1991）。在外显归因中，情境倾向者表现出的自我服务偏好是通过将积极的行为归因于自己的特质而产生的，这可能是为了获取更强的自我提升的动机而引起的；而特质倾向者并没有表现出自我服务偏好，或许是因为特质倾向者的外显自我提升动机具有更强的隐蔽性。

（二）青少年内隐自我服务归因偏向

与外显归因研究结果相一致，内隐归因研究发现，青少年倾向于对自己的捐助行为进行特质归因，而倾向于对他人捐助行为进行情境归因，从而表现出了自我服务归因偏向。已有研究也表明，当个体在时间或空间上距离行为主体很远时，个体习惯采用整体的、更加抽象的特质对不同主体的行为进行内隐归因（钟毅平和黄柏兰，2013）。但与外显归因研究结果不同的是，内隐归因研究还发现，特质倾向者更倾向于进行特质归因，而情境倾向者更加倾向于进行情境归因，但人格类型与捐助主体的交互作用不显著。这说明青少年在内隐层面对自己—他人捐助行为的归因并没有受到人格类型的影响，特质倾向者和情境倾向者在内隐层面均没有表现出自我服务归因偏向的差异。

（三）青少年外显归因与内隐归因的分离

整体来看，内隐归因和外显归因一致表明，青少年对自己和他人的捐助行为进行归因时存在自我服务归因偏向，但外显归因表明，青少年的自我服务归因偏向仅仅体现在对自己捐助行为进行的归因中。以上结果表明，青少年捐助行为内隐归因和外显归因可能是同时存在且相互分离的。为此，我们对人际视角下青少年捐助行为内隐归因与外显归因的相关性进行了分析，结果表明，青少年对自己捐助行为（他人捐助行为）进行的内隐归因与外显归因之间并不存在显著相关（$ps>0.05$），这与以往的许多研究结果相一致（Crisp and Nicel, 2004; 郑全全和叶映华，2007）。这说明青少年对捐助行为进行外显归因与内隐归因时使用了两种不同的加工系统，是相互分离的，其认知加工是双重加工，同时也验证了归因的双重加工理论。

（四）人格对青少年捐助行为归因的影响

内隐归因和外显归因研究结果表明，人格类型对不同主体捐助行为归因的影响不尽一致。归因双重加工模型中的锚定—调整理论强调，归因的自动化加工过程是一个锚定的过程，个体在对他人行为的原因进行推理时，首先以自己的观点作为锚定点，但个体在自动化加工过程中对自己和他人行为原因的锚定，并不能简单地认为是相同的，个体对行为的归因既可能锚定于特质，也可能锚定于情境（Quattrone, 1982; Lieberman et al., 2005; Tamir and Mitchell, 2010）。本次内隐归因实验中，不管是对自己捐助行为还是对他人捐助行为进行归因，特质倾向者总是将捐助行为的原因锚定于特质，而情境倾向者总是将捐助行为的原因锚定于情境。然而，控制加工是对自动化加工进行调整的过程，调整的结果受到归因者的动机和归因信息性质等的影响（Lieberman et al., 2005）。因此，在本次外显归因研究中，特质倾向者对自己和他人捐助行为均进行特质归因，可能是因为特质倾向者将捐助行为锚定于特质时没有受到捐助主体的影响，加之社会对捐助行为的倡导，使得捐助行为成为特质归因的强化性信息，因而对自己和他人的捐助行为进行外显归因时，没有进行大的调整而仍然进行特质归因。情境倾向者将捐助行为锚定于情境时，也没有受到捐助主体的影响，但捐助行为情境归因是折扣性信息影响的结果，控制加工的调整和校正往往是不充分的，因而外显归因中被试对自己捐助行为原因的锚定调整得比较充分，折扣性信息弱化了锚定，从而进行了特质归因；而对他人捐助行为归因锚定的调整并不充分，因而仍然进行情境归因，由此表现出了自我服务归因偏向。

总之，以上结果说明自我—他人视角下青少年捐助行为存在外显与内隐自我服务归因偏向。但是，青少年捐助行为外显归因受到了人格类型的影响，表现为特质倾向者对自己的捐助行为和他人的捐助行为归因均无显著差异，而情境倾向者对自己的捐助行为倾向于特质归因，而对他人的捐助行为倾向于情境归因；青少年进行捐助行为内隐归因时，捐助主体与人格类型的交互作用不显著。该研究结果能否应用到群体层面，尚需值得进一步探讨。

第三节　青少年捐助行为群际归因偏向特点

群际归因偏向作为群际偏向的基本表现形式之一，是指人们在归因中偏袒内群体、贬低外群体的现象（马伟军，2009）。其主要表现形式是人们在归因中容易对内群体成员积极的行为和结果进行内归因，而对其消极的行为和结果进行外归因（Pettigrew, 1979; Hewstone, 1990），而对于外群体成员则容易表现出相反的归因倾向（Guerin, 1999; Doosje and Branscombe, 2003）。Hewstone 和 Taylor 提出了群际归因的双重趋向模型，即对于积极行为，相比于外群体，个体对内群体更倾向于内部归因，而对于消极行为，则反之（Weber, 1993）。但也有研究者认为，这种内群体偏向和外群体歧视现象并不是普遍存在的（Pettigrew, 1979）。那么，青少年是否存在捐助行为群际归因偏向？青少年捐助行为内隐归因偏向和外显归因偏向的关系如何？本节即回答此问题。

一、研究目的

基于群际视角探讨青少年捐助行为外显群际归因和内隐群际归因的特

点；探讨情境倾向和特质倾向青少年捐助行为外显群际归因和内隐群际归因的差异；考察高低内群体认同青少年捐助行为外显群际归因和内隐群际归因的差异。

二、研究假设

青少年存在捐助行为外显群际归因和内隐群际归因偏向；情境倾向青少年和特质倾向青少年的捐助行为外显群际归因和内隐群际归因偏向不同；低内群体认同青少年和高内群体认同青少年的捐助行为外显群际归因和内隐群际归因偏向不同。

三、研究方法

（一）研究被试

通过内群体认同量表和内隐人格信念量表对宁夏工商职业学院的 210 名被试进行测查，剔除无效与不完整的问卷后，剩余 193 份问卷，问卷有效率为 91.9%。首先，根据被试在内群体认同量表 9 个项目上的总分（M=31.44，SD=6.85）对被试进行排序，将 27% 的高分端被试视为高内群体认同者，将 27% 的低分端被试视为低内群体认同者，共筛选了高内群体认同者和低内群体认同者各 57 名；其次，根据 114 名不同群体认同者在内隐人格信念量表上的得分，将人格特质项目均分大于 3 且人格情境项目均分小于 3 的被试视为特质倾向者，而将人格情境倾向项目均分大于 3 且人格特质倾向项目均分小于 3 的被试视为情境倾向者，得到了 46 名特质倾向者和 48 名情境倾向者；最后，选取高认同者和低认同者各 40 名作为本次实验的被试，其中有特质倾向者 39 人，情境倾向者 41 人，男生 37 人，年龄范围为 15~20 岁，平均年龄为 17.44（SD=1.30）岁。

（二）实验设计

采用 2（内群体认同：高认同、低认同）×2（人格类型：特质倾向者、情境倾向者）×2（捐助群体：我群体、他群体）的混合设计。其中，内群体认同和人格类型为被试间变量。外显归因研究的因变量是被试对捐助群体行为归因的得分。内隐归因研究的因变量是被试将我群体或他群体捐助行为归因于特质词与情境词的反应时之差。

（三）实验材料与程序

1. 内群体认同测查

研究者对钟华博士修订的内群体认同量表进行改编（钟华，2008），如将"中专生"改为"青少年"，对 9 个题项进行 5 等级评定，"1"表示"完全符合"，"5"表示"完全不符合"。接着，请被试回答一个附加问题：你在多大程度上认同自己是青少年？"1"表示"根本不认同"，"6"表示"非常认同"，内群体认同量表在本书中的信度良好，其 α 系数为 0.86。内群体认同量表具体见附录四。

2. 内隐人格信念量表

与青少年捐助行为自我服务归因偏向研究中的内隐人格信念量表相同。

3. 外显归因材料

使用青少年捐助行为自我服务归因偏向研究中的外显归因材料，区别在于将自我服务归因偏向研究情境故事材料中的主人公个体换成群体名称，如"××团队"等。

4. 内隐归因材料

同青少年捐助行为自我服务归因偏向研究中的内隐归因材料，区别是将捐助短句变为"我们捐助""他们捐助"等。

（四）实验程序和流程

同青少年捐助行为自我服务归因偏向研究中的实验程序和流程。

四、研究结果

（一）分组有效性检验

以内群体认同为自变量，以被试在附加问题上的得分为因变量，进行单因素方差分析，结果发现，高内群体认同组在附加问题上的得分（4.23±1.29）显著高于低内群体认同组在附加问题上的得分（3.43±1.30），$F(1, 78)=7.64$，$p < 0.01$，表明群体认同分组是有效的。

以人格类型为自变量，以被试在两个附加问题上的得分为因变量，进行单因素方差分析，结果表明，特质倾向者在第一题上的得分（3.33±0.81）显著高于情境倾向者在第一题上的得分（2.80±1.05），$F(1, 78)=6.30$，$p < 0.05$；

且特质倾向者在第二题上的得分（2.77 ± 0.74）显著低于情境倾向者在第二题上的得分（3.34 ± 0.91），$F(1, 78)=9.43$，$p < 0.01$，可见，人格类型的分组也是有效的。

（二）青少年捐助行为群际归因偏向

通过对内隐和外显数据进行配对筛查，所有被试的内隐反应击中率均达到了 70% 以上，因而没有被试被删除，我们对所有被试进行了分析。

我们以归因均分和理论均值（4 分）之差表示外显归因倾向，以被试对我群体捐助（他群体捐助）归因于特质词和情境词的击中平均反应时之差表示内隐归因倾向，对群际视角下青少年外显归因与内隐归因得分进行描述统计，见表 3-4。

表 3-4　群际视角下青少年捐助行为外显群际归因与内隐群际归因的描述统计结果（$M\pm SD$）

组别		外显群际归因		内隐群际归因	
		我群体	他群体	我群体	他群体
高内群体认同	特质倾向者	-1.35 ± 1.37	-0.66 ± 1.68	-51.93 ± 83.00	37.34 ± 94.91
	情境倾向者	-0.97 ± 1.55	-0.52 ± 1.28	-36.01 ± 72.82	25.49 ± 82.42
低内群体认同	特质倾向者	-0.26 ± 1.40	-0.54 ± 1.46	16.20 ± 68.29	-29.97 ± 72.44
	情境倾向者	-0.05 ± 1.38	-0.75 ± 1.34	23.48 ± 92.87	-11.31 ± 104.25

首先，以被试外显群际归因倾向得分为因变量，进行 2（内群体认同类别：高内群体认同、低内群体认同）×2（人格类型：特质倾向者、情境倾向者）×2（捐助群体：我群体、他群体）的重复测量方差分析，结果显示，内群体认同主效应显著，$F(1, 76)=4.09$，$p < 0.05$，表明高内群体认同者的归因倾向得分显著低于低内群体认同者的归因倾向得分，说明与低内群体认同者相比，高内群体认同者更倾向于进行特质归因；内群体认同类别与捐助群体的交互作用显著，$F(1, 76)=5.84$，$p < 0.05$，见图 3-3，其他主效应和交互作用均不显著。

内群体认同类别与捐助群体的交互作用显著，简单效应分析结果表明，在我群体捐助水平上，高内群体认同者与低内群体认同者的归因倾向得分存在显著差异，$F(1, 78)=10.57$，$p < 0.01$，而在他群体捐助水平上，高低内群体认同者归因倾向得分不存在显著差异，$F(1, 78)=0.04$，$p>0.05$。研究结果表明，虽然被试对不同群体的捐助行为都归因于特质因素，但是与低内群体认同者相比，高内群体认同者显著更倾向于将我群体捐助行为归为特质因素；而对于他群体捐助行为，高内群体认同者与低内群体认同者的归因差异不显著。

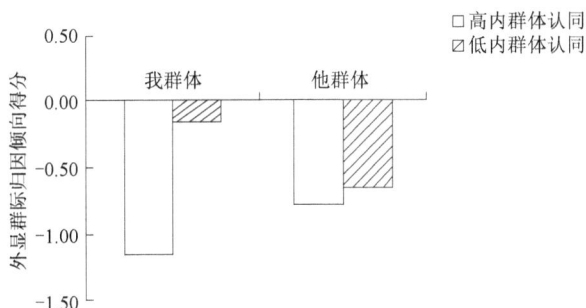

图 3-3 内群体认同类别与捐助群体交互作用图

其次，以内隐群际归因倾向得分为因变量，进行 2（内群体认同类别：高认同、低认同）×2（人格类型：特质倾向者、情境倾向者）×2（捐助群体：我群体、他群体）的重复测量方差分析，结果发现，内群体认同类别与捐助群体的交互作用显著，$F(1，76)=11.01$，$p < 0.001$，见图 3-4，其他主效应和交互作用均不显著。

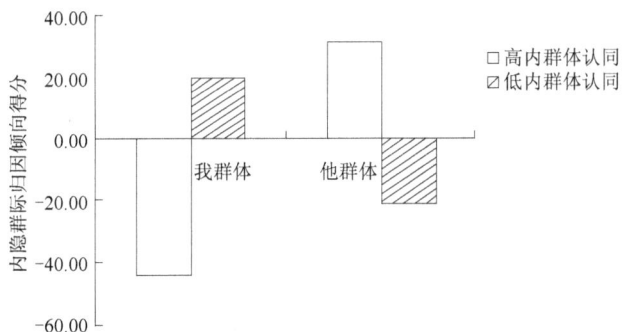

图 3-4 内群体认同类别与捐助群体交互作用图

内群体认同类别与捐助群体的交互作用显著，简单效应检验表明，在我群体捐助水平上，高内群体认同者的归因倾向得分显著低于低内群体认同者的归因倾向得分，$F(1，78)=13.10$，$p < 0.001$，在他群体捐助水平上，高内群体认同者的归因倾向得分显著高于低内群体认同者的归因倾向得分，$F(1，78)=6.60$，$p < 0.05$。研究结果表明，对于我群体捐助行为归因，高内群体认同者更倾向于特质归因，低内群体认同者则更倾向于情境归因；而对于他群体捐助行为归因，高内群体认同者更倾向于情境归因，低内群体认同者则更倾向于特质归因。

（三）青少年外显群际归因与内隐群际归因的关系

为了探查群际视角下青少年捐助行为归因是否具有双重加工的特性，我们对外显群际归因得分（归因得分与 4 之差）和内隐群际归因得分（即平均反应时的差值）进行相关分析，结果发现，被试我群体外显群际归因与他群体外显群际归因得分相关不显著（$r=0.056$，$p>0.05$），被试我群体内隐群际归因与他群体内隐群际归因得分呈显著负相关（$r=-0.69$，$p<0.01$）；被试我群体捐助行为外显群际归因与我群体内隐群际归因相关不显著（$r=0.06$，$p>0.05$），被试他群体捐助行为外显群际归因与他群体内隐群际归因相关不显著（$r=0.10$，$p>0.05$），表明被试对捐助行为进行外显群际归因和内隐群际归因时也采用了两种不同的认知加工机制，从而也说明青少年对群际捐助行为归因进行了双重加工。

五、讨论分析

本节首先让被试对情境故事中团队（我群体、他群体）行为的原因进行评定，然后通过假想故事中的团队是青少年群体，再对其行为的原因进行评定，进而从群际视角探查了青少年捐助行为外显群际归因的特点。同时，采用 GNAT 范式考察了青少年在无意识状态下是如何解释我群体和他群体捐助行为原因的，主要有以下发现。

（一）青少年外显群际归因受群体认同调节

其主要表现为：青少年对我群体捐助行为和他群体捐助行为均进行了特质归因，且二者之间的差异不显著，这与许多研究不一致（Hewstone et al., 2002; Liebkind et al., 2006），研究结果并没有验证预期的假设。但也有研究发现，当群体作为当事人时，中国被试倾向于将行为的原因归于特质因素（Menon et al., 1999）。而且，群体服务归因偏向在个体或群体的价值观得到肯定时不容易出现（Sherman and Kim, 2005）。据此，我们推测，群体服务归因偏向的出现可能也受到文化因素的影响。捐助行为是中华民族的一种传统美德，也是和谐社会倡导的一种积极社会行为。一旦个体或群体做出捐助行为，就会受到社会的赞扬，个体或群体的价值观得到肯定，因而无论是对于我群体捐助行为还是他群体捐助行为，被试均对其进行特质归因。外显归因研究结果还发现，青少年对我群体—他群体捐助行为进行外显归因并未受到人格类型的影响，却受到了内群体认同的调节。虽然高内群体认同者和低内群体认同者对不同群体捐助行为归因时均没有表现出群体服务归因偏向，但是与低内群体认同者相比，高内群体认同者对我群体的捐助行为更倾向于特质归因。已有研究也表明，内群体认同可以被用于减少群际归因偏向，当两个群体将他们自己所在群体进行更高水平的分类，并归为一个共同的内群体时，群际服务归因偏向就会随之减少（Gaertner et al., 2000）。内群体认同与内群体偏好之间的关系也具有效价特异性，只有在积极领域内，内群体认同和内群体偏好才呈正相关（Mummendey et al., 2000; Liebkind et al., 2006）。

（二）青少年内隐群际归因受群体认同调节

与外显归因研究结果相一致，内隐归因研究发现，青少年对我群体和他群体捐助行为的归因没有表现出群体服务归因偏向，未受到人格类型的影响，却受到了内群体认同的调节。对我群体捐助行为进行归因时，高内群体认同者比低内群体认同者更倾向于特质归因。但与外显归因研究所不同的是，内隐归因研究发现，对他群体捐助行为进行归因时，高内群体认同者比低内群体认同者更倾向于进行情境归因。而且，高内群体认同者对我群体和他群体捐助行为进行归因时表现出了群体服务归因偏向，而低内群体认同者没有表现出群体服务归因偏向。这与从个体层面探查高低自尊者对行为归因的研究结果不谋而合（Bellavia and Murray, 2003; Dutton and Brown, 1997）。已有研究也表明，内群体认同对内群体服务偏好的影响是积极的，而且也是显著的，高内群体认同者的群体服务归因偏向更强（Hewstone et al., 2002; Oishi and Yoshida, 2002）。研究还表明，只有在积极领域内，内群体认同与内群体归因偏向之间才呈正相关（Mummendey et al., 2000）。根据社会认同理论，无论是特质倾向者还是情境倾向者，个体总想在自己所属的群体中获得一种归属感，因而会更加认同内群体乃至内群体行为，并给予积极的行为评价（Tajfel and Turner, 1986）。因而，"爱屋及乌"式的归因方式会将内群体行为与外群体行为的评价夸张到不同的程度，进而导致群体服务归因偏向的产生。

（三）青少年内隐群际归因与外显群际归因的分离

内隐归因和外显归因研究结果一致表明，青少年对我群体和他群体捐助行为进行归因时没有表现出群体服务归因偏向。那么，青少年群际捐助行为外显归因和内隐归因是相互联系的还是相互独立的呢？为此，对群际捐助行为外显归因和内隐归因的相关性进行分析的结果表明，青少年对群际捐助行为进行的内隐归因与外显归因之间显著不相关（$ps > 0.05$），与以往研究结果相一致（郑全全和叶映华，2007；孙潇，2010）。这说明青少年对群际捐助行为进行外显归因与内隐归因时也使用了两种不同的加工系统，因而二者之间是相互分离的，其认知加工是双重加工，这同样也验证了归因的双重加工理论。

总之，群际视角下青少年慈善捐助行为归因没有表现出群际服务归因偏向，人格类型与捐助群体的交互作用不显著，但是内群体认同对不同群体捐助行为的归因起着调节作用，高内群体认同者存在明显的捐助行为内隐群际服务归因偏向。

第四节　综 合 讨 论

首先，本章采用内隐人格信念量表筛选了特质倾向和情境倾向青少年，采用内群体认同量表筛选了高内群体认同和低内群体认同青少年作为研究被试，并通过附加题对筛选出的不同人格类型的被试及不同内群体认同被试进行了分组有效性检验，从而保证了本章对被试分组的适宜性和有效性。其次，本章采用两个实验分别从人际和群际视角揭示了青少年慈善捐助行为归因的外显与内隐的特点。最后，无论捐助行为主体是人际层面的自己和他人还是群际层面的我群体和他群体，也不管是外显归因研究还是内隐归因研究，青少年均存在捐助行为归因的典型特点。

一、青少年捐助行为归因具有人际性

本节以故事评定倾向得分为指标，探查青少年捐助行为归因的外显特点；同时以反应时之差为指标，探查青少年捐助行为归因的内隐特点。结果发现，青少年捐助行为归因具有人际性。无论是外显归因还是内隐归因，青少年对自己捐助总是比对他人捐助更倾向于进行特质归因，从而体现出自我服务归因偏向。已有研究也发现，在人际视角下，个体对行为的责任归因具有人际性的特点（刘肖岑等，2011）。值得注意的是，本节的研究发现，在进行外显归因时，青少年对捐助行为归因的自我服务归因偏向受到人格类型的影响，但在内隐归因时并没有受到显著影响。研究发现，人格类型的确会影响个体的归因偏向，与以内部控制源为主要特征的美国学生相比，以外部控制源为主要特征的日本学生更倾向于进行外部归因（Markus and Kitayama, 1991）。

根据归因双重加工模型中的锚定—调整理论和顺序加工模型，个体的内隐归因是一个锚定过程，对他人外显行为原因的推理首先以自己的观点为锚，或锚定于特质，或锚定于情境；而外显归因则是对内隐归因进行调整的过程，调整的结果受到归因者的动机或归因信息的性质的影响，强化性信息强化锚定，折扣性信息弱化锚定（Quattrone，1982）。在本节的内隐归因研究中，特质倾向者对捐助原因锚定于特质，而情境倾向者对捐助原因锚定于情境，二者均不受捐助主体的影响，因而没有出现自我服务归因偏向。然而，由于捐助行为本身是一种体现个体积极特质的亲社会行为，这对于特质倾向者的锚定来说是一种强化性信息，因而特质倾向者的外显归因受特质信息的强化，依然不受捐助主体的影响而进行了特质归因；但体现积极性的捐助行为对于情境倾向者的锚定来说是一种折扣性信息，因而使得情境倾向者进行外显归因时要对自己内隐的锚定进行调整或校正，但这种调整和校正往往是不充分的。本节的研究结果如下：情境倾向者对自己捐助行为归因的锚定进行了比较充分的调整，折扣性信息弱化了对自己捐助行为进行情境归因的锚定，从而进行了特质归因，但对他人捐助行为归因锚定的调整并不充分，因而仍进行情境归因，表现出自我捐助行为特质归因和他人捐助行为情境归因的人际性特点。

二、青少年捐助行为归因具有隐蔽性

本章的研究也发现，青少年对群际捐助行为内隐和外显归因均未出现群体服务归因偏向，体现为捐助群体的主效应不显著，这与许多研究不一致（Hewstone et al., 2002）。但也有研究表明，群体服务归因偏向在个体或群体的价值观得到肯定时不容易出现（Sherman and Kim, 2005），与本书的研究结果相吻合。本章的研究未出现群体服务归因偏向，一方面，可能是在中国文化背景下，一旦个体或群体做出和谐社会所倡导的捐助行为，就会受到社会的赞扬，个体或群体的价值观得到肯定。另一方面，也与中国儒家文化的主流思想有关，在强调"仁、义、礼、智、信"的中国儒家文化的熏陶下，个体总是倾向于将捐助行为与行为者的内在品德和人格特质紧密联系，以实现个体内在的道德价值。因而不管是对内群体捐助行为进行归因还是对外群体捐助行为进行归因，个体看重的都是群体行为的内在道德价值，而不是社会生活环境或外在的情境因素。

值得注意的是，青少年群际捐助行为归因受到内群体认同的调节。内群体认同内隐地调节青少年群际捐助行为归因偏向，主要表现为：高内群体认同者在内隐归因时对我群体捐助行为（与对他群体捐助行为相比）更倾向于特质归因，表现出明显的群体服务归因偏向；而低内群体认同者对群际捐助行为归因时不受捐助群体的影响。国内外已有研究也表明，群体认同调节个体的群体服务归因偏向（许红建和佐斌，2008；张莹瑞和佐斌，2012），高内群体认同的个体，其群体服务归因偏向更强（Hewstone et al., 2002）。锚定—调整理论认为，自我作为对某个群体判断的锚，很大程度上决定着对群体的感知，感知到的群体差异会影响对群体行为的判断（Otten, 2002）。高内群体认同的青少年感知到内群体与外群体存在极大的差异，因而对内、外群体捐助行为进行不同归因。但是在进行外显归因时，高内群体认同的青少年会掩饰自己感知到的群体差异，而对我群体和他群体捐助行为均进行特质归因。研究也表明，个体内隐与外显态度之间的一致性受到自我和群体之间差异的影响，在外显测量中，自己的"真实态度"受到群体压力、群体偏好等因素的影响，使得外显态度受到了不同程度的歪曲，从而疏远了两者间的关系（Nosek, 2004）。相比之下，低内群体认同的个体感知到的内群体与他群体的差异较小，因而对捐助行为的内外归因偏向没有受到捐助群体的显著影响。因此，高内群体认同的青少年会掩饰自己感知到的群体差异，表现出外群体捐助特质归因的隐蔽性特点。

第四章

青少年自发特质归因

人们擅长自发地对他人行为进行特质推理。例如，当个体观看 120 张陌生的面孔，每一张都有不同的行为的时候，人们会自动、偶然地提取每一个人独特的特质信息（Todorov and Uleman, 2002），甚至当注意是分离的、信息呈现十分迅速的时候，这种现象还会发生（Todorov and Uleman, 2003），以上现象即为自发特质归因。目前，主要有两种特质推理倾向。

首先是特质—行为者联结的研究。Carlston 和 Skowronski（2005）采用重学节省范式发现，个体在隐含特质和行为者之间建立了联结，并且两天后这种联结依旧存在，说明个体的自发特质推理不仅指向行为者，并且这种联结是持久而稳固的，不容易被破坏。他们还发现，当与隐含特质配对的照片不是行为者的时候，这样的联结并没有出现，这也从另一个方面说明了自发特质推理是指向行为者而不是其他人的。Crawford 等（2007）借鉴重学节省范式并结合外显特质评定的方法，得出了自发特质推理出的特质是指向行为者的结论。他们还发现，基于外显视角评定照片的时候，被试更倾向于评定行为者照片中拥有的隐含特质，而不是其他人的照片。这说明被试建立了行为者—特质联结，并且这种自发的特质联结十分稳固，自发特质推理出的特质和有意图推理出的特质与行为者的联结的差异不显著。

考虑到重学节省范式不能排除有意图推理的干扰，Todorov 等（2002）首次使用错误再认范式探讨了自发特质推理的指向性问题。他们得出了相同的研究结果，即被试建立了行为者—特质联结，并且当呈现多达 120 张从未见过的面孔，且信息呈现十分迅速的时候，这种联结依然存在。这说明这种行为者—特质联结是一个高效的过程，在认知资源有限的情况下，仅需要对行为信息进行最低限度的加工，行为者—特质联结便会产生，并且只需要大概 2 秒便可完成。闫秀梅和王美芳（2010）采用错误再认范式，结合外显特质评定法，考察了我国文化背景下个体的自发特质推理状况，也得出了相同的结论。

此外，研究者还发现，社会刻板印象在一定程度上会影响自发特质推理过程。当行为者的行为和我们对行为者的看法，即性别、种族、职业等社会刻板印象发生冲突时，社会刻板印象会阻碍自发特质推理的进行。比如，我们对清洁工的职业刻板印象为"愚笨的"，当清洁工荣获科学奖时，其行为与刻板印象的不一致性导致我们的自发特质推理变得困难起来。这说明个体不仅仅是根据行为推理特质概念，在推理过程中还会考虑到其他种种特征。根据行为者的性别、种族、职业等推理其特质，从另一个角度表明了自发特质推理是指向行为者的（闫秀梅等，2010）。

其次是特质—其他人联结的研究。Carlston 等（1995）和 Mae 等（1999）的研究均表明，自发特质推理会转移到其他地方，那些谈论其他人的人（称之为信息提供者），谈论信息中隐含的特质与其他人的特质建立了联结。这说明个体将推理出的特质指向了其他人，也就是信息提供者，他们将这种现象称为自发特质转移（spontaneous trait transference, STT）。这个结果否定了自发特质推理指向行为者的观点，并且当主试告知被试这种转移效应并要求他们避免信息提供者与特质之间的联结时，这种联结现象依旧存在，说明这种联结是十分稳固的。当快速呈现实验材料（行为信息的段落和面孔），并且信息提供者和行为者的照片在性别方面不匹配的情况下，信息提供者—特质联结依旧可以建立（Skowronski et al., 1998）。可见，自发特质推理与个人表征之间的联结是一个肤浅的过程，换句话说，这种推理会内隐地与出现在情境中的任何面孔和物体进行联结。

Mae 等（1999）考察了当信息提供者是被试所熟悉的名人时，信息提供者—特质联结是否还能建立。在研究中，提供了两种面孔照片：一种是被试所熟知的名人照片，如某著名歌星或影星；另一种是被试完全没有见过面的大学生的照片。结果发现，无论对照片熟悉与否，信息提供者—特质联结都会建立，并且尽管名人与隐含特质不符合，被试仍倾向于认为名人具有行为句子隐含的某种特质。

Brown 和 Bassili（2002）改进了重学节省范式，同时将行为者和信息提供者两个人的照片呈现给被试，探讨自发特质推理的指向性，研究结果表明，行为者—特质联结和信息提供者—特质联结都会建立。他们还得出了更为重要的结果，即当行为者照片和物体照片同时呈现时，观察者甚至将推理出的特质指向了物体，建立了特质与物体之间的联结。这进一步说明自发特质推理在指向行为者的同时，还可以指向其他人，甚至是静止的物体。不过值得注意的是，在该实验中，大量的人物照片中掺杂着较少的物体照片，对于个体来说，物体照片是一类新异刺激，这可能使得它更多地捕获了被试的注意，致使相较于面孔照片，个体对物体照片进行了更深程度的加工，从而表现出激活特质，建立物体—特质联结。因此，个体是否确实建立了物体—特质联结这一结论还有待商榷，需要进一步进行实证检验。

Crawford 等（2007）采用重学节省范式进行了两个实验，实验 1 的材料包括 48 张照片和 24 个行为描述，描述包括 6 个隐含特质的自我描述、6 个隐含特质的他人描述、6 个中性的自我描述、6 个中性的他人描述。2 张照片与 1 个行为描述组成一个 trial，左边照片上的个体会描述自己的行为或描述右边照片上个体的行为。照片中有 4 种角色：行为者、信息提供者、旁观者和目标对象。结果发现，行为者—隐含特质联结和信息提供者—隐含特质联结建立了，但旁观者—隐含特质联结和目标对象—隐含特质联结并没有建立。为了验证实验 1 的结果，实验 2 采用了外显特质评估的方法，得出了相同的结论。他们认为，自发特质推理是一种推理，自发特质转移则是一种联想，自发特质推理的扩散（自发特质转移可以看作是自发特质推理的一种扩散）是有条件的，并不是所有同时出现的人物都会与特质自动进行联结。

综上所述，自发特质推理在人们的日常生活和社会交往中具有一定的普遍性，反映了个体对他人行为的内隐解释与认知，该内隐解释与认知有很大可能会影响个体的人际决策与社会判断。所以，近几十年来，自发特质推理在社会认知领域已经逐渐演变成研究者十分关注的一个重要课题。尽管研究者大都了解在进行行为句子编码过程中个体可以自主激活特质的概念，但是研究者依然有一个争论焦点，便是个体有没有可能把激活的特质与行为者或其他介质进行联系，这也是自发特质推理研究还没有解决的一个突出问题（Todorov and Uleman, 2004）。自发特质推理实际上同自发特质归因作为同一概念而出现。本章拟通过两个行为实验探讨自发特质归因激活的特质究竟会与谁建立联结，为该焦点问题解决提供一定的实证依据。

第一节　青少年自发特质归因的行为者联结效应

当我们看到一位站在菜市场中央，为了 1 毛钱讨价还价的老婆婆时，我们会觉得她很斤斤计较；当我们看到一个扶着盲人过马路的小朋友时，我们会觉得他乐于助人；当张三一脚踢开一只未满周岁的小狗时，我们会觉得他是个凶暴的人。看到某个人的行为，我们会很自然地推理出其特质信息，甚至这样的推理是无意识的。但有时候，却会发生失败的推理，例如，你从一场聚会回来，想起某些人做了某些十分粗鲁的事情但是却无法想起来那个人是谁；你注意到了电梯中陌生人的交流并在之后回想起他们之中的一个人十分傲慢，但是你不确定哪个是他；当你在做着晚饭、读着邮件的时候，你不能明了电视上的偶像剧里谁是谁，所有的李四都是一副长相。因此，可以说在某些情况下，特质是被推理了，但是并没有与某个特别的行为者建立联结。

那么，有关他人行为的自发特质归因的本质是什么？这种特质是关于行为者行为合理的判断吗？比如，王麻对待他人是诚实的，在进行自发特质归因时，究竟"诚实的"与行为者"王麻"是有关联的，还是因为它们是共同出现的，导致我们得出判断"王麻是诚实的"。换句话说，这个特质成了这个人的身份或表征的一部分了吗？或者仅仅只是记住的脸和行为的简单的同现？有关这两种可能性，都有大量的实验证据支持，但自发特质归因建立的联结究竟是指向谁，依旧还在争论中。当被试第一次见到某人的捐助行为时，会将特质与这个人建立联结（行为者—特质联结），还是仅仅与这个人的捐助行为建立联结（行为—特质联结），即被试会将自发特质归因的特质指向行为还是指向行为者（自发特质推理的指向性），并排除可能建立的特质—物体联结的可能性？自发特质归因指向的研究将为对印象形成、印象管理、社会判断、道德认知等人际领域的研究提供一定的理论基础。

一、研究目的

采用重学节省范式，通过隐含特质句子判断，以此证实青少年自发特质归因建立的是行为者—特质联结而不是其他人—特质联结。

二、研究假设

青少年在行为者—隐含特质配对时的反应时显著短于其他人—隐含特质配对反应时，前者的错误率则显著高于后者；青少年在行为者—外显包含特质配对的反应时显著短于其他人—外显包含特质的反应时，而前者的错误率则低于后者。

三、研究方法

（一）研究被试

随机选取 29 名某大学大一学生作为被试，男女比例平衡，以前没有参加过类似的 E-prime 实验，视力或矫正视力良好，母语为汉语。

（二）研究材料

研究材料分为两部分：隐含特质行为句子和面孔照片，将隐含特质的行为句子和面孔照片匹配作为学习阶段的实验材料，研究材料获得的途径如下。

1）隐含特质行为句子的编制。第一，从以往研究中选择研究者使用较多的、较为常见的道德行为人格特质词（如慈善的、善良的、仁义的）32 个（其中，16 个积极特质词和 16 个消极特质词）。第二，10 名大学生根据 32 个特质词，为每个特质词编写 3 个隐含特质的道德行为句子，其中的行为者姓名均以第三人称代词"他"或"她"代替（Carlston and Mae, 2007）。第三，请 5 名心理学研究生对编制好的道德行为句子进行筛查，从中选出最能体现隐含每个特质词的 5 个道德行为句子，将这些句子编制成评估问卷。第四，请 20 名大学生进行问卷评估，要求他们选择一个最能体现某个特质词的道德行为句子，比如，反映"善良的"特质的行为句子是"他扶老奶奶过马路"，反映"仁义的"特质的行为句子是"他经常帮助孤寡老人擦洗玻璃"。第五，将这些道德行为句子以 5 点量表的形式呈现给另外 20 名大学生，请他们评定隐含特质的道德行为句子反映某特质词的程度，"1"为"非常不能反映"，"5"为"非常能反映"，评定结果表明，最后得到 24 个隐含特质的道德行为句子的得分均超过 4 分（$M=4.27$），说明这些隐含特质的道德行为句子是有效的。第六，选取另外一些特质词编写 12 个外显包含特质的道德行为句子。为了避免被试猜测实验目的，另外编写 12 个填充句子，这些句子既不外显也不内隐地包含特质词，对填充句子不做统计分析。

2）隐含特质的行为句子和面孔照片的配对。从罗跃嘉等编制的"中国化面孔情绪图片系统"（Chinese facial affective picture system, CFAPS）中选取 80 张中性情绪的照片。将 80 张照片分为 40 对，其中 8 对照片与 8 个填充句子进行配对，剩下 32 对分别与 16 个隐含特质的行为句子和 16 个外显包含特质的行为句子配对，将这 40 对面孔照片——特质行为句子的配对作为学习阶段的实验材料。

（三）研究程序

实验指导语为经典的记忆指导语，告诉被试这是一个关于人们如何记忆信息的研究。告知被试实验分为两个阶段，在第一阶段他们会看到一些人的照片和有关这些人的信息。在第二阶段，会测试他们的记忆能力，测试一些有关之前看到的照片和句子的记忆能力。

实验分为两部分：第一部分为学习阶段，第二部分为再认阶段。实验前会有 4 个练习实验，帮助被试熟悉实验。在学习阶段（图4-1），先给被试呈现 40 对面孔照片 — 特质行为句子的配对。每个被试会看到两张面孔照片的配对（一张为行为者的照片，另一张为无关者的照片），分别在屏幕的左上方和右上方，面孔照片底下注明了照片人物所对应的姓名，然后在屏幕下方的正中央是一个有关行为者的行为句子，句子中的姓名为行为者的姓名。每个面孔照片 — 特质行为句子的配对呈现 8 秒，之后呈现 1 秒的掩蔽屏。所有 32 对面孔照片 — 特质行为句子呈现完之后，进入再认阶段。再认阶段需要被试尽快完成，直至被试按键反应刺激才会结束呈现，出现间隔 1 秒的掩蔽屏。如果被试认为这个特质在之前描述这张照片中个体的行为句子中出现过，做"是"的反应（按"F"键），如果没见过，做"否"的反应（按"J"键）。在测验阶段（图4-2），给被试呈现 32 个面孔 — 特质词配对（填充句子中配对的照片不在这里呈现），屏幕中央上方为面孔照片，照片下面为特质词。其中，8 个为行为者 — 隐含特质词配对，8 个为无关者 — 隐含特质词配对，8 个为行为者 — 外显包含特质词配对，

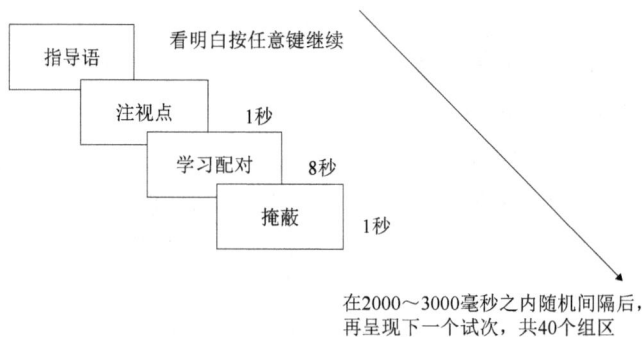

图 4-1　学习阶段的流程

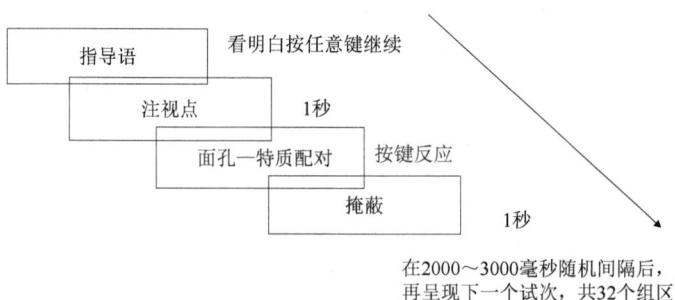

图 4-2　测验阶段的流程

8个为无关者——外显包含特质词配对。这些配对均能保证性别前后匹配。同时，用计算机自动记录实验的反应时和错误率。

（四）研究设计

实验为2（特质类型：隐含特质、外显包含特质）×2（面孔照片：行为者照片、无关者照片）的两因素被试内设计。

四、研究结果

首先，以被试按键错误率为因变量，进行2（特质词类型：隐含特质、外显包含特质）×2（面孔照片：行为者照片、无关者照片）的重复测量方差分析，p 选择采用 Greenhouse-Geisser 方法校正。四种情况下错误率的描述性统计见表 4-1。

表 4-1　被试在不同条件下的错误率（N=29）

特质词类别	面孔照片	错误率 /%	标准差
隐含特质词	行为者	0.72	0.19
	无关者	0.54	0.13
外显特质词	行为者	0.49	0.12
	无关者	0.39	0.24

表 4-1 的结果表明，面孔照片的主效应显著，被试再认行为者面孔照片——特质行为句子配对的错误率要显著高于再认无关者面孔照片——特质行为句子配对的错误率，$F_{(1, 28)}$=32.156，$p < 0.05$；特质词类别主效应显著，被试再认隐含特质词配对的错误率要显著高于再认外显包含特质词的错误率，$F_{(1, 28)}$=27.707，$p < 0.05$；面孔照片与特质词的交互作用不显著，$F_{(1, 28)}$=1.221，$p > 0.05$。

其次，以被试按键反应时为因变量，进行2（特质词类型：隐含特质、外显包含特质）×2（面孔照片：行为者照片、无关者照片）的重复测量方差分析，p 选择采用 Greenhouse-Geisser 方法校正。四种情况下被试按键反应时的描述性统计见表 4-2。

表 4-2　被试在不同条件下的再认反应时（N=29）

特质词类别	面孔照片	反应时 / 毫秒	标准差
隐含特质词	行为者	2805.41	850.63
	无关者	2634.93	959.01
外显特质词	行为者	2451.00	1146.23
	无关者	2341.90	818.36

表 4-2 的结果表明，面孔照片的主效应显著，被试再认行为者面孔照片 ——
特质行为句子配对的反应时要长于再认无关者面孔照片 —— 特质行为句子配对的
反应时，$F（1，28）$=3.772，$p < 0.05$；特质词类别主效应不显著，$F（1，28）$=
1.418，$p>0.05$；面孔照片与特质词的交互作用不显著，$F（1，28）$=0.402，
$p>0.05$。

五、讨论分析

正如我们预测的，青少年行为者面孔照片 —— 特质行为句子配对比无关者
面孔照片 —— 特质行为句子配对更容易进行再认，反应时更短，此结果与大部分
研究者的结论是一致的。以往的研究者（Carlston and Skowronski, 2005; Carlston
et al., 1995）通过使用重学节省范式也发现，被试建立的行为者—特质联结是可
以维持 2 天以上的，说明这种联结是稳定且不易改变的，推理出来的特质是指
向行为者的。Crawford 等（2007）结合重学节省范式和外显特质评定也发现了
稳定的行为者—特质联结效应。此研究不同于之前的有关面孔照片—特质行为
句子配对再认的研究（Todorov and Uleman, 2002），行为者面孔照片—特质行为
句子配对和无关者面孔照片—特质行为句子配对是同时呈现的。对行为者面孔
照片—特质行为句子配对的反应时快速联结清楚地表明，青少年自发特质归因
是与行为者捆绑的，即建立的是行为者—特质联结，并且这种联结并不依赖于
行为者突出特征的感知，因为在本节实验的情况下，行为者面孔照片和无关者
面孔照片是同样突显的，青少年看到每张面孔照片的概率是相同的。另外，青
少年再认行为者面孔照片—特质行为句子配对条件下的反应时也显著长于再认
无关者面孔照片—特质行为句子配对条件下的反应时，表明行为者外显和内隐
的属性都可以作为行为者表征的一部分被编码。在社会认知过程中，个体会自
发地根据行为者的行为特征形成关于行为者的外显或内隐的印象，这将有助于
个体在短时间内理解他人，并对他人行为进行特质推理和归因。那么，当行为
者面孔照片—特质行为句子和静止物同时呈现时，行为者自发特质归因是否还
会发生？这有待于我们继续探讨。

第二节　青少年自发特质归因的静止物联结效应

自发特质归因与突出的表征人物捆绑的可能性可以采用编码特异性原则来

解释。编码特异性原则表明，"特殊的编码操作对我们所感知到的对象进行加工并决定储存什么特征，而储存什么特征又决定在提供储存通道中什么样的提取线索对编码加工是有效的"（Tulving and Thomson, 1973）。如此推断，也许面孔或其他物体仅仅是被储存的偶然特征，只是为特质推理被编码的过程提供了一个生动的环境（Brown and Bassili, 2002）。当这个生动的环境再次出现时，便促进了被试对特质推理的提取。面孔发挥的作用仅仅就像任何偶然的环境一样，而不是展示了特质推理在独特的方式上与行为者建立了联结。那么，如果编码过程中多一个物体，即当行为者和静止物体同时呈现时，青少年会优先捆绑行为者还是优先捆绑静止物体？或者同时捆绑行为者和静止物体？本节的研究修改了错误再认范式，学习阶段同时呈现两张面孔或一张面孔、一个静止物体，使二者具有相同的突出特性，以此探讨青少年自发特质归因的静止物联结效应。

一、研究目的

采用重学节省范式，将行为者隐含特质句子和静止物体同时呈现，以探讨青少年自发特质归因建立的是行为者—特质联结还是静止物体—特质联结。

二、研究假设

青少年在行为者—隐含特质配对时的反应时显著短于静止物—隐含特质配对的反应时，前者的再认错误率显著高于后者；青少年在行为者—外显包含特质配对时的反应时显著短于静止物体—外显包含特质反应时，而前者的再认错误率则低于后者。

三、研究方法

（一）研究被试

随机选取 30 名某大学大一学生作为被试，男女各半，以前没有参加过类似的 E-prime 实验，视力或矫正视力良好，母语为汉语。

（二）研究材料

研究材料同上述隐含特质的行为句子和面孔照片匹配实验材料。唯一的区别是，将隐含特质的行为句子和面孔照片匹配的无关者改编为隐含特质的行为句子有关的场景静止物体，但物体的名称并不出现在行为句子中。例如，"他仅仅用了 5 分钟就解开了这道难题"对应的静止物体为"高考理综卷"的照片，照片上没有其他东西，背景同行为者面孔照片一样，为白色背景。将行为句子和静止物体配对编成问卷，让 30 名大学生对行为句子和静止物体出现于该行为句子所属场景的关联性进行评定，"1"为"毫不相关"，"5"为"十分相关"。结果表明，行为句子与该静止物体是较为相关的（$M=3.79$），该句子能从侧面体现出该静止物体的存在。

（三）研究程序

研究程序同自发特质归因的行为者联结效应程序。

（四）研究设计

研究为 2（特质词类型：隐含特质、外显包含特质）×2（面孔照片：行为者照片、静止物体照片）的两因素被试内设计。

四、研究结果

首先，以被试按键错误率为因变量，对行为者—隐含特质词配对、静止物—隐含特质词配对、行为者—外显特质词配对和静止物—外显特质词配对四种情况的错误率进行重复测量方差分析，p 选择采用 Greenhouse-Geisser 方法校正。四种情况下错误率的描述性统计见表 4-3。

表 4-3　不同实验条件下的被试错误率（$N=30$）

特质词类型	面孔照片	错误率 /%	标准差
隐含特质词	行为者	0.59	0.25
	静止物体	0.22	0.18
外显特质词	行为者	0.35	0.19
	静止物体	0.20	0.19

表 4-3 的结果显示，面孔照片的主效应显著，被试再认行为者面孔照片的错误率要显著高于再认静止物体照片的错误率，$F(1, 30)=10.912$，$p < 0.05$；特质词类型主效应显著，被试再认隐含特质词的错误率要显著高于再认外显包含特质词的错误率，$F(1, 30)=58.733$，$p < 0.05$；面孔照片与特质词的交互作用显著，$F(1, 30)=10.269$，$p < 0.05$。简单效应分析发现，当被试再认外显特质词的时候，行为者和无关者并不存在显著性差异，$F(1, 30)=0.1$，$p > 0.05$；

当被试再认隐含特质词的时候，二者存在显著性差异，$F(1, 30)=19.06, p < 0.05$，被试再认行为者面孔照片时的错误率高于再认静止物体照片时的错误率(图4-3)。

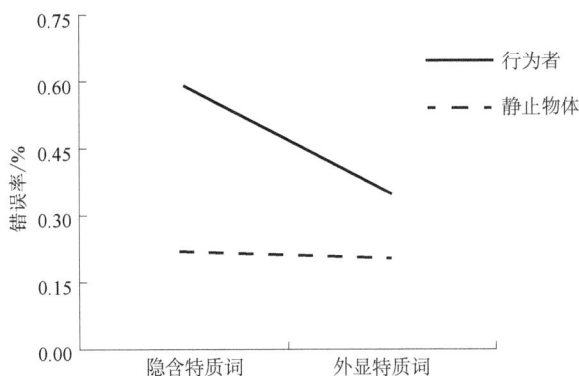

图 4-3   面孔照片和特质词在错误率上的交互作用

其次，以被试按键反应时为因变量，对行为者——隐含特质词配对、静止物体——隐含特质词配对、行为者——外显特质词配对和静止物体——外显特质词配对四种情况的反应时进行重复测量方差分析，p 选择采用 Greenhouse-Geisser 方法校正。四种情况下平均反应时的描述性统计见表4-4。

表 4-4   不同条件下再认的平均反应时（$N=30$）

特质词类型	面孔照片	反应时／毫秒	标准差
隐含特质词	行为者	2939.32	1467.62
	静止物体	3857.87	1837.60
外显特质词	行为者	2352.23	745.61
	静止物体	3665.84	1580.14

表 4-4 的结果表明，面孔照片的主效应边缘显著，被试再认行为者配对的反应时要短于再认静止物体配对的反应时，$F(1, 30)=3.398$，$p=0.06$；特质词类型主效应显著，被试再认外显特质词的反应时要显著长于再认隐含特质词的反应时，$F(1, 30)=19.458, p < 0.05$；面孔照片与特质词的交互作用不显著，$F(1, 30)=0.716$，$p>0.05$。

五、讨论分析

本节证明了青少年自发特质归因指向了行为者，并没有指向可以看作是新颖刺激的静止物体。Brown 和 Bassili（2002）使用重学节省范式发现，自发特质归因不仅仅指向行为者，而且指向行为者之外的其他人甚至是物体。但 Brown 和 Bassili（2002）的研究呈现大量面孔照片，只掺杂少量物体照片，使得被试对行为者进行了更深层次的加工和强化反应。本节的研究利用重学节省范式，保证了面孔照片和静止物体照片数量的平衡，使青少年对两种照片产生等量的注意和强化，此时青少年并未将推理出来的特质指向静止物体，而是指向了行为者，由此可以推断，青少年的确建立了行为者—特质联结。此外，面孔照片与特质类型的交互作用表明，在外显特质条件下，青少年的再认错误率没有差异，而在内隐特质条件下，二者才出现差异，这与实验范式的假设是一致的。青少年在内隐情况下对行为者的行为进行了自发特质归因，使得再认时出现认知加工冲突，产生更高的再认错误率和更慢的反应时。而在外显特质词条件下，青少年直接进行了清晰的有意图的推理，再认时并未出现认知加工冲突，因此有着更高的再认正确率和更短的反应时，这也从另一侧面表明青少年将推理出来的特质直接指向了行为者。

研究发现，在自发特质归因中会发生自发特质转移现象（Carlston and Skowronski, 2005），推理出的特质会内隐地与情景中出现的任何面孔或物体建立联结。本节的研究与以往的研究结果并不吻合，研究结果表明，被试将推理出来的特质指向了行为者。许多西方研究者认为，东西方存在文化水平上的差异（Markus and Kitayama, 1991），这种跨文化的差异在自发特质归因中也有明显体现（Norenzayan et al., 2002）。因此，本节结论与西方学者研究结论的差异，也有可能是自发特质归因的跨文化差异所导致的，尚需今后继续进行考量。

此外，Crawford 等（2007）采用重学节省范式研究发现，自发特质推理是一种推理，而自发特质转移是一种联想，自发特质转移是对自发特质推理的一种扩散，并且这种扩散是有条件的。也就是说，并不是所有出现在同一情境中的面孔或物体都会发生自发特质转移现象，并与特质建立联结。那么，在什么样的条件下自发特质归因会发生扩散？什么情况下自发特质归因是稳固不变的呢？今后的研究尚需进一步进行探讨与验证。

第三节　青少年自发特质归因的生理基础

近年来，随着社会认知神经科学的兴起和脑成像技术的广泛应用，行为归因神经机制的研究也受到研究者的关注。一些研究者开始使用事件相关电位

（event-related potential, ERP）技术研究自发特质归因的神经生理机制。ERP 技术可以结合行为事件来考察自发特质归因的时间进程特点，更深层次地探讨了自发特质归因的脑电特征和发生机制。

Bartholow 等（2001）最先利用 ERP 技术对特质归因展开了研究，在研究中设计行为句子和特质归因词，随机呈现 2 个与特质归因词一致、2 个与特质归因词不一致、2 个与特质归因词无关联、2 个与特质归因词语义不同的行为句子，请被试默读每个行为句子以形成对目标人物的初步印象，实验结束后进行回忆测验，研究结果表明，和与特质归因词一致的句子相比，与特质归因词不一致的句子激活了更大波幅的 N400 成分。Van Dugnslaeger 等（2008）改进了 Bartholow 等的实验范式和刺激材料，通过 ERP 技术对自发特质归因进行研究，研究结果显示，当段落与句子所隐含的特质不同时，在顶区出现了 P300 脑电成分，表明自发特质归因的脑电成分是 P300。

P300 是一种刺激呈现 200 ～ 600 毫秒出现的正向波，往往与行为决策和归因、认知加工有关，在注意、记忆、行为决策、认知评价等研究领域备受关注（索涛等，2011）。N400 是在刺激呈现后 400 毫秒左右出现的一个负向的脑电成分，是衡量语义表征难易程度的一个指标，与个体语义启动、词汇认知加工有关（Kutas and Federmeier, 2011）。自发特质归因由于涉及个人的认知加工，理应与 N400 和 P300 均有关。那么，究竟自发特质归因的脑电成分是否为 N400 和 P300？自发特质归因的行为者联结效应的脑电成分是否也是 N400 和 P300？本节研究目的在于从脑电生理机制方面对自发特质归因的行为者联结效应进行印证，旨在为自发特质归因的行为者联结效应提供脑电生理基础，也为自发特质归因的行为者联结效应的行为实验和脑电实验的一致性提供理论依据。

一、研究目的

探讨青少年自发特质归因建立的是行为者—特质联结还是其他人联结；揭示自发特质归因的行为者联结效应的脑电成分是否是与行为归因密切相关的 N400 和 P300 脑电成分。

二、研究假设

青少年进行自发特质归因的是行为者—特质联结而不是其他人联结；自发特质归因的行为者联结效应激活了 N400 和 P300 脑电成分。

三、研究方法

（一）研究被试

随机选取某大学大一学生 21 名作为被试，其中，男生 11 名，女生 10 名。所有被试视力或矫正视力正常，母语为汉语，没有阅读障碍，以前没有做过类似的 E-prime 和脑电实验。参加实验的所有被试均可以获得一份小礼物。

（二）研究材料

首先，选取 40 个特质归因词，其中消极特质归因词 20 个，积极特质归因词 20 个，请 20 名大学生评价这些特质归因词的消极或积极程度，根据评价结果最终保留 28 个特质归因词，其中 14 个积极特质归因词，14 个消极特质归因词。

其次，请 3 名心理系研究生根据上述特质归因词，每人依据每个特质归因词编写 5 个隐含特质归因词的句子，句子的行为者均用 ×× 代替。20 名大学生对行为句子进行评价，评价该句子是否能够隐含特质归因词，最终选取最能体现积极特质归因词的隐含特质和最能体现消极特质归因词的隐含特质。

最后，最终的材料将由两部分构成：介绍段落和随后的隐含特质。介绍段落包括构成 7 个男性行为的介绍段落和构成 7 个女性行为的介绍段落。14 个段落描述了 14 个特质（积极特质归因词和消极特质归因词各 7 个），每个段落由 3 个行为句子构成，描述了一位虚构的陌生人物的典型行为（惯常行为），并且隐含了一种被试可以推理出来的强烈特质。为了避免被试将主人公与其熟悉的人物联系起来，刺激材料中的人名使用了中国人比较陌生的外国男性和女性的名字，如汤姆、玛丽、艾丽莎、布鲁斯等。在每个介绍段落之后，随机呈现 4 种行为句子中的一种。这 4 种句子为：行为者一致句子，即行为者与介绍段落中的主人公一致，句子中隐含特质词与介绍段落一致；行为者不一致句子，即行为者与介绍段落中的主人公一致，句子中隐含特质词与介绍段落不一致；其他人一致句子，即行为者与介绍段落中的主人公不一致，是其他人，句子中隐含特质词与介绍段落一致；其他人不一致句子，即行为者与介绍段落中的主人公不一致，句子中隐含特质词与介绍段落不一致。例如"玛丽在上班的路上向每位同事都微笑；每当下雪的时候，玛丽都会为邻居老人扫雪；每当看到有人的自行车坏了，玛丽总会停下来帮忙"。该段暗示玛丽是一个友好的人，隐含"友好的"特质。段落之后随机呈现的行为句子如下：行为者一致句子，即玛丽帮助一位老人提包；行为者不一致句子，即玛丽与那个陌生人打架；其他人一致句子，即艾丽莎给了乞丐一碗热面；其他人不一致句子，即艾丽莎给了同事一个白眼。

（三）研究程序

实验程序由 E-prime2.0 编制，被试坐在电脑屏幕前，戴好电极帽，保证实验材料在被试的视野范围内。电脑屏幕中央呈现指导语，告知被试他们将要阅读有关故事，每个故事由一个介绍段落开始，随后会呈现几个与段落有关或无关的句子，告知被试尽可能多地注意每一个词，实验之后需要回答相关问题。要求被试以最快的速度按键完成判断任务，即呈现介绍段落与行为句子隐含特质归因词，判断隐含特质归因词是否出现过，符合按"E"键，不符合按"I"键。被试阅读实验材料期间，脑电同步记录。被试进行 2 个练习，以熟悉流程及刺激材料的呈现方式和速度。

正式实验时，首先在屏幕中央呈现段落介绍，12 秒后自动消失；接着以随机顺序呈现 4 个行为句子，每个句子都是以一个词一个词的方式顺序呈现，词的呈现时间为 350 毫秒，行为句子与行为句子之间的间隔为 1000 ～ 2000 毫秒。每个介绍段落与 4 个行为句子构成 1 个 Block，共 14 个 Block。最后，每个行为句子最后一个词是关键词，看到这个词被试才能判断该句子中隐含的特质与介绍段落中隐含的特质是否一致。实验流程具体见图 4-4。

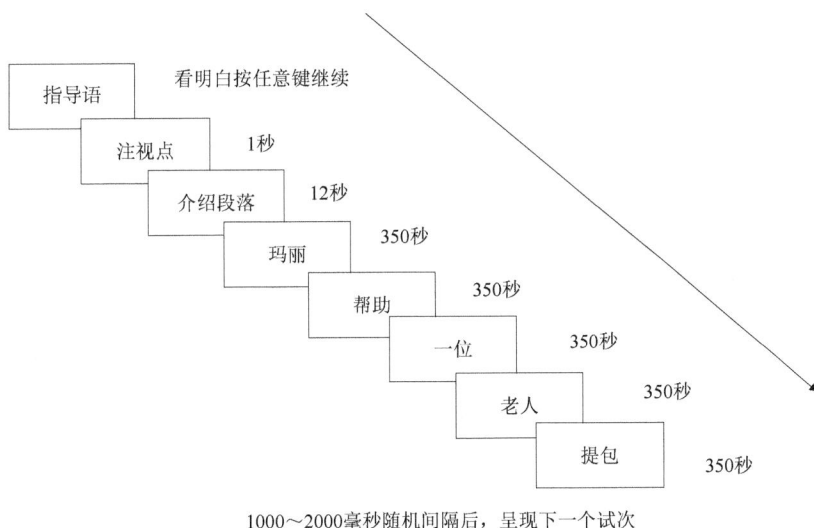

图 4-4　实验流程图

（四）研究设计

实验为 2（行为主体：行为者、其他人）×2（行为句子效价：一致、不一致）的两因素被试内设计。因变量为被试对行为句子隐含特质归因词判断时的脑电平均波幅。

（五）脑电记录与处理

通过 NeuroScan 公司提供的 ERP 分析与记录体系，依照脑电图组织确定的 10 ～ 20 体系拓展的 64 导电极帽（Ag/AgCl 电极）记录脑电数据。放入电极之前，尽可能轻轻地对皮肤的角质层进行摩擦，从而确保皮肤有着极低的抵抗力，全部导联头皮的抵抗力都不能高于 5000 欧。将电极记录水平眼电（horizontal electro-oculogram, HEOG）放在双眼外侧的眼眦处，电极记录垂直眼电（vertical electro-oculogram, VEOG）放在左眼垂直方向上下 1 厘米的地方。通过 AC 放大器进行搜集，其中滤波带通是 0.05 ～ 100 赫兹，采样率（A/D Rate）是 500 赫兹 / 导，放大倍数是 1000。

对于所获得的原始脑电数据，依次进行以下离线（offline）分析：①合并行为数据；②通过 Block 命令去除因噪声、眨眼、头动等行为造成的显著不同的波段；③除掉眼电伪迹；④脑电分段；⑤基线校正；⑥伪迹去除；⑦数字滤波；⑧叠加平均 ERP 波形图；⑨按 4 种条件叠加得到总的 ERP 叠加图。

四、研究结果

（一）行为数据结果

被试中有 3 人的数据不完整，剔除掉后获得了 18 人的最终数据。为了保证实验数据的有效性，事前剔除了被试反应时间在平均数上下 3 个标准差以外的数据。青少年对行为者和其他人在行为句子一致和不一致条件下的反应时描述数据见表 4-5。

表 4-5　行为者和其他人行为句子效价反应时

行为主体	行为句子效价	反应时 / 毫秒	标准差
行为者	一致	2417.29	210.37
	不一致	2545.26	256.88
其他人	一致	2522.42	296.72
	不一致	2576.01	251.38

以被试对行为句子隐含特质判断反应时为因变量，进行 2（行为主体：行为者、其他人）×2（效价一致性：一致、不一致）的两因素重复测量方差分析。结果表明，行为主体的主效应显著，$F（1，17）= 22.55$，$p < 0.001$，行为者行为句子隐含特质判断反应时显著短于其他人行为句子隐含特质判断反应时；行为句子效价主效应显著，$F（1，17）= 30.85$，$p < 0.001$，一致性行为句子隐含特质判断反应时显著短于不一致行为句子隐含特质判断反应时；行为主体与行为句子效价的交互作用不显著，$F（1，17）= 2.67$，$p＞0.05$。

（二）ERP 数据结果

选取额区的 F3、Fz、F4，中央区的 C3、Cz、C4，以及顶区的 P3、Pz、P4 点进行分析，并将所有被试的 ERP 划分为两个时间段进行分析：250～450 毫秒、450～650 毫秒。分别以 250～450 毫秒、450～650 毫秒的平均波幅为因变量，比较两种行为主体条件和两种效价条件下所诱发的 ERP 成分的平均波幅差异，进行 2（行为主体：行为者、其他人）×2（行为句子效价：一致、不一致）×9（电极点：P3、Pz、P4、C3、Cz、C4、F3、Fz、F4）的三因素重复测量方差分析。对重复测量方差分析的 p 选择采用 Greenhouse-Geisser 方法校正。

1. 时程为 250～450 毫秒的平均波幅

平均波幅结果显示，行为主体主效应显著，$F（1，17）=4.77$，$p < 0.05$，行为者诱发的波幅显著小于其他人诱发的波幅，电极点主效应显著，$F（8，136）=5.11$，$p < 0.05$，总体上而言，顶区诱发的波幅显著高于额区和中央区。效价一致性主效应、行为主使人与效价一致性的交互作用、行为主使人与电极点的交互作用、效价一致性与电极点的交互作用以及行为主使人、效价一致性与电极点的交互作用均不显著，$ps＞0.05$。

2. 时程为 450～650 毫秒的平均波幅

平均波幅结果显示，行为主体主效应显著，$F（1，17）=5.63$，$p < 0.05$，行为者诱发的波幅显著小于其他人诱发的波幅，电极点主效应显著，$F（8，136）$，$p < 0.05$，总体上而言，顶区诱发的波幅显著高于额区和中央区。效价一致性主效应、行为主使人与效价一致性的交互作用、行为主使人与电极点的交互作用、效价一致性与电极点的交互作用及行为主使人、效价一致性与电极点的交互作用均不显著，$ps＞0.05$。

五、讨论分析

行为数据结果表明，行为者行为句子隐含特质判断反应时显著短于其他人行为句子隐含特质判断反应时，表明自发特质归因存在行为者联结效应，在个体的认知系统里，行为者与行为句子隐含特质存在自动联结。行为句子效价主效应显著，一致性行为句子隐含特质判断反应时显著短于不一致行为句子隐含特质判断反应时，说明特质归因词与行为句子隐含特质自动联结，这和我们的预期结果一致，特质归因词与行为句子隐含特质的确存在紧密的联系。当行为句子隐含特质与特质归因词一致时，与个体的认知图式相符，个体判断任务被易化，反应时变短；而当行为句子隐含特质与特质归因词不一致时，与个体的认知图式冲突，个体的判断反应时则变长。以上研究结果与前述实验研究结果是一致的，也与以往的研究结果一致（Carlston and Skowronski, 2005; Carlston et al., 1995），此处不再赘述。

从 ERP 数据来看，在行为者与行为句子隐含特质条件下，无论是 250～450 毫秒的潜伏期还是 450～650 毫秒的潜伏期，行为者诱发的波幅均显著小于其他人诱发的波幅。Van Duynslaeger 等（2008）的研究结果显示，如果段落与句子所隐含的特质不同，在顶区出现了 P300 脑电成分，表明自发特质归因的脑电成分是 P300。从以往的研究看，250～450 毫秒和 450～650 毫秒平均波幅分别诱发了 P3a 和 P3b 脑电成分，表明自发特质归因的行为者联结效应在脑电方面得到了证实。以往研究也认为，P300 是一种刺激呈现 200～600 毫秒出现的正向波，往往与个体的行为归因和认知加工密切相关（索涛等，2011）。也就是说，对于自发特质归因与行为者的联结而言，由于被试大脑里存在行为者与其行为归因判断的联结，在行为句子与行为者隐含特质归因条件下，其能够轻易地提取出相关的特质归因线索，并不需要付出很大的认知努力，并且对于行为句子与行为者隐含特质归因的匹配整合也较为容易，所以会产生较小的 P300 波幅；而对行为句子与其他人隐含特质归因进行判断时，由于缺少相关的行为主体的明确信息，会不自觉地付出较多的认知努力，整合行为句子与其他人隐含特质归因也较为不易，所以产生的 P300 波幅自然也较大。

第四节　综　合　讨　论

自发特质归因在人们的日常生活和社会交往中具有一定的普遍性，反映了个体对他人行为的内隐解释与认知，该内隐的解释与认知有很大可能会影响个体的人际决策与社会判断。尤其是随着社会发展的加快及竞争的日益激烈，个体必须快速准确地形成对他人行为的归因和推理，以便更好地去推测他人的行为。因此，无论是行为者自发特质归因还是静止物体自发特质归因的研究，均具有一定的现实意义和启示。社会认知双重加工理论认为，社会认知包括外显和内隐两个方面（Greenwald and Banaji, 1995），而隐含特质的自发特质归因和外显包含的自发特质归因作为社会认知的外显和内隐两个方面，可能是两种不同的认知加工过程。行为者自发特质归因的外显和内隐过程不同，是否均指向行为者还尚未可知。本章的目的就是考察在中国文化背景下，青少年自发特质归因究竟是指向行为者还是指向无关者？指向行为者还是指向静止物体？在隐含特质和外显包含特质条件下，自发特质归因指向行为者是否稳定？考虑到使用内隐记忆测量需要一定程度的记忆能力和语言理解能力，本章将处于青少年后期的大一学生作为被试进行研究。

一、青少年自发特质归因的行为者联结优势

本章采用重学节省范式，首先，让青少年看个体的面孔照片，这些照片的下方呈现描述面孔照片中个体行为的句子，这些行为句子隐含某种特质，要求青少年熟悉面孔照片；其次，在学习面孔照片—行为句子特质的配对中产生重学配对，即一部分面孔照片与行为句子描述中所隐含的特质配对；最后，要求青少年根据面孔照片回忆与之相配的行为句子特质，以探讨重学配对行为者行为句子特质回忆成绩是否显著好于无关者行为句子特质配对和静止物体特质配对的成绩。本章通过两个行为实验探讨了自发特质归因过程激活的行为句子特质会与谁建立联结，结果发现，青少年对行为者隐含特质和外显特质的判断反应时显著短于其他人，表明行为者比其他人更具特质联结优势效应；青少年对行为者隐含特质和外显特质的判断反应时显著短于静止物体，表明行为者比静止物体更具特质联结优势效应。所以，自发特质归因存在行为者联结优势效应，即建立了行为者—特质联结，而非其他人—特质联结或静止物体—特质联结。

Carlston 和 Skowronski（1994）同样采用重学节省范式研究发现，个体自发特质归因对象指向行为者，并且这种自发特质归因的行为者联结效应是持久而稳固的。具体而言，Carlston 和 Skowronski（1994）的研究发现，当与隐含特质配对的面孔照片是行为者时，自发特质归因直接指向行为者，表现出自发特质

归因的行为者联结效应；当与隐含特质配对的面孔照片是其他人时，自发特质归因并非直接指向其他人，自发特质归因的其他人联结效应并没有出现，这也从另一方面说明，自发特质归因指向行为者而不是其他人。Crawford 等（2007）借鉴重学节省范式，并结合外显特质评定的方法发现，被试评定行为者面孔照片与行为句子隐含特质的配对反应时显著长于其他人面孔照片与行为句子隐含特质的配对反应时，说明被试建立了行为者自发特质归因的联结效应。本章的研究也发现了自发特质归因的行为者联结优势效应，与以上研究结果吻合。

二、青少年自发特质归因不存在静止物联结效应

本节并没有证明自发特质归因的静止物联结效应，即自发特质归因并没有指向可以看作是新颖刺激的静止物体，而是指向了行为者。Brown 和 Bassili（2002）使用重学节省范式发现，自发特质归因不仅仅指向行为者，还指向物体。自发特质归因的直觉模型也强调，自发特质归因是基于内隐理论，在被试无意识的情况下对知觉者已经掌握的比较稳定的特质进行激活，不管是针对个体还是情境物本身，实际上表现出来的均是利用个体在情境活动中的表现，是对个体的具体特质进行自动察觉，所以自发特质归因更能揭示行为者的特质（Schoda, 1994）。Skowronski 等（1998）创立的过程模型强调，知觉者对个体活动过程中的特质编码被激活，知觉者会将这类特质与行为描述主体联结，一旦这种联结形成，知觉者对个体行为进行推断便会受到这些特质的潜在影响，形成关于行为者的自发特质归因。所以，本章中重学节省范式实验尽管没有外显地呈现行为者内隐的特质，但青少年依旧可以将行为者内隐的特质作为回忆的有效线索，将它与有强烈联系的隐含特质句子和行为者进行联结，行为者隐含特质句子的判断成绩显著优于其他人隐含特质句子的判断成绩，说明在学习阶段青少年已经建立了行为者—自发特质的联结，进行了行为者自发特质归因，而非静止物自发特质归因。

编码特异性原则强调"当个体对特殊编码进行操作时，也会对当前感知到的对象进行特异加工并在大脑中储存其主要特征，这种储存的主要特征将决定个体在进行线索提取时何种线索对个体当前对象加工是有效的"（Tulving and Thomson, 1973）。按照此原则，其他物体仅仅是被储存的偶然特征，可能仅仅为自发特质推理提供了有利的条件（Brown and Bassili, 2002）。当这种有利的条件被再次强化时，便促进了个体对行为者特质推理的提取。那么，如果行为者和其他人同时呈现，知觉者会优先捆绑谁？如果行为者和静止物体同时呈现，知

觉者究竟是优先捆绑行为者还是优先捆绑静止物？或者同时捆绑行为者和静止物？本章即回答此问题。本章在学习阶段同时呈现两张面孔或一张面孔和一个静止物体，使二者具有相同的显著特征，以此来探讨青少年自发特质归因的联结效应，结果均发现，青少年存在自发特质归因的行为者联结效应。

此外，对于自发特质归因的行为者联结效应现象的分析和研究，大部分都是在欧美文化条件下进行的。社会文化会对社会认知产生较大的影响，自发特质归因的行为者联结效应本质上是一种认知现象。研究表明，在个体主义文化环境下，个体利用特质解释社会行为有着更大的倾向，也就是说更愿意将行为产生的因素归因于个体；而在集体主义环境下，个体更愿意对他人活动给出情境解释，也就是说更愿意将行为产生的因素归因于情境（Lehman et al., 2004；Kashima et al., 2006）。与以上阐述类似，以往研究认为，我国本质上是一个显著的集体主义文化国家，个体更倾向于将行为产生的原因归于情境而非个体本身（Morris and Peng, 1994）。本章的研究结果表明，自发特质归因的行为者联结效应在我国文化背景下同样存在，在一定程度上可以认为自发特质归因的行为者联结效应具有文化普遍性。因此，在我国的文化背景下探讨自发特质归因的行为者联结效应，能够在更加宽泛的文化背景条件下，延伸和拓展行为者隐含特质的激活与行为者本身的联结，为自发特质归因的行为者联结效应提供更为充分的文化普遍性证据。

三、青少年自发特质归因的脑电神经基础

本章采用 ERP 的方法，探讨了在行为主体不同、效价不一致的条件下，自发特质归因的 ERP 脑电波的差异，进而探讨了自发特质归因指向性的生理基础，以便为行为数据与脑电数据的相互印证提供理论基础。通常来说，波幅能够体现大脑神经活动的兴奋程度，是衡量神经活动的标准。本章记录了被试在 4 种不同条件下（行为者一致条件、行为者不一致条件、其他人一致条件、其他人不一致条件）的脑电平均波幅。

ERP 数据结果表明，被试在进行行为者与行为句子隐含特质归因时，行为者诱发的脑电波幅显著低于其他人诱发的脑电波幅。从 P3a 成分（在 250 ～ 450 毫秒达到最大波幅）的平均波幅值可以看出，被试对其他人产生的脑电平均波幅高于对行为者所产生的脑电平均波幅，其他人诱发了更大的 ERP 波幅。其原因在于，被试在学习阶段已经形成了对行为者特质归因的认知，当这个本属于行为者的特质归因与其他人建立起联系后，被试内心产生更为强烈的内心冲

突，使得 P3a 波幅增大。P300 往往与个体的行为归因和认知加工密切相关（索涛等，2011）。有关 P3a 成分最新的整体分析（Folstein and Van Petten, 2008）指出，P3a 成分最少可以划分成 3 个子成分，这些子成分联系着不同的认知能力。第一个是额区—中央区成分（分布在头皮前部），该成分所具备的功能包含了如果诱发刺激获取了关注，则对那类与知觉模板（perceptual template）所不匹配的新奇性进行探测；第二种是额区—中央区成分（也在头皮前部进行分布），这一成分与认知控制（包括反应冲突、反应抑制及错误监控）有着密切联系；第三个成分在头皮后部分布，与视觉神经的部分区域有着较密切的联系。P3a 成分并非刺激锁时（stimulus-locked）而是反应锁时（response-locked），实验试次包含的冲突数量越多，所诱发的反应时间也就越长。总而言之，P3a 与刺激的新奇性（novelty）、不一致性（incongruent）及失匹配性（mismatch）有着比较密切的关系，反映了刺激分类加工（stimulus classification）的一个子过程。在本章的脑电实验中，主要将行为句子隐含特质词当作实验刺激的材料，行为句子隐含特质词与行为主体不一致时，个体的内在心理冲突和心理矛盾更加激烈，P3a 的平均波幅更大。

以往对于个体知觉的 ERP 探索发现，P3b 与大脑对异常、新颖、不同的刺激进行反映有着紧密的联系（Friedman et al., 2001）。P3b 体现出了在探索不同信息之后工作记忆的在线更新。当任务涉及复杂的社会刺激或情绪刺激时，P3b 常常在 500 毫秒左右达到最大波幅（Bartholow and Dickter , 2007）。Van Duynslaeger 等（2008）的研究表明，P3b 是进行自发特质归因时对不一致信息进行推理的有效指标。本章的研究发现，在皮层的大部分电极记录点，如 P3、Pz、P4、C3、Cz、C4、F3、Fz、F4 等，在 4 种条件下，所有被试均诱发出了比较明显的 P3b。在一些电极点的平均波幅上，行为主体主效应均显著，其他人比行为者诱发了更大的波幅。以上研究结果与实验假设是一致的，即在效价一致的情况下，对行为者的不一致信息会导致被试使用更长的推理时间来进行特质归因判断，产生更大的波幅。

此外，虽然青少年进行了自发特质归因的行为者和其他人两种认知表征，但在具体认知过程中，行为者的自发特质归因依然起主导作用，所以在行为者与行为句子隐含特质一致条件下，行为句子隐含特质归因词并未引起明显的脑电波幅变化，而是自然而然地易化了青少年对行为者行为句子隐含特质归因的认知加工和整合，诱发了较小的脑电波；但是在其他人与行为句子隐含特质不一致条件下，其他人与行为句子隐含特质的认知表征被同时激活，需要占用一定的认知资源，所以对其他人自发特质归因所诱发的 P300 波幅显然大于对行为者自发特质归因所诱发的 P300 波幅。

遗憾的是，本章通过 ERP 的结果可以发现，相比与行为者行为句子隐含特质归因一致的活动，其他人与行为句子隐含特质的活动并未激活 N400 脑电成分。以往研究认为，N400 是在刺激呈现后 400 毫秒左右出现的一个负向的脑电成分，是与个体语义启动、词汇认知加工有关的指标（Kutas and Federmeier, 2011）。N400 更小的波幅则反映了语义加工的易化效应。本章中不管是在行为者行为句子隐含特质归因还是在其他人行为句子隐含特质归因条件下，行为者和其他人行为句子隐含特质归因词的语义均较为接近，语义联结程度也较为接近，容易表现出语义加工的接近效应，N400 脑电成分的激活程度差异不大。以上结果说明，行为者和其他人行为句子效价并没有对 N400 脑电成分波幅造成影响。

第五章

青少年捐助行为归因的启动效应

Heider（1958）的归因倾向理论认为，人们多数会从内因和外因两方面来解释和预测行为。内因包括个体的能力、情感、性格、态度、动机、努力等；外因包括命运、气候、任务难度、环境压力和周围社会关系的互动等。基于内外归因的划分，研究者进一步将归因划分为特质归因和情境归因，并据此进行了大量的实证研究，取得了丰硕的研究成果。20 世纪 70 年代，认知心理学家开始着重探讨个体行为归因的认知缺陷，集中于行为推断和归因时"个体的思维为什么会经常犯错误"和"如何从个体的思维错误中了解思维系统是如何运作的"等问题。刘永芳（2010）指出，日常生活中个体利用有限信息迅速做出行为归因时，往往表现出特定原因的系统偏好，即基本归因偏向。

基本归因偏向的产生原因之一就是个体往往会忽视行为归因的潜在线索对认知信息加工的无意识影响，从而产生行为归因偏差。已有研究表明，人格特质、动机、归因等很多心理现象均能够被启动（Bargh et al., 1996）。潜在的线索确实能通过暂时激活个体的心理概念来影响随后的思维、情感和行为判断。由此可以推断，不同归因信息的有效激活能易化个体对行为的内归因或外归因，增强或减弱归因偏差。Leyens 等（1996）的研究指出，若归因前所激发的概念在个体将要归因的行为中具有解释力或适用性，就会产生归因的内在固着，出现基本归因偏向。叶映华和郑全全（2008）的研究表明，归因偏差更可能受自动化加工机制的影响。然而，以往研究只单纯强调认知或动机对基本归因偏向的单一作用，缺乏一个统一的理论框架。认知观点强调基本归因偏向产生于个体的认知过程之中，动机观点则强调意图推理在基本归因偏向形成中具有重要作用。这些原因有助于我们理解基本归因偏向的产生机制，但是缺乏统一的理论框架将两种观点更好地整合起来，以全面解释基本归因偏向。我们认为，通过认知和动机相互作用共同解释基本归因偏向才是更为合理和可取的。

行为归因不但受认知和动机的交互影响，还具有线索启动效应。文化框架转换（cultural frame switch，CFS）理论强调，多元文化信念对个体认知与行为的影响是动态的，双文化个体可以根据不同文化线索做出与文化情境相一致的行为归因。研究者采用文化启动研究范式证实了文化框架转换模型，以此探讨具有多元文化经验（multicultural experience）个体的归因偏向特点。文化启动在揭示内隐文化差异方面是其他方法所无法比拟的（Hong et al., 2000），尤其是阈下启动是一种真实的心理现象（Van den Bussche et al., 2009）。Haritatos 和 Benet-Martínez（2002）以华裔美国人为被试，采用中国文化和美国文化图片启动方法研究被试对意义不明确的影像（如单条鱼与鱼群分开游）的归因，结果发现，双文化认同整合（bicultural identity integration，BII）较高的个体给出了启动一致性归因，而 BII 较低的个体则给出了启动不一致性归因。

按照文化框架转换理论，研究者对行为归因进行了大量的研究，研究结果主要集中于三点：①行为归因具有单一文化启动效应。Hong 等（2000）研究了双文化个体在不同文化图片启动下的归因，结果发现，与中性启动组相比，文化启动组对模糊事件的内外归因差异显著。Benet-Martínez 等（2002）的研究发现，高 BII 群体在呈现中国文化图片时进行外归因，在呈现美国文化图片时进行内归因，表现出行为归因的同化效应（assimilation effect）；而低 BII 群体在呈现中国文化图片时进行内归因，呈现美国文化图片时进行外归因，表现出行为归因的对比效应（contrast effect）。同时，行为归因倾向的同化效应在亚洲被试的启动研究中也得到了证明（Peng and Knowles, 2003）。②行为归因具有同时启动效应。已有研究发现，当两种文化线索同时被启动时，两种文化的认知表征也同时启动，能提升个体对文化差异性的认知和对文化实体性的觉察（Chiu and Cheng, 2007）。当混合不同的文化信息时，个体进行认同整合的可能性降低，但高认同整合者能够根据不同的文化信息对行为进行分类归因（Benet-Marthiez et al., 2006）。在香港独特文化背景下，Hong 等（2000）的研究发现，在中国文化线索（如龙和寺庙）启动条件下，我国香港地区的大学生做出了情境性归因，而在美国文化线索（如牛仔和米老鼠）启动条件下，我国香港地区的大学生倾向于特质性归因。上述研究表明，启动与不同文化相联系的线索将会激活与该文化相关的图式，进而表现出文化适应性的特点，而且文化启动效应依赖于被试对多元文化认同的程度。

不但如此，启动线索比例对行为归因的影响亦不同。Hamilton（1986）在对归因任务难度的记忆研究中，将行为归因信息分为 3 类：一是偏个人归因条件，即个人和刺激信息的比例为 5：1；二是平衡混合归因条件，即个人和刺激信息以 3：3 的比例混合；三是偏刺激归因条件，即刺激信息和个人的比例为

1：5，然后要求被试进行行为归因判断。研究结果表明，与偏情境启动、偏个人启动条件相比，在特质信息和情境信息平衡混合启动的条件下，被试倾向于回忆出更多的归因信息。刘永芳（2010）认为，在平衡混合启动条件下，归因者难以对特质和情境信息进行选择性加工，这需要激活个体头脑中潜在的知识构念，以对归因信息进行深加工，而在偏情境和偏个人启动条件下，个体只依据供选刺激对归因信息进行浅加工。有关印象形成的研究表明，启动刺激能够对个体评价和情境评价产生启动效应（Kay et al., 2008）。这些研究结果有助于理解归因的混合启动效应，即在不平衡信息启动中，被试更可能回忆出与多数信息不一致的归因信息，需要对其进行深加工，才能整合到印象形成中。还有研究发现，被试能自发激活行为信息隐含的特质概念，并将激活的特质概念与行为者进行自发联结（闫秀梅和王美芳，2010）。由此可见，情境或特质信息的激活对个体的归因、印象形成和社会决策等认知过程有重要作用，其中行为不一致的信息更容易捕获个体的注意力和信息加工。

那么，行为归因的启动效应对后续行为是否会产生影响？以往研究发现，归因既能直接预测后续行为，也能间接影响后续行为。然而，以往研究忽视了行为归因的启动效应对个体后续捐助行为的作用。已有研究发现，不同归因线索信息的暂时激活能够易化个体对行为的内在归因或外部归因（Bargh et al., 1996）。研究还表明，归因是影响捐助行为的重要认知因素（Weiner, 1980）。然而以往研究缺乏对捐助行为归因启动效应的研究，也很少有研究通过阈下启动方法及控制不同归因信息的比例进行行为归因的启动效应研究。本章试图采用掩蔽启动范式操纵不同的实验条件，以对青少年捐助行为归因的启动效应进行研究，证实青少年捐助行为归因启动效应的存在，并探讨青少年在不同线索混合启动条件下捐助行为归因的动态变化及不同行为归因启动对青少年捐助行为的影响。

第一节　青少年捐助行为归因的特质启动

人们往往根据有限的信息做出归因判断，因此归因偏差的产生在所难免。基本归因偏向是指个体在解释他人的行为时，高估个人内在因素而低估外部情境因素的一种稳定倾向（刘永芳，2010）。已有研究也证实，行为归因具有启动效应（Bargh et al., 1996），并且具有单一文化的启动效应（Hong et al., 2000）。行为信息隐含的特质概念激活能产生内在归因的固着和自发特质归因联结（闫秀梅和王美芳，2010）。捐助行为作为一种亲社会道德行为日益受到研究者的关注。那么，青少年捐助行为归因是否存在特质启动效应？如果存在，捐助行为归因的特质启动是否对青少年捐助行为产生了影响？本节采用掩蔽启动范式和独裁者博弈游戏范式，考察单一特质词启动条件下青少年捐助行为归因及其对捐助行为的影响。

一、研究目的

本节试图以控制启动为对照组，通过掩蔽启动范式操纵捐助行为归因特质线索，以捐助行为情境故事进行行为归因的测量，采用独裁者博弈游戏进行捐助行为的考察，探讨不同动机情境下青少年捐助行为归因的特质启动效应及捐助行为归因的特质启动对青少年捐助行为的影响。

二、研究假设

与控制组青少年相比，特质启动能增强不同捐助情境条件下特质启动组青少年捐助行为的内归因倾向，并使随后的捐助行为水平也相应地提高。

三、研究方法

（一）研究被试

在某大学随机选取 82 名非心理学专业大一学生作为被试，其中，男生 40 名，女生 42 名，所有被试均为右利手，且视力或矫正视力正常。

（二）研究设计

本研究采用 2（启动类型：特质启动、控制启动）×3（捐助情境：利他、利己、服从）的两因素混合设计。其中，启动类型是被试间变量，捐助情境是被试内变量。因变量是被试在不同捐助情境条件下特质启动和控制启动后的捐助行为内归因倾向和捐助行为水平。

（三）研究材料

1. 启动材料

启动材料为预实验的 8 个捐助行为特质词和 8 个自编的中性词，具体见附录六。

2. 行为归因判断材料

行为归因判断材料来自预实验的 6 个捐助行为情境故事，加入不同捐助情境进行改编，并将其制作成背景为白色、字体为小四号黑色宋体的刺激图片，图片大小均为 593 厘米 × 497 厘米。

3. 捐助行为判断任务

本节采用独裁者博弈游戏测量被试的捐助行为。独裁者博弈游戏是在最后通牒博弈（ultimatum game）范式的基础上发展而来。在此范式中，捐助行为是被试作为分配者在独裁者博弈中分配给接受者的金额数。该游戏中有独裁者（dictator）和接受者（recipient）两个角色，研究者提供一笔奖金，独裁者单方面决定如何分配奖金，即自己留多少，与他配对的接受方获得多少。对方只能接受独裁者的分配方案而无权反对，而且由于是一次性游戏，接受者没有机会回报或者惩罚独裁者的行为。独裁者要面对一个捐助两难情境，必须在自我利益和他人需要之间进行选择。

（四）研究程序

采用 E-prime 2.0 编制实验程序，在联想笔记本上运行。主试将被试随机分配到不同的启动条件中，在 E-prime 程序上完成所有实验任务。通过屏幕上的指导语告知被试，实验由几个无关任务构成。

首先，进行掩蔽启动任务（图 5-1）。被试坐在距离电脑屏幕 50 厘米处，首先，屏幕中心位置呈现红色"+"注视点 250 毫秒；随后，呈现前掩蔽刺激（&&&&&&）117 毫秒；接着，呈现启动词汇 21 毫秒；然后，再呈现后掩蔽刺激（&&&&&&）20 毫秒；最后，进行目标词汇判断任务，要求被试又快又准地对目标词汇做出真假词判断，真词按"F"键，假词按"J"键，按键后刺激消失。若被试在 1 秒内未做出反应，刺激将自动消失。随后再次出现白色空屏 250 毫秒，然后自动进入下一次刺激序列。所有刺激均以随机方式呈现，被试进行 4 个试次的练习以便熟悉任务。在正式实验中，每种刺激类型的启动各有 8 个试次，每个试次均出现 3 次，共有 24 个试次。其中，真假词判断任务是一个虚假任务，目的是避免被试猜测到真正的实验目的。

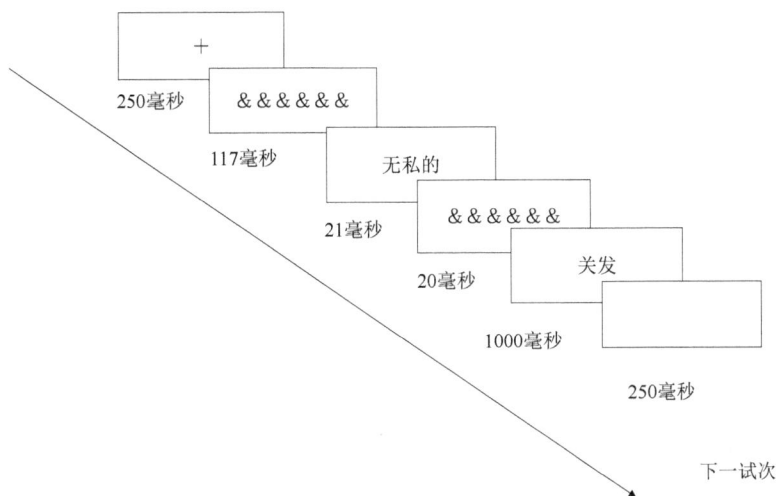

图 5-1 掩蔽启动任务流程图
图中的"关发"为一个假词

其次，进行行为归因判断任务。阅读屏幕上方随机呈现的 6 个捐助行为情境故事（预实验故事），并对故事中主人公的捐助行为进行归因，屏幕下方显示 7 级评判（1= 完全由个人原因造成，7= 完全由情境原因造成），分数越低，越倾向于个人内归因，分数越高，越倾向于情境外归因。被试使用数字键 1 ～ 7 进行行为归因判断，电脑自动记录被试行为归因判断的结果。

最后，进行独裁者游戏任务。屏幕中的指导语告知被试："你将进入一个游戏，游戏中有 A 和 B 两个角色，游戏规则是 A 可以按照自己的意愿将 R 万元钱自由分配为 2 份，一份留给自己，一份捐给 B，而 B 无权否决 A 的分配方案。A 捐助的金钱越多，B 获得的帮助越大。游戏结果会根据这个分配方案给予 A 和 B 相应的报酬。现在你已被随机指派为 A 角色。"呈现博弈对象（如灾区贫困生）1000 毫秒后消失，要求被试按数字键"0"（捐出 0%）至"10"（捐出 100%）进行捐助选择，反应后出现白色空屏 250 毫秒，然后呈现博弈结果 1000 毫秒。若被试在 2 秒内不做出反应，自动跳转到下一屏，接受者获益为 0。采用 11 等级记分，如果被试选择数字键"2"，则程序自动记录为 2 分，那么该轮游戏结束被试得到 2 分。

所有实验任务完成之后，主试对被试表示感谢，并解释本次实验的目的和内容，同时进行意识探测，没有被试报告掩蔽启动任务及其与独裁者游戏任务之间的联系。

四、研究结果

我们采用行为归因与理论均值之差作为行为归因偏差。若被试偏向内归因，行为归因偏差值越低，并且行为归因偏差为负数；若被试偏向情境归因，行为归因偏差值越高，并且行为归因偏差为正数。

（一）青少年捐助行为归因的特质启动效应

首先，剔除掩蔽启动任务中错误率大于20%的2名被试。其次，对80名被试的原始数据进行统计分析，对特质启动组和控制组被试在三种动机情境中的捐助行为归因倾向与理论均值（4分）进行单样本 t 检验，发现均存在显著的行为内归因倾向，具体结果见表5-1。

表5-1 青少年捐助行为归因的特质启动效应（$M \pm SD$）

组别	情境	M	SD	FAE	t
特质启动组（$n=40$）	总体	2.62	0.54	-1.38	-16.11***
	利他	1.86	0.64	-2.14	-21.11***
	服从	2.79	0.84	-1.21	-9.14***
	利己	3.20	0.72	-0.80	-7.00***
控制启动组（$n=40$）	总体	3.22	0.68	-0.78	-7.32***
	利他	2.41	0.84	-1.59	-11.97***
	服从	3.53	1.02	-0.47	-2.95**
	利己	3.68	1.04	-0.32	-1.99*

* $p < 0.05$ ** $p < 0.01$ *** $p < 0.001$，下同

以两组被试在三种动机情境中的捐助行为归因倾向为因变量，进行2（启动词类型：特质词启动、控制词启动）×3（捐助情境：利他、利己、服从）的重复测量方差分析。研究结果显示：启动词类型主效应显著，$F(1, 78)=19.09$，$p<0.001$，特质词启动组的行为内归因倾向显著强于控制词启动组的行为内归因倾向，表现出了特质词归因的启动效应；动机情境类型主效应显著，$F(2, 156)=65.66$，$p<0.001$，事后多重比较发现，利他情境与服从情境之间的行为内归因差异显著，$t(79)=-8.48$，$p<0.001$，利他情境中的内归因倾向显著低于服从情境中的内归因倾向，即利他动机情境下的行为内归因倾向更强；利他情境与利己情境之间的行为内归因差异显著，$t(79)=-11.06$，$p<0.001$，利他情

境中的归因倾向显著低于利己情境，即利他动机情境下的行为内归因倾向更强；服从情境与利己情境之间的行为内归因差异显著，t（79）=-2.35，$p<0.05$，服从情境中的行为内归因倾向显著低于利己情境，即服从动机情境下的行为内归因倾向更强。启动类型与情境类型的交互作用不显著，F（2，156）=0.64，$p>0.05$。可见，不同动机情境下的捐助行为归因存在特质词启动效应。

（二）青少年捐助行为的特质启动效应

特质启动组和控制组青少年在三种动机情境下捐助行为的描述性数据见表 5-2。

表 5-2　青少年捐助行为的特质启动效应（$M\pm SD$）

组别	n	利他情境	服从情境	利己情境	总均分
特质启动组	40	5.84±1.65	4.01±1.25	3.48±1.38	4.44±0.86
控制启动组	40	4.16±1.50	3.21±1.11	2.51±1.23	3.30±0.75

我们以两组被试在三种动机情境中的捐助行为为因变量，进行 2（启动词类型：特质词启动、控制词启动）×3（捐助情境：利他、利己、服从）的重复测量方差分析。研究结果表明，启动词类型主效应显著，F（1，78）=40.03，$p<0.001$，即特质启动组的捐助行为水平显著高于控制启动组的捐助行为水平；情境类型主效应显著，F（2，156）=46.66，$p<0.001$，事后多重比较发现，利他情境与服从情境之间的捐助行为水平差异显著，t（79）=6.16，$p<0.001$，利他情境中的捐助行为水平显著高于服从情境；利他情境与利己情境之间的捐助行为水平差异显著，t（79）=8.57，$p<0.001$，利他情境中的捐助行为水平显著高于利己情境；服从情境与利己情境之间的捐助行为水平差异显著，t（79）=3.44，$p<0.01$，服从情境中的捐助行为水平显著高于利己情境；启动类型与情境类型的交互作用不显著，F（2，156）=2.39，$p>0.05$。可见，青少年捐助行为存在不同动机情境的差异和特质词启动效应。

（三）捐助行为归因特质启动对捐助行为的影响

我们对特质启动组青少年捐助行为归因倾向与捐助行为进行了相关分析，结果发现，特质启动组捐助行为归因倾向与捐助行为相关显著，$r=-0.666$，$p<0.001$。我们分别以特质启动组青少年的捐助行为归因倾向为预测变量，以捐助行为为因变量进行回归分析，结果表明，特质启动组青少年捐助行为归因对捐助行为都有显著的预测作用，具体结果见表 5-3。

表 5-3   捐助行为归因特质启动对捐助行为的影响（Enter）

	情境	R^2	F	B	SE	t
		0.531	13.587***			
特质启动组 （n=40）	利他			-1.248	0.278	-4.489***
	服从			-0.521	0.237	-2.194*
	利己			-0.281	0.269	-1.043

注：R^2 为决定系数，F 为回归方程显著性，B 为非标准化系数，SE 为非标准化系数的标准误，t 为回归系数的差异检验

五、讨论分析

本节采用前后掩蔽刺激和虚假任务来干扰青少年对启动刺激的有意识加工，并通过意识探测任务考察特质启动组和控制启动组青少年对实验目的的真正觉察，以保证两组青少年均在阈下启动状态下自动加工目标刺激。研究结果表明，特质启动组和控制启动组青少年均存在行为的内归因倾向，特质启动组在各种情境下的内归因启动效应显著高于控制组，说明捐助行为特质词确实激活了青少年潜在的知识构念，并在随后的捐助行为归因中强化了这种知识构念的通达性。同时，以往研究也证实了行为归因的启动效应（Bargh et al., 1996）。特质词启动使特质信息更加突显，青少年能够基于特质线索做出与其一致的内归因倾向，表现出强烈的行为内归因倾向。

研究还发现，特质启动组和控制启动组青少年在三种动机情境下的捐助行为差异显著，具体来说，利他情境下的捐助行为水平显著高于服从情境和利己情境，而服从情境下的捐助行为水平显著高于利己情境。研究结果说明，不同动机情境下青少年的捐助行为不同，在利他情境下更能体现个体的道德境界与道德思想，道德行为随之提升。此外，研究结果还表明，特质启动组青少年捐助行为内归因与捐助行为相关显著，而且捐助行为内归因对个体捐助行为有显著的预测作用，与以往研究结果（Miller and Ross, 1975; Gilbert and Malone, 1995）吻合。也就是说，青少年对他人的捐助行为越是倾向于内在特质归因，越能够做出更多的捐助行为，行为归因的特质启动的确强化了青少年的捐助行为。

第二节   青少年捐助行为归因的情境启动

已有研究表明，归因情境信息的显著性会影响行为归因（Avramova et al.,

2010），增强情境约束信息的显著性，相应地能降低行为内归因倾向程度（Trope and Gaunt, 2000）。Gilbert 和 Malone（1995）认为，行为内归因倾向的产生有四个原因：缺乏对情境信息的知觉；对行为不切实际的预期；行为分类的扩大化；不完全的情境校正。多重推理模型也强调，归因者并非忽视了情境线索，而是更加关注具体的意识状态及其所处的情境，不同情境线索能帮助个体识别助人行为的动机并形成推理，进一步影响助人行为归因（Reeder, 2009）。那么，青少年捐助行为归因是否存在情境启动效应？捐助行为归因的情境启动是否对青少年捐助行为产生了影响？本节继续采用掩蔽启动范式和独裁者游戏任务范式，考察单一情境启动条件下青少年捐助行为归因的启动效应及其对捐助行为的影响。

一、研究目的

本节以控制启动组为对照组，通过掩蔽启动范式操纵捐助行为归因情境线索启动，以捐助行为情境故事进行行为归因的测量，采用独裁者博弈游戏进行捐助行为的考察，探讨不同动机情境下青少年捐助行为归因的情境启动效应及捐助行为归因的情境启动对青少年捐助行为的影响。

二、研究假设

与控制组青少年相比，情境启动能减弱不同捐助情境条件下情境启动组青少年捐助行为的内归因倾向，并使随后的捐助行为水平相应地降低。

三、研究方法

（一）被试

随机选取 99 名某大学大一学生作为被试，其中，男生 50 名，女生 49 名，所有被试均为右利手，且视力或矫正视力正常。

（二）研究设计

我们采用 2（启动词类型：情境词启动、控制词启动）×3（捐助情境：利他、利己、服从）的两因素混合设计。其中，启动词类型为被试间变量，捐助情境为被试内变量。因变量是不同启动条件下青少年捐助行为归因倾向和捐助行为水平。

（三）研究材料

1. 情境启动组的启动材料

情境启动组的启动材料为预实验中的 8 个捐助行为情境词。

2. 行为归因判断材料

行为归因判断材料与青少年捐助行为归因的特质启动效应实验材料相同。

3. 捐助行为判断任务

采用独裁者游戏任务，具体与青少年捐助行为归因的特质启动效应相同。

（四）研究程序

研究程序与青少年捐助行为归因的特质启动效应实验程序相同，不同之处在于将特质启动词替换为情境启动词。

四、研究结果

（一）青少年捐助行为归因的情境启动效应

首先，剔除掩蔽启动任务中错误率大于 20% 的 3 名青少年。其次，对 96 名青少年的原始数据进行统计分析。对情境启动组和控制启动组青少年在三种动机情境中的捐助行为归因得分分别与理论均值（4 分）进行单样本 t 检验，研究发现，总体上而言，情境启动组青少年捐助行为归因倾向于情境外归因，而控制启动组青少年捐助行为归因倾向于内归因，具体结果见表 5-4。

表 5-4　青少年捐助行为归因的情境启动效应

组别	情境	M	SD	FAE	t
情境启动组 （*n*=48）	总体	4.68	0.99	0.68	-4.77***
	利他	3.19	1.28	-0.81	-4.39***
	服从	5.14	1.09	1.14	7.25***
	利己	5.73	1.18	1.73	10.15***
控制启动组 （*n*=48）	总体	3.05	1.03	-0.95	-6.40***
	利他	2.30	1.25	-1.70	-9.45***
	服从	3.22	1.40	-0.78	-3.87**
	利己	3.63	1.36	-0.37	-1.97*

以两组被试在三种动机情境中的捐助行为归因倾向为因变量，进行 2（启动类型：情境启动、控制启动）×3（捐助情境：利他、利己、服从）的重复测量方差分析。研究结果显示，启动类型主效应显著，$F(1, 94)=62.70$，$p<0.001$，情境启动组青少年的捐助行为内归因倾向显著弱于控制启动组青少年的捐助行为内归因倾向；情境类型主效应显著，$F(2, 188)=112.38$，$p<0.001$，事后多重比较发现，利他情境与服从情境条件下青少年捐助行为归因差异显著，$t(95)=-8.97$，$p<0.001$，利他情境条件下捐助行为内归因倾向显著高于服从情境；利他情境与利己情境条件下青少年捐助行为归因差异显著，$t(95)=-12.04$，$p<0.001$，利他情境条件下捐助行为内归因倾向显著高于利己情境；服从情境与利己情境条件下捐助行为内归因倾向差异显著，$t(95)=-5.37$，$p<0.001$，服从情境中的捐助行为内归因倾向显著高于利己情境。

启动类型与情境类型的交互作用显著，$F(2, 188)=12.03$，$p<0.001$，进一步的简单效应检验发现，利他、服从和利己三种动机情境下情境启动组青少年的捐助行为外归因倾向均显著高于控制组青少年的捐助行为外归因倾向，$F_{利他}(1, 94)=11.78$，$p<0.01$，$F_{服从}(1, 94)=56.26$，$p<0.001$，$F_{利己}(1, 94)=65.40$，$p<0.001$，见图 5-2。

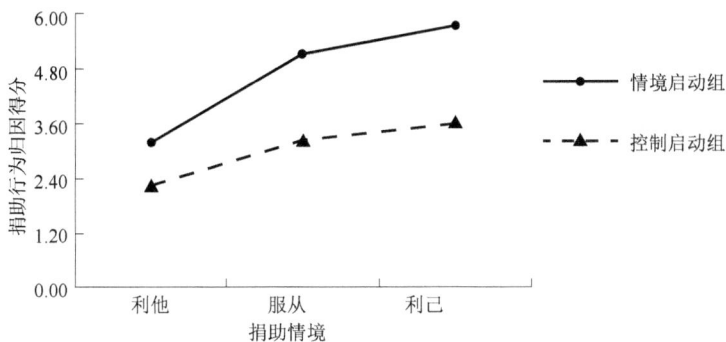

图 5-2 两组被试不同情境下的捐助归因

（二）青少年捐助行为的情境启动效应

情境启动组和控制组青少年在三种动机情境下的捐助行为的描述性数据见表 5-5。

表 5-5　青少年捐助行为的情境启动效应（$M \pm SD$）

组别	n	利他情境	服从情境	利己情境	总均分
情境启动组	48	3.48±1.36	2.34±1.38	1.74±1.03	2.52±0.97
控制启动组	48	4.17±1.40	3.24±1.40	2.47±1.17	3.29±0.97

我们以两组被试在三种动机情境中的捐助行为为因变量，进行 2（启动类型：情境词启动、控制词启动）×3（捐助情境：利他、利己、服从）的重复测量方差分析。研究结果表明，启动词类型主效应显著，$F（1，94）=15.26$，$p<0.001$，情境词启动组青少年的捐助行为水平显著低于控制词启动组青少年的捐助行为水平；情境类型主效应显著，$F（2，188）=63.59$，$p<0.001$，事后多重比较发现，利他情境与服从情境下青少年捐助行为差异显著，$t（95）=5.90$，$p<0.001$，青少年在利他情境下的捐助行为水平显著高于服从情境下的捐助行为水平；青少年在利他情境与利己情境下的捐助行为的差异显著，$t（95）=11.28$，$p<0.001$，青少年在利他情境下捐助行为水平显著高于利己情境下的捐助行为水平；青少年在服从情境与利己情境下捐助行为的差异显著，$t（95）=5.40$，$p<0.001$，青少年在服从情境下的捐助行为水平显著高于利己情境下的捐助行为水平；启动类型与情境类型的交互作用不显著，$F（2，188）=0.26$，$p>0.05$。

（三）捐助行为归因情境启动对捐助行为的影响

我们对情境启动组青少年捐助行为归因倾向与捐助行为进行相关分析，结果发现，情境启动组青少年捐助行为归因倾向与捐助行为相关显著，$r=0.515$，$p<0.001$。另外，分别以情境启动组青少年的捐助行为归因倾向为预测变量，以捐助行为为因变量进行回归分析，结果表明，情境启动组青少年捐助行为归因对捐助行为有显著的预测作用，具体结果见表 5-6。

表 5-6　捐助行为归因情境启动对捐助行为的影响（Enter）

组别	情境	R^2	F	B	SE	t
情境启动组 （n=48）		0.283	5.784**			
	利他			−0.334	0.150	−2.233*
	服从			0.009	0.227	−0.040
	利己			−0.301	0.187	−1.605

五、讨论分析

本节以捐助行为情境词为启动刺激，对捐助行为情境故事进行归因判断，研究结果表明，总体上而言，情境词启动组青少年存在捐助行为外归因倾向，控制组青少年存在捐助行为内归因倾向，表明青少年捐助行为归因存在情境启动效应；情境启动组青少年捐助行为外归因的情境启动效应显著高于控制组；启动类型与情境类型的交互作用显著，利他、服从和利己三种动机情境下情境启动组青少年的捐助行为外归因倾向均显著高于控制组青少年的捐助行为外归因倾向。研究结果证实了情境启动对青少年捐助行为外归因的启动效应（Bargh et al., 1996），说明捐助行为情境词启动使得青少年更加注意情境因素在行为归因中的作用，其更倾向于捐助行为的外部情境归因，弱化了青少年捐助行为内归因倾向。

对情境启动组和控制启动组青少年的捐助行为进行差异检验，研究结果表明，不同启动条件下青少年的捐助行为不同，与控制组青少年相比，情境启动组青少年的捐助行为更低，与已有研究结果（Sargeant et al., 2006）一致。进一步分析发现，青少年在三种动机情境下的捐助行为差异显著，具体而言，利他情境下的捐助行为水平显著高于服从情境和利己情境，而服从情境下的捐助行为水平显著高于利己情境。其主要原因在于，利他情境更能激发个体的道德意识与提升道德境界，个体的道德行为水平就会随之提高。

研究结果也表明，情境启动条件下青少年捐助行为归因与捐助行为相关显著，而且捐助行为归因对个体捐助行为有显著的预测作用，与已有研究结果吻合（Weiner, 2000; Gilbert and Malone, 1995）。也就是说，青少年对他人的捐助行为越是倾向于外部情境归因，会表现出越少的捐助行为，而情境启动组的行为内归因倾向低于控制组，归因的情境启动效应弱化了青少年的捐助行为。进一步分析发现，情境启动组青少年在服从动机、利己动机和利他动机情境中的捐助行为外归因倾向依次降低，说明在服从、利己和利他动机情境中，情境启动组青少年的捐助行为内归因倾向是顺序增强的，表明情境启动影响了青少年服从动机、利己动机和利他动机条件下的捐助行为归因。

第三节　青少年捐助行为归因的混合启动

尽管青少年捐助行为归因的特质启动和情境启动证实了行为归因的启动效应，并且与已有研究结果部分一致，但实际生活中混合信息的同时呈现更为常见，也就是说，当不同的启动刺激相互干扰时，青少年行为归因的启动效应是否依旧存在？ Heider（1958）指出，行为的产生源于内部因素或外部因素或者两者兼有。Gilbert 等（1988）认为，只有当认知不太忙碌时，人们才会综合考虑内在因素和外在情境对行为推理的影响。研究表明，行为归因具有混合启动效应（Hamilton, 1986），与偏情境启动、偏特质启动条件相比，平衡混合启动条件下被试倾向于回忆出更多的归因信息，归因的反应时也更长，说明平衡混合启动条件下信息的深加工决定了其记忆提取。刘永芳（2010）指出，在平衡混合启动条件下，归因者难以进行信息的选择性加工，需要激活个体头脑中潜在的知识构念，以对归因信息进行深加工。也就是说，当内部信息充足、清晰，内部信息的作用大于外部信息时，个体越倾向于根据所获得的内部信息做出归因，表现出行为内归因倾向；而当内部信息不足、模糊时，外部信息的作用相对增强，行为归因偏差减弱或消失。然而，已有研究并没有启动混合信息来进行行为归因的启动效应研究，更鲜有研究采用阈下启动方法进行行为归因的无意识加工研究。本节对情境归因词与特质归因词进行混合，采用平衡混合启动方法考察青少年捐助行为归因的启动效应及其对捐助行为的影响。

一、研究目的

本节以控制启动为对照组，通过掩蔽启动范式操纵特质归因词和情境归因词平衡混合线索，以捐助行为情境故事进行行为归因的测量，采用独裁者博弈游戏进行捐助行为的考察，探讨不同动机情境下青少年捐助行为的特质归因词和情境归因词平衡混合启动效应及捐助行为归因的平衡混合启动对青少年捐助行为的影响。

二、研究假设

与控制组青少年相比，特质归因词和情境归因词平衡混合启动组青少年需要权衡两种归因信息做出判断，在不同捐助动机情境下，行为内归因倾向可能减弱或增强，捐助行为水平也会发生相应的动态变化。

三、研究方法

（一）研究被试

随机选取某大学 83 名大一学生作为被试，其中，男生 42 名，女生 41 名，所有被试均为右利手，且视力或矫正视力正常。

（二）研究设计

我们采用 2（启动类型：平衡混合启动、控制启动）×3（捐助情境：利他、利己、服从）的两因素混合设计。其中，启动类型为被试间变量，捐助情境为被试内变量。因变量是不同启动条件下青少年捐助行为归因倾向和捐助行为水平。

（三）研究材料

1. 平衡混合启动条件下的启动词汇

它包括 8 个捐助行为特质归因词和 8 个捐助行为情境归因词（均来自捐助行为归因词收集预实验），控制条件采用自编的 16 个中性词。

2. 行为归因判断材料

行为归因判断材料与青少年捐助行为归因的特质启动效应实验材料相同。

3. 捐助行为判断任务

采用独裁者博弈游戏，具体与青少年捐助行为归因的特质启动效应实验相同。

（四）研究程序

研究程序与青少年捐助行为归因的特质启动效应实验程序相同，区别在于掩蔽启动任务中正式实验每种类型的启动各有 16 个试次，每个试次呈现 2 次，共 32 个试次。

四、研究结果

（一）青少年捐助行为归因的混合启动效应

首先，剔除掩蔽启动任务中错误率大于 20% 的 3 名青少年，对 80 名青少年的原始数据进行统计分析。对平衡混合启动组和控制组青少年在三种动机情境中的捐助行为归因分别与理论均值（4 分）进行单样本 t 检验，结果发现，平衡混合启动组青少年在利己情境中的捐助行为归因不存在内归因倾向，其他条件下均存在捐助行为内归因倾向，具体结果见表 5-7。

表 5-7　青少年捐助行为归因的混合启动效应

组别	情境	M	SD	FAE	t
平衡混合启动组（n=40）	总体	3.55	0.73	-0.45	-3.84***
	利他	2.96	0.71	-1.04	-9.23***
	服从	3.65	0.99	-0.35	-2.24*
	利己	4.05	1.04	0.05	0.30
控制启动组（n=40）	总体	3.10	0.76	-0.90	-7.45***
	利他	2.55	0.72	-1.45	-12.68***
	服从	3.16	1.18	-0.84	-4.47***
	利己	3.59	0.98	-0.41	-2.66*

我们以两组被试在三种动机情境中的捐助行为归因为因变量，进行 2（启动类型：平衡混合启动、控制启动）×3（捐助情境：利他、利己、服从）的重复测量方差分析。研究结果显示，启动类型主效应显著，F（1，78）=7.35，p<0.01，平衡混合启动组青少年捐助行为内归因倾向显著低于控制启动组；情境类型主效应显著，F（2，156）=44.01，p<0.001，事后多重比较发现，青少年利他情境与服从情境下的捐助行为归因差异显著，t（79）=-6.08，p<0.001，利他情境中捐助行为内归因倾向显著高于服从情境中捐助行为内归因倾向；青少年利他情境与利己情境下捐助行为归因差异显著，t（79）=-9.10，p<0.001，利他情境中捐助行为内归因倾向显著高于利己情境中捐助行为内归因倾向；青少年服从情境与利己情境下捐助行为归因差异显著，t（79）=-3.54，p<0.01，服从情境中捐助行为内归因倾向显著高于利己情境内归因倾向；启动类型与情境类型的交互作用不显著，F（2，156）=0.06，p>0.05。

（二）青少年捐助行为的混合启动效应

平衡混合启动组和控制启动组青少年在三种不同动机情境下捐助行为的描述性数据见表 5-8。

表 5-8　青少年捐助行为的混合启动效应（$M\pm SD$）

组别	n	利他情境	服从情境	利己情境	总均分
平衡混合启动组	40	4.63±1.36	3.53±1.79	2.84±1.40	3.66±1.14
控制启动组	40	3.99±1.89	3.18±1.53	2.44±1.05	3.20±1.05

我们以两组被试在三种动机情境中的捐助行为为因变量，进行 2（启动类型：平衡混合启动、控制启动）×3（捐助情境：利他、利己、服从）的重复测量方

差分析。研究结果显示，启动类型主效应不显著，$F(1, 78) = 3.58$，$p > 0.05$，平衡混合启动组的捐助行为水平与控制组的捐助行为水平差异不显著；情境类型主效应显著，$F(2, 156) = 32.81$，$p < 0.001$，事后多重比较发现，利他情境与服从情境之间的捐助行为水平差异显著，$t(79) = 4.31$，$p < 0.001$，利他情境中捐助行为水平显著高于服从情境捐助行为水平；利他情境与利己情境之间的捐助行为水平差异显著，$t(79) = 8.38$，$p < 0.001$，利他情境中的捐助行为水平显著高于利己情境中的捐助行为水平；服从情境与利己情境之间的捐助行为水平差异显著，$t(79) = 3.64$，$p < 0.01$，服从情境中的捐助行为水平显著高于利己情境中的捐助行为水平；启动类型与情境类型的交互作用不显著，$F(2, 156) = 0.28$，$p > 0.05$。

（三）捐助行为归因混合启动对捐助行为的影响

我们对平衡混合启动组青少年捐助行为归因倾向与捐助行为进行相关分析，结果发现，平衡混合启动组青少年捐助行为归因倾向与捐助行为相关显著，$r = -0.510$，$p < 0.01$。另外，分别以平衡混合启动组青少年的捐助行为归因倾向为预测变量，以捐助行为为因变量进行回归分析，结果表明，平衡混合启动组青少年捐助行为归因对捐助行为有显著的预测作用，具体结果见表 5-9。

表 5-9 捐助行为归因混合启动对捐助行为的影响（Enter）

	情境	R^2	F	B	SE	t
平衡混合 启动组 （n=40）		0.354	6.568**			
	利他			−0.855	0.354	−2.412*
	服从			0.238	0.256	0.930
	利己			−0.507	0.190	−2.661*

（四）捐助行为归因与捐助行为启动效应的比较

青少年捐助行为归因的特质启动效应、情境启动效应、平衡混合启动效应的研究均以控制启动组为对照组，以不同启动条件下不同动机情境中的捐助行为归因和捐助行为为因变量，因此，将以上三个研究进一步整合为组间变量，对不同动机情境中捐助行为归因和捐助行为启动效应进行整合比较，也就是进行 3（启动组：特质启动组、平衡混合启动组、情境启动组）×3（动机情境：利他、利己、服从）的两因素混合设计方差分析。

1. 捐助行为归因启动效应的整合比较

特质启动组、平衡混合启动组、情境启动组青少年在不同动机情境中的捐助行为归因倾向的描述性数据见表 5-10。

表 5-10　三组被试在不同情境下的捐助行为归因（$M \pm SD$）

启动组	n	利他情境	服从情境	利己情境
特质启动组	40	1.86 ± 0.64	2.79 ± 0.84	3.20 ± 0.72
平衡混合启动组	40	2.96 ± 0.71	3.65 ± 0.99	4.05 ± 1.04
情境启动组	48	3.19 ± 1.28	5.14 ± 1.09	5.73 ± 1.18

我们以三组被试捐助行为归因为因变量，进行 3（启动组：特质启动组、平衡混合启动组、情境启动组）×3（动机情境：利他、利己、服从）的重复测量方差分析。研究结果显示，启动组别主效应显著，$F(2, 125)=74.62, p<0.001$，进一步进行组间比较发现，特质启动组捐助行为内归因倾向显著高于平衡混合启动组和情境启动组，平衡混合启动组捐助行为内归因倾向显著高于情境启动组，也就是说，平衡混合启动组被试的捐助行为内归因倾向介于特质启动组与情境启动组之间；动机情境主效应显著，$F(2, 250)=184.47, p<0.001$，事后比较发现，利他动机情境下被试捐助行为内归因倾向显著高于服从动机情境和利己动机情境下捐助行为内归因倾向，$t(127)=8.27, t(127)=12.50, ps<0.001$；服从动机情境下捐助行为内归因倾向显著高于利己动机情境下捐助行为内归因倾向，$t(127)=4.37, p<0.001$。

启动组别和动机情境的交互作用显著，$F(4, 250)=15.87, p<0.001$，简单效应检验发现，在利他动机情境条件下，启动组别组间差异显著，$F(2, 125)=23.35, p<0.001$，事后检验表明，在利他动机情境条件下，特质启动组捐助行为内归因倾向显著高于平衡混合启动组与情境启动组的捐助行为内归因倾向，而平衡混合启动组和情境启动组的捐助行为内归因倾向差异不显著；在服从动机情境条件下，启动组别的组间差异显著，$F(2, 125)=64.66, p<0.001$，事后检验发现，在服从动机与利己动机情境条件下，特质启动组的捐助行为内归因倾向均显著高于平衡混合启动组与情境启动组的捐助行为内归因倾向，平衡混合启动组的捐助行为内归因倾向显著高于情境启动组的捐助行为内归因倾向。在利己动机情境条件下，启动组别组间差异显著，$F(2, 125)=71.76, p<0.001$，特质启动组、平衡混合启动组和情境启动组被试在利己动机情境条件下的差异均显著，见

图 5-3。

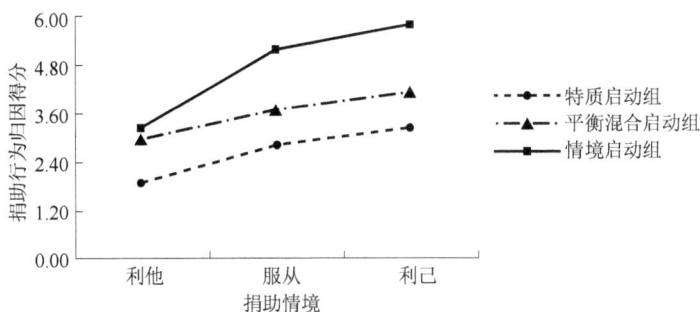

图 5-3　三组被试在不同捐助情境下的捐助行为归因

2. 捐助行为启动效应的整合比较

特质启动组、情境启动组、平衡混合启动组青少年在不同动机情境中的捐助行为的描述性数据见表 5-11。

表 5-11　三组被试在不同情境下的捐助行为（$M \pm SD$）

启动组	n	利他情境	服从情境	利己情境
特质启动组	40	5.84±1.65	4.01±1.25	3.48±1.38
平衡混合启动组	40	4.62±1.36	3.53±1.79	2.84±1.40
情境启动组	48	3.48±1.36	2.34±1.38	1.74±1.03

我们以三组被试捐助行为为因变量，进行 3（启动组：特质启动组、平衡混合启动组、情境启动组）×3（动机情境：利他、利己、服从）的重复测量方差分析。结果显示，启动组别主效应显著，$F_{(2, 125)} = 41.71$，$p < 0.001$，进一步进行组间比较发现，特质启动组捐助行为水平显著高于平衡混合启动组和情境启动组捐助行为水平，平衡混合启动组捐助行为水平显著高于情境启动组捐助行为水平；动机情境主效应显著，$F_{(2, 250)} = 86.39$，$p < 0.001$，事后比较发现，利他动机情境下被试的捐助行为水平显著高于服从动机情境和利己动机情境下被试的捐助行为水平，$t_{(127)} = 8.27$，$t_{(127)} = 12.50$，$ps < 0.001$；服从动机情境下的被试捐助行为水平显著高于利己动机情境下被试的捐助行为水平，$t_{(127)} = 4.37$，$p < 0.001$；二者的交互作用不显著，$F_{(4, 250)} = 1.36$，$p > 0.05$。

五、讨论分析

本节采用与捐助行为归因的特质启动效应同样的范式进行掩蔽启动研究，启动刺激采用以相同比例呈现捐助行为特质归因词和情境归因词的平衡混合启动刺激，考察青少年捐助行为内归因倾向与捐助行为。本节研究结果表明，平衡混合启动组青少年在利己情境下的捐助行为内归因倾向消失了，而在利他和服从情境条件下青少年仍然存在捐助行为内归因倾向，说明青少年在平衡混合启动条件下依旧倾向于捐助行为的内归因。以往研究指出，当混合启动不同信息时，同时启动了不同的认知表征，信息知觉的显著性增强，此时个体需要根据不同信息进行分类归因（Benet-Marthiez et al., 2006）。Hamilton（1986）的研究也表明，与偏情境和偏个人启动条件相比，在特质和情境信息平衡混合启动的条件下，被试倾向于回忆出更多的归因信息。其原因可能是被试无法对平衡混合启动条件下的归因任务进行选择性信息加工，而是通过激活个体头脑中潜在的知识构念进行归因信息的深加工。本节的研究还发现，启动类型主效应显著，平衡混合启动组的捐助行为内归因倾向显著低于控制启动组的捐助行为内归因倾向，平衡混合启动组的捐助行为水平与控制组的捐助行为水平的差异不显著，说明平衡混合启动的确激活了被试的特质归因和情境归因，使得被试的特质归因和情境归因均不凸显，相应地，平衡混合启动组的捐助行为水平与控制组的捐助行为水平差异也不显著。

本节的研究结果表明，在利他情境条件下青少年捐助行为内归因倾向显著高于服从情境和利己情境条件下的捐助行为内归因，与已有研究结果相吻合（Reeder et al., 2004）。这说明利他情境激活了被试的道德思想与道德境界，对个体进行归因时更多考虑其道德人格与道德品质，做出的捐助行为归因倾向于内归因已不言而喻。相应地，青少年在利他情境下的捐助行为水平显著高于服从情境和利己情境，说明道德人格与道德品质的内在人格归因已经影响了青少年的捐助行为。

第四节　综合讨论

本章的研究结果显示，在三种动机情境下，启动特质或情境线索信息，青少年的捐助行为内归因增大或减小，随后的捐助行为水平相应地提高或降低；而平衡混合启动两种信息时，青少年的捐助行为内归因倾向仍有所减弱，其捐助行为水平也随之降低；捐助行为归因对捐助行为水平的预测作用显著。本节将从以下三方面对捐助行为归因的启动效应及其机制进行分析。

一、捐助行为归因的启动效应

本章首先通过预实验评定出捐助行为特质归因词和情境归因词，并编制捐助行为情境故事，以保证实验材料的适用性和有效性。正式实验中采用掩蔽启动范式和情境故事，考察青少年捐助行为归因的启动效应，通过独裁者游戏测量青少年捐助行为。

总体上看，在特质启动条件下，青少年捐助行为内归因倾向显著强于控制组，即存在捐助行为归因的特质启动效应；在情境启动条件下，青少年捐助行为内归因倾向显著弱于控制组，即存在捐助行为归因的情境启动效应；在平衡混合启动条件下，青少年捐助行为内归因倾向比控制组有所减弱，即存在捐助行为归因的平衡混合启动效应。结果一致表明，青少年捐助行为归因具有启动效应，与已有研究结果相一致（Bargh et al., 1996; Hamilton, 1986）。Leyens 等（1996）的研究认为，若行为归因所激发的概念在个体将要进行的行为归因中具有适用性，就会产生归因的内在固着，出现捐助行为内归因倾向。本章中捐助行为归因启动效应的出现，说明启动刺激加强了某种归因线索信息的突显性，激活了个体头脑中潜在的特质或情境知识结构，并在随后的捐助行为归因中暂时通达，使其基于启动刺激做出与线索信息相一致的行为归因，表现出捐助行为内归因倾向的强弱变化。Gilbert 和 Malone（1995）的归因整合模型认为，缺乏对情境约束信息的知觉是产生捐助行为内归因倾向的原因之一。另外，提高情境约束信息的显著性，可以减少行为内归因偏向（Trope and Gaunt, 2000）。个人因素在人类知觉中占据优势地位，本身就容易获得个体的内在关注，产生行为内归因偏向，阈下特质启动增强了行为内归因偏向的程度，阈下情境启动减弱了行为内归因偏向的程度，阈下平衡混合启动增强或减弱了行为内归因偏向的程度。以往研究指出，混合信息启动同时激活了不同的认知表征，归因者会根据不同的线索信息进行分类归因（Chiu and Cheng, 2007）。在平衡混合启动条件下，青少年需要权衡两种归因信息，需要比单一特质启动和单一情境启动条件下付出更多的认知努力。本章中的平衡混合启动特质归因词和情境归因词无疑给青少年捐助行为归因判断造成了干扰，青少年难以进行选择性信息加工，而是耗费更多的认知资源进行信息的深加工，捐助行为情境约束信息对捐助行为特质归因进行了不充分的校正。因此，本章中平衡混合启动条件下的捐助行为内归因偏向有所减弱，但并未完全消失。

此外，本章还考察了启动刺激是否对青少年的捐助行为产生了无意识的影响，结果表明，不同启动刺激对捐助行为的影响不同。总体上而言，特质启动组青少年的捐助行为水平显著高于控制组；情境启动组青少年的捐助行为水平显著低于控制组；平衡混合启动组青少年的捐助行为水平比控制组有所降低，说明捐助行为具有启动效应，与以往研究结果相一致（Bargh et al., 1996）。本章启动刺激所激活的捐助行为的特质概念、情境概念对捐助行为产生了重要的影响。已有研究表明，积极道德特质启动会提高随后的捐助行为水平（迟毓凯，2005），消极道德特质启动会降低随后的捐助行为水平（Sachdeva et al., 2009）。正性特质启动组青少年捐助数额显著高于负性特质启动和中性启动组（李谷等，2013），说明特质启动信息影响了个体的助人行为。本章的研究结果也印证了捐助行为的特质和情境启动效应。然而，与以往研究不同的是，本章还检验了平衡混合启动条件下捐助行为水平的变化。在实际生活中，人们经常要面对行为的混合信息，所以在混合启动条件下对捐助行为的研究更具有实际意义。

二、不同动机情境下捐助行为归因的启动效应

本章在捐助行为情境故事中加入了不同的行为动机线索，构成了不同的动机情境，目的是考察不同动机情境下捐助行为归因与捐助行为的启动效应。本章的研究结果一致表明，捐助行为归因的动机情境主效应显著，利己动机、服从动机和利他动机情境下的捐助行为内归因倾向顺序增强。行为归因的动机性观点强调，行为归因总是与特定的行为事件动机相联系，动机因素必然会影响个体的行为归因。Fein 等（1990）在研究中通过附加信息呈现归因范式中文章作者的写作动机，如教授要求写某一立场的文章，证明了归因的动机模型。Reeder 等（2005）的研究表明，人们倾向于将知觉到的消极动机归因于与自己持不同观点的人。本章中青少年倾向于对有积极动机（利他）的个体捐助行为进行内在特质归因，而对具有消极动机（利己）的捐助行为进行情境外归因。多重推理模型认为，对于意图行为的归因，个体首先通过情境线索识别行动者的行为动机，做出动机推理，然后再进一步形成特质归因。

本章的研究发现，动机情境与启动类型的交互作用显著，在利己、服从、利他动机情境下，情境启动组的捐助行为归因倾向均显著高于控制组，情境启动组青少年在服从动机、利己动机和利他动机情境中的捐助行为内归因倾向依次增强，但是对捐助行为的检验并未发现二者之间的交互作用。我们认为，捐

助个体注意到了情境中潜在的行为动机，基于动机推理形成了归因判断。青少年作为观察者对情境故事主人公的捐助行为进行归因，从行动者—观察者归因偏差的角度来看，观察者对行动者的积极行为进行内归因，而对行动者的消极行为进行外归因，在一定程度上可以解释青少年积极动机情境中的捐助行为内归因倾向。另外，根据折扣原则，当某一行为原因存在明显的外部因素时，知觉者对行动者从事该行为的内部动机会打折扣。所以，没有外部原因推动的行动者最愿意助人，外部动机越强，行动者的内部动机越弱，捐助行为内归因倾向降低，捐助行为减弱。

三、捐助行为归因对捐助行为的影响

本章的研究结果表明，捐助行为归因与捐助行为显著相关，进一步回归分析发现，捐助行为归因对个体捐助行为有显著的预测作用。具体而言，在特质启动条件下，捐助行为归因对捐助行为有显著的预测作用，青少年越倾向于内在归因，越会表现出更多的捐助行为，捐助行为归因的特质启动效应强化了个体的捐助行为；在情境启动条件下，捐助行为归因对捐助行为的预测作用显著，青少年越倾向于对他人的捐助行为进行外部情境归因，捐助行为越少，捐助行为归因的情境启动效应弱化了个体的捐助行为；在平衡混合启动条件下，捐助行为归因对捐助行为的预测作用显著，即由于不完全的情境校正，青少年仍然倾向于外归因，捐助行为内归因倾向减弱，捐助行为水平也随之降低。已有研究表明，归因是影响捐助行为的重要因素（Sargeant and Woodliffe, 2007）。本章印证了不同归因倾向对捐助行为的作用，即捐助行为内归因会提高个体捐助行为水平，而捐助行为外归因会降低个体捐助行为水平。

第六章

跨情境下青少年捐助行为归因的心理机制

　　经典归因理论聚焦于普通人利用客体信息积极地对行为事件进行逻辑因果推断，为客观世界构建起连续、有效、有意义的解释。研究者最早采用差异法研究共变情境信息在行为归因中的作用，认为在一致性低、区别性低、一贯性高的信息模式下，被试倾向于做出个人归因；在一致性高、区别性高、一贯性低的信息模式下，被试倾向于做出环境归因。后来的研究者采用差异法和契合法，从相互作用与相互关系的角度，将共变情境信息和原因维度结合起来进行研究，证明了对应推断连锁的存在（Van Overwalle and Van Rooy, 1998）。显然，研究者强调客体信息的理性归因过程，而忽略了主体信念的非理性归因过程。归因偏差研究的兴起使得研究者注重个体主观感受、情绪、认知等因素对因果判断的影响，不可避免地会带上强烈的主观色彩，从而对行为归因进行错误推断和扭曲解释。例如，被试缺乏对环境信息限制条件的知觉、对行为的不切实际期望、实体渐变信念都会影响归因偏差（Gilbert and Malone, 1995）。可见，主体信念在行为归因中的作用不容忽视。

　　偏逻辑信息的归因理论强调客体信息对行为归因的作用，关注的是行为归因自下而上的加工过程，偏主体信念的归因理论强调主体信念对行为归因的作用，关注的是行为归因自上而下的加工过程，无论是哪种加工形式，都是从各自孤立的角度研究行为归因，不足以表达个体心理和行为研究的生态效度。那么，当客体信息与主体信念并存时，个体依据客体信息进行行为归因还是依据主体信念进行行为归因，抑或是客体信息与主体信念交互影响行为归因？假如客体信息与主体信念交互影响行为归因，那么客体信息与主体信念在各自不同水平上如何发挥作用？已有研究提出，共变信息中的理性归因与主体信念中的利己归因是并存的（刘永芳，2010）。国内研究者发现了共变信息中个体做与不做行为中的自利归因（马伟军，2011），但缺乏主体信念对行为归因的影响，更缺乏客体信息与主体信念对捐助行为的交互作用。总之，以往研究尤其重视情境因素在行为归因和具体行为中的作用，具体表现如下。

首先，情境因素独立影响行为归因。归因理论和归因偏向理论均强调情境的作用。偏逻辑信息的归因理论强调，行为归因是一个理性的过程，主要受共变信息、线索信息等客体情境信息的影响，客体情境信息是行为归因的主要内容来源（Kelley, 1973）。Jones 和 Davis（1965）甚至认为，个体拥有的情境线索信息越多，对行为做出的外在归因就越强，而且被试在自由线索情境条件和迫选线索情境条件下的行为归因不同。偏主体信念的归因偏向理论，强调行为归因是一个非理性的过程，主要受群体认同、群体信念等主体信念的影响，但也受情境线索的影响。主体信念使行为归因成为自动化的、简洁的过程，情境线索也使被试的归因偏向具有情境依赖性。所以，不同情境线索条件下个体的行为归因及其归因偏向不同，个体会采用不同的情境信息指导自己的认知和行为。

其次，情境因素独立影响捐助行为，即捐助行为具有特定的情境性。研究发现，紧急情境下个体的捐助行为更多（Graziano et al., 2007）。尽管以往研究在模拟情境下进行研究，模拟情境是一个预设的场景和刺激，但模拟情境下被试的捐助行为可能迁移于直接的、自发的真实情境。在一项关于"酒后没有醉的情况下是否可以驾车"的道德两难判断中，正在真实情境中喝酒的大学生倾向于道德结果的判断，而没有经历此情境的大学生则倾向于道德规则的判断（Denton and Krebs, 1990）。有研究认为，当捐助情境匿名时，个体会更愿意实施帮助行为（Shapiro, 1983）。张向葵等（1996）的研究结果表明，个体的助人行为普遍存在于非紧急情境，在此情境下，大多数人都愿意提供帮助，但紧急情境下的助人行为水平则明显降低。情境匿名性更容易使个体产生去个性化倾向，表现出遵从实验预期的态度和行为（Fox et al., 2013）。由此可见，不同情境下个体的捐助行为不同。我们认为，由于捐助情境的复杂性，匿名情境下的捐助行为显然不同于公开情境下的捐助行为，紧急情境下的捐助行为显然不同于非紧急情境下的捐助行为，匿名情境和紧急情境下的捐助行为也不同于社会意外灾难情境下的救助，更不同于家庭困难情境下的经济支援。

最后，归因影响捐助行为的情境性。如前所述，归因和捐助行为均受情境因素的影响，然而鲜有研究关注归因影响捐助行为的情境性，即归因和情境对捐助行为的共同作用机制。在归因对捐助行为的作用机制中，情境是不可或缺的一个因素，个体的行为往往取决于其对特定环境的认知建构，要想了解个体真实的内部心理活动，就必须要结合具体的情境信息进行综合考虑。可以说，个体的社会行为是个体认知与情境联合的产物。为此，关注归因和情境对捐助行为的共同作用机制更具合理性。以往许多理论模型都强调了道德情境通过对道德直觉或道德推理和道德归因的作用继而影响后续的道德判断，虽然并未直接说明道德情境对道德行为归因的影响，但道德行为归因作为认知或推理的重要成分，理应受到情境的影响和作用。

可见，以上研究均强调情境独立因素在归因与行为中的作用，而交互作用论强调环境、个体和行为的相互关系和相互作用。个体行为与环境是一种互相作用、交互影响的关系，由此所构成的是一个不断发展变化的、动态的系统。任何行为背后的因果关系都只有在这一交互作用、发展变化的动态系统中才能够得以实现，也只有在这一相互过程中，个体的行为反应才变得有意义（刘杰和孟会敏，2009）。所以，情境是个体进行认知活动的一个关键线索，认知过程并非单纯地发生于个体内部，而是必须要通过一定的实践活动，也就是通过与特定环境的相互作用产生的。认知心理学之父 Neisser 早在 1976 年就提出，个体的认知知觉是实时的，往往发生于具体的环境之中，可以说归因与外部情境是紧密相连的。这打破了以往心理学研究脱离情境、脱离实际生活的状态。在现实生活中，任何活动都是有具体目标的，且具有独特性。因此，认知归因的过程既要包括内在特质（如认知者的动机、态度等），也要包括外部情境（如物理条件、文化背景等）。

由上可知，对行为的归因和解释必须同时考虑情境因素和个人因素，孤立的情境因素或个人因素都不是对行为进行归因和解释的唯一标准。客体信息和主体信念共同参与行为归因的过程也符合一般的认知规律，对于我们理解行为归因的加工过程非常重要。毕竟，行为归因是一个体现个体主体信念、社会性的过程，不能将它独立为客体信息的影响过程。交互作用理论将个体心理和行为置于情境因素和个体信念之中，值得我们在行为归因研究中进行借鉴。本章基于匿名情境和紧急情境，考察信念通过认知归因的中介作用对捐助行为所产生的影响，以及价值取向与归因的交互作用对捐助行为所产生的影响。同时，本章还通过设置不同情境来具体考察青少年捐助行为背后的归因机制及其对后续行为的影响，以便为捐助行为提供理论证据，还将为开展捐助行为教育干预提供参考。

第一节　捐助行为情境故事评定

一、紧急捐助行为情境故事的评定

本节从中国文明网上选取了 6 个见义勇为的故事，并结合紧急事件应当满足的 4 个条件(事件突然而意外地发生；受难者体验到了威胁和危害；时间越长，受到威胁或危害的可能性越大；受难者完全无助)(迟毓凯，2005)，改编出了 6 个紧急情境捐助行为故事。

我们选取宁夏某职业技术学校 30 名学生作为被试，其中，男生 12 名，女生 18 名，对 6 个紧急情境捐助行为故事进行评定，主要对 6 个紧急情境捐助行为故事的典型性和适合性进行评定，问卷为 5 等级记分(1= 完全不典型、完全不适合，5= 非常典型、非常适合)。紧急情境捐助行为故事评定的描述性统计结果见表 6-1。

表 6-1　紧急情境捐助行为故事的评定（$M \pm SD$）

故事编号	适合性	典型性
1	3.63±0.93	3.87±0.94
2	4.00±0.95	4.30±0.88
3	3.47±1.14	3.53±1.20
4	4.20±0.89	4.47±0.82
5	3.53±1.14	3.60±0.89
6	3.93±1.08	4.03±0.96

单样本 t 检验结果发现，6 个紧急情境捐助行为故事适合性评定的平均数都显著高于理论均值 3 分，分别为 $t(29)=3.74$，$t(29)=5.79$，$t(29)=2.25$，$t(29)=7.41$，$t(29)=2.57$，$t(29)=4.73$，$ps<0.05$；6 个紧急情境捐助行为故事典型性评定的均值也都显著高于 3 分，分别为 $t(29)=5.07$，$t(29)=8.12$，$t(29)=2.44$，$t(29)=9.81$，$t(29)=3.67$，$t(29)=5.87$，$ps<0.05$。这说明这些捐助行为情境故事是典型的紧急情境故事，是适合作为紧急情境捐助行为研究的实验材料。

二、公开和匿名捐助行为情境故事的评定

在第三章预实验的基础上，选定 6 个一般捐助行为情境故事，以能否看到捐助者的相关信息为原则来区分公开和非公开(刘肖岑等，2011)，进行公开和匿名情境捐助行为故事的改编。

我们选取宁夏某职业技术学校 60 名学生作为被试，其中，男生 29 名，女生 31 名。一半被试进行公开捐助行为情境故事的评定，另一半被试进行匿名捐助行为情境故事的评定。向被试分别发放公开捐助行为情境故事评定问卷和匿名捐助行为情境故事评定问卷，请被试分别对 6 个捐助行为情境故事进行典型性和适合性的评定，问卷为 5 等级记分(1= 完全不典型、完全不适合，5= 非常

典型、非常适合）。

60 名学生对 6 个公开捐助行为情境故事和 6 个匿名捐助行为情境故事评定的描述性统计结果见表 6-2。

表 6-2 公开和匿名捐助行为情境故事的评定（$M \pm SD$）

故事编号	适合性		典型性	
	公开	匿名	公开	匿名
1	3.43±0.82	3.70±0.60	3.73±0.87	3.73±0.69
2	3.83±0.83	3.80±0.55	4.03±0.85	3.83±0.70
3	3.40±0.93	3.70±0.60	3.60±0.97	3.70±0.75
4	4.10±0.80	4.07±0.74	4.20±0.71	4.07±0.69
5	3.53±0.94	3.77±0.82	3.70±0.92	3.83±0.75
6	3.97±0.85	4.13±0.63	3.83±1.02	3.70±0.79

单样本 t 检验结果发现，6 个公开捐助行为情境故事适合性评定的平均数都显著高于理论均值 3 分，分别为 $t(29)=2.90$，$t(29)=5.47$，$t(29)=2.35$，$t(29)=7.50$，$t(29)=3.12$，$t(29)=6.23$，$ps<0.05$；6 个公开捐助行为情境故事典型性评定的均值也都显著高于 3 分，分别为 $t(29)=4.63$，$t(29)=6.66$，$t(29)=3.39$，$t(29)=9.20$，$t(29)=4.19$，$t(29)=4.48$，$ps<0.05$。这说明这些故事是典型的公开捐助行为情境故事，适合作为公开捐助行为情境研究的实验材料。

单样本 t 检验结果发现，6 个匿名捐助行为情境故事适合性评定的平均数都显著高于理论均值 3 分，分别为 $t(29)=6.43$，$t(29)=7.95$，$t(29)=6.43$，$t(29)=7.90$，$t(29)=5.14$，$t(29)=9.87$，$ps<0.05$；6 个匿名捐助行为情境故事典型性评定的均值也都显著高于 3 分，分别为 $t(29)=5.81$，$t(29)=6.53$，$t(29)=5.11$，$t(29)=8.45$，$t(29)=6.11$，$t(29)=4.83$，$ps<0.05$。这说明这些故事是典型的匿名捐助行为情境故事，适合作为匿名捐助行为情境研究的实验材料。

第二节 跨情境下青少年捐助行为归因的作用机制

以往的研究发现，紧急情境下个体的捐助行为更多（Graziano, et al., 2007）；还有研究认为，个体的助人行为普遍存在于非紧急情境（张向葵，1996）。这些研究强调了情境在捐助行为中的重要作用，但缺乏对跨情境下捐助行为原因机制的探索及对情境之间的相互整合和作用机制的探讨。所以，本节通过设置不同情境来具体考察青少年捐助行为背后的原因机制及其对后续行为的影响。

一、研究目的

探查跨情境下具有不同捐助信念的青少年捐助行为归因的特点及其对捐助行为的影响，并揭示情境和价值取向在其中的中介作用和调节作用。

二、研究假设

紧急与非紧急情境下青少年的捐助行为归因倾向和捐助行为不同；青少年捐助行为归因在捐助信念与捐助行为之间起中介作用，且捐助行为归因受情境因素的调节；青少年捐助行为归因在捐助信念与捐助行为之间起中介作用，且捐助行为受价值取向的调节。拟建立的研究假设模型见图 6-1。

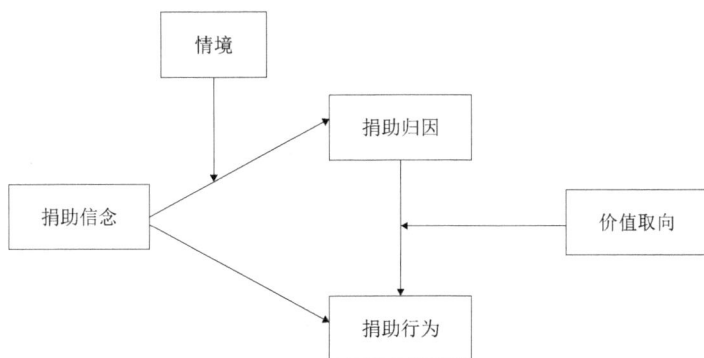

图 6-1　研究假设模型

三、研究方法

（一）研究被试

我们采用整群抽样的方法抽取宁夏某职业技术学院高职班 5 个系（每个系 3 个班）的 500 名学生作为被试，发放问卷 500 份，共回收有效问卷 423 份，其中，男生 228 名，女生 195 名，有效回收率为 85%。

（二）研究材料

1. 捐助信念问卷

依据吴明证（2004）的研究，本节选用捐助信念的重要性和捐助信念的可接近性作为捐助信念强度的两个指标，信念重要性和信念可接近性测量的总分表示捐助信念强度，分值大于等于平均分为高捐助信念组，小于平均分则为低捐助信念组。捐助信念重要性问卷包含 4 道 9 点记分的题目，表示个体对捐助信念的重视程度，其中"1"表示"非常不赞同"，"9"表示"非常赞同"，其中第 2、3 题为反向记分，将被试的总分作为信念重要性的指标，总分越高，则信念对被试越重要。捐助信念可接近性问卷也包括 4 道 9 点记分的题目，表现个体思考或接触社会道德问题的频繁性，"1"表示"非常不赞同"，"9"表示"非常赞同"，其中第 3、4 题为反向记分，总分作为信念可接近性指数，总分越高，则个体的信念可接近性越高。该问卷本次测量的 α 系数为 0.84，具体问卷见附录七。

2. 社会价值取向矩阵

我们采用 De Dreu 和 McCusker（1997）的三重对策矩阵，共设置了 12 种决策，选择社会型决策记 1 分，选择个人型和竞争型决策记 0 分。根据 De Dreu 与 McCusker 区分被试类型的方法，将社会价值取向得分高于 7 分的被试作为亲社会价值取向者，将社会价值取向得分低于 6 分的被试作为亲个体价值取向者。该矩阵本次测量的 α 系数为 0.80，具体问卷见附录八。

3. 捐助行为独裁者游戏

借鉴 Oswald（2002）的模式，该研究模式为游戏模式，主要采用博弈独裁的方式来表现捐助行为，实验中有两个角色，一个角色为独裁者，另一个角色为接受者，捐助行为主要有两种，即金钱捐助和时间捐助。进入游戏实验后，被试模拟独裁者，并且拥有 1000 元的捐助金额和 10 小时的捐助时间，而对接受者不给予任何捐助金额和捐助时间，只能被动接受独裁者的捐助金额和捐助时间。如果模拟的独裁者决定捐助金额为 X 元和捐助时间为 Y 小时，那么接受者将获得 3 倍的收益，即 $3X$ 元的捐助金额和 $3Y$ 小时的捐助时间。该实验的模拟独裁者可以任意规定捐助金额和捐助时间，捐献等级为 10 级，依次为 0，1，…，10，分别对应的捐助金额为 0 元，100 元，200 元，…，1000 元；对应的捐助时间分别为 0 小时，1 小时，…，10 小时，捐助金额和捐助时间数字越大，表示被试的捐助行为水平越高。

4. 捐助行为归因判断

这里主要对紧急捐助情境故事和非紧急捐助情境故事中主人公的捐助行为

归因进行判断，紧急捐助情境故事通过评定获得，非紧急捐助情境故事从预实验中选取 6 个。

（三）研究程序

我们将捐助信念问卷、社会价值取向矩阵、捐助行为归因判断问卷、捐助行为独裁者游戏问卷整理成册发放给被试，紧急情境组和非紧急情境组各250 份。

四、研究结果

（一）跨情境下青少年捐助行为归因和捐助行为

跨情境下青少年捐助行为归因和捐助行为的平均数与标准差见表 6-3。

表 6-3　跨情境下青少年捐助行为归因和捐助行为（$M\pm SD$）

项目	紧急情境	非紧急情境
归因倾向	4.19±1.48	3.05±1.15
捐助金额	2.37±0.70	2.78±1.04
捐助时间	2.38±0.72	2.80±1.03

对紧急情境和非紧急情境下青少年捐助行为归因和捐助行为进行单因素方差分析，结果表明，紧急情境和非紧急情境下青少年捐助行为归因存在显著性差异，$F(1, 422)=79.06$，$p<0.001$，紧急情境下青少年更倾向于将捐助行为归因于外部环境，非紧急情境下青少年更倾向于将捐助行为归因于捐助者的内部人格；紧急和非紧急情境下青少年捐助行为也存在显著性差异，捐助金额差异显著，$F(1, 422)=22.24$，$p<0.001$，捐助时间差异显著，$F(1, 422)=20.88$，$p<0.001$，紧急情境下青少年的捐助金额和捐助时间均显著低于非紧急情境，以上结果表明，青少年捐助行为归因和捐助行为均存在跨情境的显著性差异。

（二）青少年捐助行为归因影响变量的相关分析

青少年捐助信念、捐助行为归因、价值取向、捐助金额和捐助时间各变量的描述性统计及相关分析见表 6-4。

表 6-4　捐助行为归因影响变量的相关分析（Enter）

变量	M	D	1	2	3	4	5	6
1. 捐助信念	0.47	0.50	—					
2. 捐助情境 [a]	0.52	0.50	0.33***	—				
3. 捐助行为归因	21.56	8.60	-0.24***	-0.40***	—			
4. 捐助金额	2.58	0.92	0.14**	0.22***	-0.20***	—		
5. 捐助时间	2.59	0.92	0.15**	0.22***	-0.19***	0.99***	—	
6. 价值取向 [b]	0.38	0.49	0.15**	0.18***	-0.19***	0.10*	0.10*	—

注：N=423；a 为捐助情境（紧急情境 =1，非紧急情境 =2），b 为价值取向（亲个人 =1，亲社会 =2）；表头中数字代表的含义同左侧，余同

表 6-4 的结果说明，青少年捐助信念、价值取向与捐助行为均呈显著正相关，相关系数在 0.10 ～ 0.15，说明捐助信念和社会价值取向越强，青少年的捐助行为越强烈；青少年捐助行为归因与捐助行为呈显著负相关，说明青少年越倾向于内部归因，其捐助行为也越积极；青少年捐助情境与捐助行为呈显著正相关，相关系数为 0.22，而捐助情境与捐助行为归因呈负相关，相关系数为 -0.40，说明青少年捐助行为归因与捐助行为及捐助情境的关系密切，以上研究结果为本节的研究假设提供了初步支持。

（三）青少年捐助行为有调节的中介效应检验

根据温忠麟等（2012）的观点，检验有调节的中介效应模型需满足四个条件，即有调节的中介效应须满足以下条件：①方程 1 中捐助信念对捐助行为的效应显著；②方程 2 中捐助情境对捐助行为归因的效应显著；③方程 3 中捐助行为归因对捐助行为的效应显著；④方程 4 中捐助信念与情境的交互项对捐助行为的效应显著（表 6-5）。

首先，将除年龄、性别等人口学变量外的其他所有变量进行标准化处理；其次，将捐助信念与情境的标准 Z 分数相乘，作为交互作用项分数（温忠麟等，2008），目的是对情境对捐助行为调节的效应进行检验；最后，通过回归分析进行捐助行为（捐助金额和捐助时间）的有调节的中介效应检验。

1. 捐助情境对捐助行为有调节的中介效应检验

捐助情境对捐助行为有调节的中介效应检验，具体结果见表 6-5 和表 6-6。

表 6-5 情境对捐助金额有调节的中介效应检验

项目	方程 1（校标：捐助金额）			方程 2（校标：捐助行为归因）			方程 3（校标：捐助金额）			方程 4（校标：捐助金额）		
	B	SE	β	B	SE	β	B	SE	β	B	SE	β
信念	0.48	0.10	0.24***	-0.24	0.09	-0.12**	0.52	0.10	0.26***	0.28	0.15	0.14*
情境	0.61	0.10	0.30***	-0.72	0.09	-0.36***	0.49	0.10	0.25***	0.28	0.14	0.34***
捐助行为归因							-0.16	0.05	-0.16**	-0.16	0.05	-0.16***
信念×情境										-0.43	0.19	-0.20*
R^2		0.10			0.17			0.12			0.13	
F		23.65***			43.44***			19.48***			15.94***	

表 6-6 情境对捐助时间有调节的中介效应检验

项目	方程 1（校标：捐助时间）			方程 2（校标：捐助行为归因）			方程 3（校标：捐助时间）			方程 4（校标：捐助时间）		
	B	SE	β	B	SE	β	B	SE	β	B	SE	β
信念	0.49	0.10	0.25***	-0.24	0.09	-0.12**	0.53	0.10	0.27***	0.30	0.15	0.15*
情境	0.60	0.10	0.30***	-0.72	0.09	-0.36***	0.48	0.10	0.24***	0.67	0.14	0.34***
捐助行为归因							-0.16	0.05	-0.16**	-0.15	0.05	-0.15*
信念×情境										-0.41	0.19	-0.19*
R^2		0.10			0.17			0.12			0.13	
F		23.75***			43.44***			19.41***			15.82***	

表 6-5 的结果表明，方程 1 中的捐助信念对捐助金额具有正向预测作用（β=0.24，t=4.88，$p<0.001$）；方程 2 中的捐助信念对捐助行为归因具有负向预测作用（β=-0.12，t=-2.60，$p<0.01$）；方程 3 中的捐助行为归因对捐助金额具有负向预测作用（β=-0.16，t=-3.18，$p<0.01$），捐助信念对捐助金额的影响也达到显著性水平（β=0.26，t=5.30，$p<0.001$），说明捐助行为归因在捐助信念与捐助金额之间起部分中介效应，由此揭示了捐助信念不仅直接影响捐助金额，而且可通过捐助行为归因对捐助金额产生间接影响；方程 4 中的捐助信念与捐助情境的交互项对捐助金额具有负向预测作用（β=-0.20，t=-2.19，$p<0.05$），捐助情境对捐助信念与捐助行为归因的关系具有调节效应，调节效应的 ΔR^2=0.01，额外解释了 1% 的变异，使解释率由 12% 提高到 13%。具体而言，捐助情境在捐助信念→捐助行为归因→捐助金额这一中介过程的前半条路径中起到了调节作用。

表 6-6 的结果表明，方程 1 中的捐助信念对捐助时间具有正向预测作用（β=0.25，t=5.04，$p<0.001$）；方程 2 中的捐助信念对捐助行为归因具有负向预测作用（β=-0.12，t=-2.60，$p<0.01$）；方程 3 中的捐助行为归因对捐助时间具有负向预测作用（β=-0.16，t=-3.12，$p<0.01$），捐助信念对捐助时间的影响仍达到显著性水平（β=0.27，t=5.45，$p<0.001$），说明捐助归因在捐助信念与捐助时间之间起到了部分中介效应，由此揭示了捐助信念不仅直接影响捐助时间，而且可通过捐助行为归因对捐助时间产生间接影响；方程 4 中的捐助信念与捐助情境的交互项对捐助时间具有负向预测作用（β=-0.19，t=-2.13，$p<0.05$），捐助情境对捐助信念与捐助行为归因的关系具有调节效应，调节效应的 ΔR^2=0.01，额外解释了 1% 的变异，使解释率由 12% 提高到 13%。具体而言，捐助情境在捐助信念→捐助行为归因→捐助时间这一中介过程的前半条路径中起到了调节作用。

为了进一步探明捐助情境和信念的相互作用对捐助行为产生的影响，绘制简单效应交互作用图，因变量分别是捐助金额和捐助时间，具体结果见图 6-2 和图 6-3。

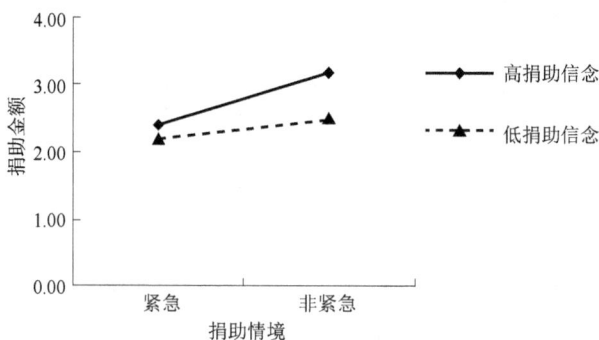

图 6-2　信念和捐助情境对捐助金额的影响

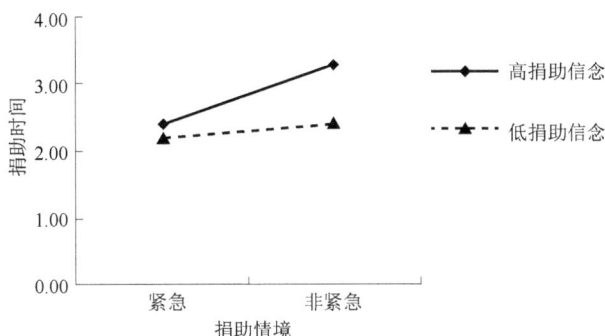

图 6-3　信念和捐助情境对捐助时间的影响

由图 6-2 可知，无论在哪种情境下，高捐助信念水平的个体捐助金额都要高于低捐助信念水平的个体；不管被试的捐助信念水平如何，非紧急情境下的捐助金额都高于紧急情境下的捐助金额；进一步的简单效应分析表明，在非紧急情境下不同捐助信念水平的个体捐助金额的差异显著，F（1，422）=16.71，$p < 0.001$。

图 6-3 的结果表明，无论在哪种捐助情境下，高捐助信念水平的个体捐助时间均长于低捐助信念水平个体；无论个体的捐助信念水平如何，非紧急捐助情境下青少年的捐助时间都长于紧急捐助情境下青少年的捐助时间，进一步的简单效应分析表明，在非紧急捐助情境下不同捐助信念水平的个体捐助时间差异显著，F（1，422）=17.45，$p < 0.001$。

2. 价值取向对捐助行为有调节的中介模型

本节对另一个潜在的调节变量也进行了分析，即价值取向对捐助行为（捐助金额和捐助时间）的有调节的中介效应检验，结果见表 6-7 和表 6-8。

表 6-7 的结果表明，方程 1 中的捐助信念对捐助金额具有正向预测作用（β=0.16，t=3.25，$p < 0.001$）；方程 2 中的捐助信念对捐助行为归因具有负向预测作用（β=-0.22，t=-4.56，$p < 0.001$）；方程 3 中的捐助行为归因对捐助金额具有负向预测作用（β=-0.23，t=-4.71，$p < 0.001$），捐助信念对捐助金额的影响仍达到显著性水平（β=0.21，t=4.27，$p < 0.001$），说明捐助行为归因在捐助信念与捐助金额之间起部分中介效应，由此揭示了捐助信念不仅直接影响捐助金额，而且可通过捐助行为归因对捐助金额产生间接影响；方程 4 中的捐助行为归因与价值取向的交互项对捐助金额的影响不显著（β=-0.08，t=-1.20，$p > 0.05$），说明价值取向的调节作用不显著，即价值取向在捐助信念→捐助行为归因→捐助金额中介过程的后半条路径中不存在调节效应。

表 6-7　价值取向对捐助金额有调节的中介效应检验

项目	方程 1（校标：捐助金额）			方程 2（校标：捐助行为归因）			方程 3（校标：捐助金额）			方程 4（校标：捐助金额）		
	B	SE	β	B	SE	β	B	SE	β	B	SE	β
信念	0.32	0.10	0.16***	-0.43	0.10	-0.22***	0.42	0.10	0.21***	0.42	0.10	0.21***
价值取向	0.24	0.10	0.12*	-0.32	0.10	-0.16***	0.17	0.10	0.08	0.16	0.10	0.08
捐助行为归因							-0.23	0.05	-0.23***	-0.18	0.06	-0.18**
价值取向 × 捐助行为归因										-0.12	0.10	-0.08
R^2		0.03			0.08			0.08			0.08	
F		7.17***			18.49***			12.40***			9.67***	

表 6-8　价值取向对捐助时间有调节的中介效应检验

项目	方程 1（校标：捐助时间）			方程 2（校标：捐助行为归因）			方程 3（校标：捐助时间）			方程 4（校标：捐助时间）		
	B	SE	β	B	SE	β	B	SE	β	B	SE	β
信念	0.33	0.10	0.17***	-0.43	0.10	-0.22***	0.43	0.10	0.22***	0.44	0.10	0.22***
价值取向	0.25	0.10	0.12**	-0.32	0.10	-0.16***	0.18	0.10	0.09	0.17	0.10	0.08
捐助行为归因							-0.23	0.05	-0.23***	-0.17	0.06	-0.17**
价值取向 × 捐助行为归因										-0.14	0.10	-0.09
R^2		0.04			0.08			0.08			0.08	
F		7.95***			18.49***			12.65***			10.00***	

表 6-8 的结果表明，方程 1 中的捐助信念对捐助时间具有正向预测作用（$\beta=0.17$，$t=3.45$，$p<0.001$）；方程 2 中的捐助信念对捐助行为归因具有负向预测作用（$\beta=-0.22$，$t=-4.56$，$p<0.001$）；方程 3 中的捐助行为归因对捐助时间具有负向预测作用（$\beta=-0.23$，$t=-4.61$，$p<0.001$），捐助信念对捐助时间的影响仍达到显著性水平（$\beta=0.22$，$t=4.45$，$p<0.001$），说明捐助行为归因在捐助信念与捐助时间之间起部分中介效应，由此揭示了捐助信念不仅直接影响捐助时间，而且可通过捐助行为归因对捐助时间产生间接影响；方程 4 中的捐助行为归因与价值取向的交互项对捐助时间的影响不显著（$\beta=-0.09$，$t=-1.40$，$p>0.05$），说明价值取向的调节作用不显著，即价值取向在捐助信念→捐助行为归因→捐助时间中介过程的后半条路径中不存在调节效应。

五、讨论分析

本节的研究结果表明，在紧急和非紧急情境下青少年捐助行为归因是不同的，对后续的捐助行为的影响也是不同的，这一结果验证了本书的研究假设。具体来说，在紧急捐助情境下，青少年更倾向于将捐助行为归因于外部环境，而在非紧急捐助情境下，青少年则更倾向于将捐助行为归因于内部人格。这是因为在一般捐助情境下，捐助情境信息和行为者的行为是相符合的，所以青少年倾向于对此行为做出一致的内在特质推理；而相比于一般捐助情境，具有显著特征的紧急捐助情境使得青少年在对行为者的行为进行因果推理时，不易产生一致的推理结果，所以他们更倾向于将捐助行为归因于外部捐助情境，这与 Jones 和 Davis（1965）的归因理论是一致的。

刘永芳（2010）关于归因的背景效应的假设也认为，一般个体都会根据一定的背景或是参照某种特定框架对行为事件进行归因。捐助情境不同，对行为事件的解释角度不同，对行为结果的归因就会不同。在紧急捐助情境下，无论是青少年的捐助金额还是捐助时间都显著少于非紧急捐助情境，这与张向葵（1996）和闵昌运等（2013）的研究结果也是一致的。已有研究表明，紧急捐助情境下个体的助人行为要少于非紧急捐助情境，这是因为在紧急事态发生时，个体决定是否要介入，需要经历一个从认知到行动的过程（Lantané and Darley, 1970）。个体为帮助他人而愿意付出的代价是有限的，当认知到代价过高时就会降低其帮助他人的愿望，从而减少助人行为。紧急捐助情境恰好比一般情境具有更大的风险，自然个体所付出的代价会更大，而且出于自我保护意识的制约，紧急捐助情境下个体的助人行为自然要少得多（张向葵等，1996；闵昌运等，2013）。

我们通过进一步分析得知，捐助行为归因在捐助信念和捐助行为（包括

捐助金额和捐助时间）之间起到了中介作用，这与大部分前人的研究结论一致
（Weiner, 2000；张爱卿等, 2005；夏勉和江光荣, 2007）。青少年捐助情境在捐
助信念与捐助行为归因过程中起到了调节作用，即青少年在对行为事件进行归
因时，受到捐助情境因素的影响，这一结果验证了本节的假设，也和前人的研
究结论相一致（Nisbett, 2005；刘肖岑等, 2011）。但捐助行为归因在后续捐助行
为（包括捐助金额和捐助时间）的过程中并没有受到价值取向的调节，这和已
有的研究结果相悖（付慧欣, 2008；丁凤琴, 2013）。可能的原因是，青少年正
处于自我意识的发展和价值观的形成时期，且他们的价值取向往往随着个体的
认知水平、交往环境等的变化不断发展变化。所以，在价值观还没有完全形成
时期，其在此过程中所起到的作用是微乎其微的，这也为我们进行道德教育和
教育干预与训练提供了一个良好的契机。

第三节　紧急情境下青少年捐助归因的匿名性

以往研究发现，匿名情境下个体更愿意实施帮助行为（Shapiro, 1983）。跨
情境下青少年捐助行为归因的心理机制的研究也发现，在紧急和非紧急情境下
青少年的捐助行为归因是不同的，对后续的捐助行为的影响也是不同的。那么，
紧急情境下青少年捐助行为归因的匿名效应是否存在？个体捐助信念通过捐助
行为归因的中介进而影响捐助行为，但在匿名情境下这一中介机制能否得到验
证还尚未可知；已有研究注重捐助行为归因对捐助行为的影响，但缺乏匿名情
境下捐助行为归因中介影响捐助行为的内在机制，也缺乏紧急情境下捐助行为
归因内在机制匿名效应的探索及紧急和匿名情境的相互整合。本节通过设置紧
急情境的匿名性来考察青少年捐助行为背后的原因机制及其对后续行为的影响。

一、研究目的

探讨紧急情境下青少年捐助行为归因和捐助行为的匿名效应及捐助情境、
捐助信念、价值取向、捐助行为归因影响捐助行为的内在机制。

二、研究假设

紧急情境下青少年捐助行为归因和捐助行为存在匿名效应；紧急情境下青
少年捐助行为归因在捐助信念与捐助行为之间的中介作用消失，捐助行为归因

受匿名情境因素的调节；紧急情境下青少年捐助行为归因在捐助信念与捐助行为之间的中介作用消失，捐助行为受价值取向的调节。

三、研究方法

（一）研究被试

我们采用整群抽样的方法抽取宁夏某职业技术学院高职班 5 个系（每个系 3 个班）的 500 名学生作为研究对象，发放问卷 500 份，共得到有效问卷 439 份，其中，男生 210 名，女生 229 名，有效回收率为 88%。

（二）研究材料

1. 捐助信念问卷

其与跨情境下青少年捐助行为归因心理机制研究的材料相同。

2. 社会价值取向矩阵

其与跨情境下青少年捐助行为归因心理机制研究的材料相同。

3. 捐助行为独裁者游戏

其与跨情境下青少年捐助行为归因心理机制的捐助行为独裁者游戏相同。

4. 捐助行为归因判断

我们将经过评定的紧急情境下的 6 个公开和 6 个匿名捐助情境故事整合起来，合成本节所需要的捐助情境故事，请被试对紧急情境下的公开和匿名捐助情境故事主人公的捐助行为进行归因判断。

（三）研究程序

研究程序：将捐助信念问卷、社会价值取向矩阵、捐助行为独裁者游戏和捐助行为归因判断问卷整理成册发放给被试，紧急公开捐助情境组和紧急匿名捐助情境组各 250 份。

四、研究结果

（一）紧急情境下青少年捐助行为归因的匿名效应

紧急情境下青少年捐助行为归因的匿名效应见表 6-9。

表 6-9　紧急情境下青少年捐助行为归因的匿名效应（$M \pm SD$）

项目	紧急公开	紧急匿名
归因倾向	3.99±0.96	3.27±0.67
捐助金额	2.41±1.14	2.73±1.15
捐助时间	2.42±1.14	2.78±1.14

在紧急公开与紧急匿名捐助情境下，青少年捐助行为归因倾向和捐助行为的单因素方差分析表明，在不同捐助情境下，青少年捐助行为归因倾向是不同的，存在显著性差异，$F(1，438)=81.76$，$p<0.001$；在紧急公开捐助情境下，青少年更倾向于将捐助行为归因于外部环境；在紧急匿名捐助情境下，青少年则更倾向于将捐助行为归因于捐助者的内部人格；在不同捐助情境下，青少年捐助金额存在显著差异，$F(1，438)=8.62$，$p<0.01$；在不同捐助情境下，青少年捐助时间存在显著差异，$F(1，438)=11.41$，$p<0.001$，在紧急公开捐助情境下的捐助金额和捐助时间都显著低于紧急匿名捐助情境下的捐助金额和捐助时间。

（二）紧急情境下捐助行为归因影响变量的相关分析

紧急情境下捐助行为归因影响变量的相关分析见表 6-10。

表 6-10　紧急情境下捐助行为归因影响变量的相关分析

变量	M	SD	1	2	3	4	5	6
1. 捐助信念	0.59	0.49	—					
2. 捐助情境 [a]	0.49	0.50	0.20***	—				
3. 捐助行为归因	3.61	5.45	-0.17***	-0.40***	—			
4. 捐助金额	2.57	1.15	0.19***	0.14**	-0.10*	—		
5. 捐助时间	2.59	1.14	0.18***	0.16***	-0.10*	0.99***	—	
6. 价值取向 [b]	0.56	0.50	0.19***	0.46***	-0.34***	0.22***	0.22***	—

注：$N=439$，a 为捐助情境（紧急公开 =1，紧急匿名 =2），b 为价值取向（亲个人 =1，亲社会 =2）

表 6-10 的研究结果说明，青少年捐助信念、价值取向与捐助行为均呈显著正相关，相关系数为 0.18 ～ 0.22，说明捐助信念和社会价值取向越强，青少年的捐助行为越强烈；青少年捐助行为归因取向与捐助行为呈显著负相关，说明青少年越倾向于内部归因，其捐助行为越强烈；青少捐助情境与捐助行为呈显著正相关，相关系数为 0.14 ～ 0.16，而捐助情境与捐助行为归因呈负相关，相关系数为 -0.40，说明青少年捐助行为归因与捐助行为及捐助情境的关系密切，

以上研究结果为本节的研究假设提供了初步支持。

（三）紧急情境下捐助行为有调节的中介模型效应检验

首先，将人口学变量之外的其他所有变量做标准化处理；其次，将捐助信念与捐助情境的标准化 Z 分数相乘，作为交互作用项分数（温忠麟等，2008）；最后，通过回归分析进行紧急情境下青少年捐助信念、价值取向对捐助行为有调节的中介模型检验。

1. 捐助情境对捐助行为有调节的中介模型效应检验

捐助情境对捐助行为有调节的中介模型检验，见表 6-11 和表 6-12。

表 6-11 的研究结果表明，方程 1 中的青少年捐助信念对捐助金额具有正向预测作用，说明捐助信念对捐助金额行为具有促进作用（β=0.23，t=4.77，p<0.001）；方程 2 中的青少年捐助信念对捐助行为归因具有负向预测作用（β=-0.10，t=-2.17，p<0.05）；方程 3 中的青少年捐助行为归因对捐助金额的影响不显著（β=-0.07，t=-1.40，p>0.05），说明青少年捐助行为归因在捐助信念与捐助金额之间的中介效应消失；方程 4 中的青少年捐助信念与捐助情境的交互项对捐助金额具有负向预测作用（β=-0.38，t=-4.23，p<0.001），说明捐助情境对捐助信念与捐助归因的关系具有调节效应，调节效应的 ΔR^2=0.03，额外解释了 3% 的变异，使解释率由 7% 提高到 10%。具体而言，青少年捐助情境在捐助信念→捐助行为归因→捐助金额中介过程的前半条路径中起到了调节作用。

表 6-12 的研究结果表明，方程 1 中的青少年捐助信念对捐助时间具有正向预测作用，说明青少年捐助信念对捐助时间具有促进作用（β=0.23，t=4.79，p<0.001）；方程 2 中的青少年捐助信念对捐助行为归因具有负向预测作用（β=-0.10，t=-2.17，p<0.05）；方程 3 中的青少年捐助行为归因对捐助时间的影响不显著（β=-0.07，t=-1.36，p>0.05），说明青少年捐助行为归因在捐助信念与捐助时间之间的中介效应消失；方程 4 中的青少年捐助信念与捐助情境的交互项对捐助时间具有负向预测作用（β=-0.38，t=-4.23，p<0.001），说明青少年捐助情境对捐助信念与捐助行为归因的关系具有调节效应，调节效应的 ΔR^2=0.03，额外解释了 3% 的变异，使解释率由 8% 提高到 11%。具体而言，青少年捐助情境在捐助信念→捐助行为归因→捐助时间中介过程的前半条路径中起到了调节作用。

表 6-11 和表 6-12 中各项交互作用的进一步简单效应分析结果，见图 6-4 和图 6-5（因变量分别为捐助金额和捐助时间）。

表 6-11 捐助情境对捐助金额有调节的中介效应检验

项目	方程 1 (校标：捐助金额)			方程 2 (校标：捐助行为归因)			方程 3 (校标：捐助金额)			方程 4 (校标：捐助金额)		
	B	SE	β	B	SE	β	B	SE	β	B	SE	β
信念	0.46	0.10	0.23***	-0.20	0.09	-0.10*	0.47	0.10	0.23***	0.11	0.13	0.06
情境	0.37	0.09	0.19***	-0.75	0.09	-0.38***	0.32	0.10	0.16**	0.81	0.15	0.41***
捐助行为归因							-0.07	0.05	-0.07	-0.06	0.05	-0.06
信念 × 情境										-0.80	0.19	-0.38***
R^2		0.07			0.17			0.07			0.10	
F		15.91***			43.59***			11.28***			13.27***	

表 6-12 捐助情境对捐助时间有调节的中介效应检验

项目	方程 1 (校标：捐助时间)			方程 2 (校标：捐助行为归因)			方程 3 (校标：捐助时间)			方程 4 (校标：捐助时间)		
	B	SE	β	B	SE	β	B	SE	β	B	SE	β
信念	0.46	0.10	0.23***	-0.20	0.09	-0.10*	0.47	0.10	0.23***	0.11	0.13	0.06
情境	0.41	0.09	0.21***	-0.75	0.09	-0.38***	0.36	0.10	0.18***	0.85	0.15	0.43***
捐助行为归因							-0.07	0.05	-0.07	-0.06	0.05	-0.06
信念 × 情境										-0.80	0.19	-0.38***
R^2		0.07			0.17			0.08			0.11	
F		17.44***			43.59***			12.26***			14.03***	

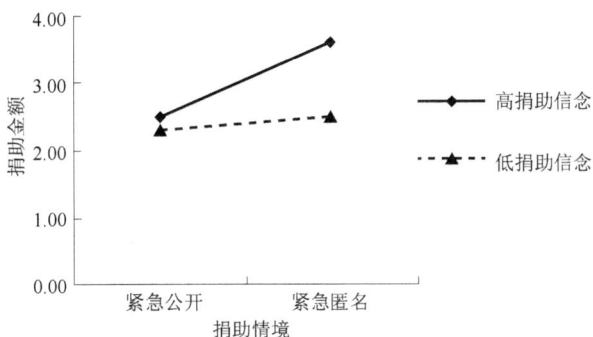

图 6-4　信念和捐助情境对捐助金额的影响

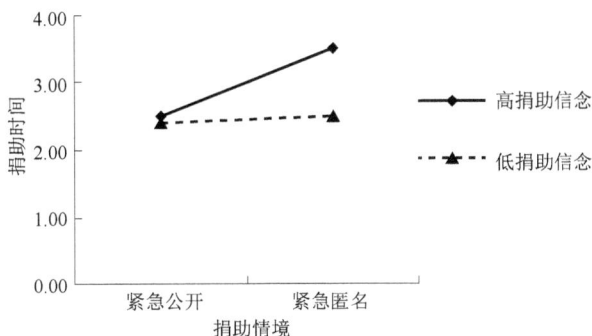

图 6-5　信念和捐助情境对捐助时间的影响

图 6-4 的结果表明，无论是紧急公开捐助情境还是紧急匿名捐助情境，高捐助信念水平青少年的捐助金额均高于低捐助信念水平青少年的捐助金额，简单效应分析表明，不同捐助信念水平的青少年在紧急匿名捐助情境下的捐助金额差异显著，$F(1, 438)=26.26$，$p<0.001$。

图 6-5 的结果表明，无论是紧急公开捐助情境还是紧急匿名捐助情境，高捐助信念水平青少年的捐助时间均长于低捐助信念水平青少年的捐助时间，简单效应分析表明，不同捐助信念水平的青少年在紧急匿名捐助情境下的捐助时间差异显著，$F(1, 438)=24.75$，$p<0.001$。

2. 价值取向对捐助行为有调节的中介效应检验

价值取向对捐助行为有调节的中介效应检验，见表 6-13 和表 6-14。

表 6-13　价值取向对捐助金额有调节的中介效应检验

项目	方程 1（校标：捐助金额）			方程 2（校标：捐助行为归因）			方程 3（校标：捐助金额）			方程 4（校标：捐助金额）		
	B	SE	β	B	SE	β	B	SE	β	B	SE	β
信念	0.48	0.09	0.24***	-0.23	0.09	-0.11*	0.50	0.10	0.24***	0.50	0.10	0.24***
价值取向	0.54	0.09	0.27***	-0.64	0.09	-0.32***	0.51	0.10	0.25***	0.51	0.10	0.25***
捐助行为归因							-0.05	0.05	-0.05	-0.04	0.08	-0.04
价值取向×捐助行为归因										-0.01	0.10	-0.01
R^2		0.10			0.13			0.11			0.11	
F		25.40***			31.95***			17.29***			12.94***	

表 6-14　价值取向对捐助时间有调节的中介效应检验

项目	方程 1（校标：捐助时间）			方程 2（校标：捐助行为归因）			方程 3（校标：捐助时间）			方程 4（校标：捐助时间）		
	B	SE	β	B	SE	β	B	SE	β	B	SE	β
信念	0.48	0.09	0.23***	-0.23	0.09	-0.11*	0.49	0.10	0.24***	0.49	0.10	0.24***
价值取向	0.53	0.09	0.27***	-0.64	0.09	-0.32***	0.50	0.10	0.25***	0.50	0.10	0.25***
捐助行为归因							-0.06	0.05	-0.06	-0.04	0.08	-0.04
价值取向×捐助行为归因										-0.02	0.10	-0.02
R^2		0.10			0.13			0.11			0.11	
F		24.72***			31.95***			16.95***			12.70***	

表 6-13 的研究结果表明，方程 1 中的青少年捐助信念对捐助金额具有正向预测作用（$\beta=0.24$，$t=5.16$，$p<0.001$），说明青少年捐助信念对捐助金额具有促进作用；方程 2 中的青少年捐助信念对捐助行为归因具有负向预测作用（$\beta=-0.11$，$t=-2.50$，$p<0.05$）；方程 3 中的青少年捐助行为归因对捐助金额的影响不显著（$\beta=-0.05$，$t=-1.03$，$p>0.05$），说明青少年捐助行为归因在捐助信念与捐助金额之间的中介效应消失；方程 4 中的青少年捐助行为归因与价值取向的交互项对捐助金额的影响不显著（$\beta=-0.01$，$t=-0.12$，$p>0.05$），说明青少年价值取向的调节作用不显著，即青少年价值取向在捐助信念→捐助行为归因→捐助金额中介过程的后半条路径中不存在调节效应。

表 6-14 的研究结果表明，方程 1 中的青少年捐助信念对捐助时间具有正向预测作用（$\beta=0.23$，$t=5.05$，$p<0.001$），说明青少年捐助信念对捐助时间具有促进作用；方程 2 中的青少年捐助信念对捐助行为归因具有负向预测作用（$\beta=-0.11$，$t=-2.50$，$p<0.05$）；方程 3 中的青少年捐助行为归因对捐助时间的影响不显著（$\beta=-0.06$，$t=-1.17$，$p>0.05$），说明青少年捐助行为归因在捐助信念与捐助时间之间的中介效应消失；方程 4 中的青少年捐助行为归因与价值取向的交互项对捐助时间的影响不显著（$\beta=-0.02$，$t=-0.24$，$p>0.05$），说明青少年价值取向的调节作用不显著，即青少年价值取向在捐助信念→捐助行为归因→捐助时间中介过程的后半条路径中不存在调节效应。

五、分析讨论

本节的研究结果表明，紧急公开和紧急匿名捐助情境下青少年捐助行为归因不同，对后续捐助行为的影响也是不同的，这一结果验证了本节的假设。其原因在于，紧急公开双重捐助情境的设置大大增强了捐助情境的显著性，而且从活动者—观察者归因偏差的角度来看，观察者常常对行动者的积极行为进行外归因（Malle, 2006; Jones and Harris, 1967）。所以，青少年更倾向于将紧急公开捐助情境下的捐助行为归因于外部捐助情境，而将紧急匿名捐助情境下的捐助行为归因于捐助者的内部人格，说明不同的捐助情境会导致青少年进行不同的捐助行为归因。紧急公开捐助情境下青少年的捐助行为（包括捐助金额和捐助时间）都少于紧急匿名捐助情境；当两种捐助情境并存时，捐助情境的紧急性更为突出，因为它与受助者的生命安全息息相关。个体在关注紧急捐助情境时就会忽略另一捐助情境带来的社会称许效应的影响，此时个体的行为更多地受利他社会规范的支配并形成一种道德义务感和社会责任感，因而也更愿意默默地做出捐助行为，这一结果与 Shapiro（1983）的研究结果相吻合。

经过进一步分析得知，青少年捐助行为归因在捐助信念和捐助行为（包括捐助金额和捐助时间）之间的中介作用消失，这与前述研究结果相反，也与以往的研究结论不一致（张爱卿和刘华山，2003b）。究其原因，可能是双重捐助情境的设置增加了被试的认知负荷，消耗了其认知资源，从而减少了青少年认知归因在此过程中的作用。青少年捐助情境在捐助信念与捐助行为归因过程中也起到了调节作用，验证了本节的假设，和前人的研究结论相一致（Nisbett，2005）。青少年价值取向在捐助行为归因对后续捐助行为（包括捐助金额和捐助时间）的过程中没有起到调节作用，这和已有的研究结果相悖（丁凤琴，2013）。同样，这可能是因为青少年的价值观尚处于形成时期，在没有形成一种比较完整和成熟的观念之前，它所起到的作用是比较小的，此处不再赘述。

第四节 综 合 讨 论

一、跨情境下青少年捐助行为归因的特点

本章通过设置紧急和非紧急、匿名和公开及紧急公开和紧急匿名等不同的捐助情境，分别探查了青少年捐助行为归因的特点及其对捐助行为的影响。在紧急、公开和紧急公开捐助情境下，青少年更倾向于将捐助行为归因于外部捐助情境；而面对非紧急、匿名和紧急匿名的捐助情境，青少年则更倾向于做出内部归因。青少年群体面对非紧急、匿名和紧急匿名的捐助情境，会以儒家文化作为自己捐助的行事指南，注重个体的内在道德品质与人格特质的作用，如孔子以"爱人"来解释"仁"，提出了"仁者爱人"之说，并将其作为人的本性；孟子提出"恻隐之心，仁之端也"，而"恻隐之心"正是人们从事各种社会慈善活动的动机所在，正所谓"君子之于民也，仁之而弗"。所以，儒家文化的"捐助"是以友爱为思想内核和价值取向的，通过"捐助"提倡行善，扶贫济困，同情弱者，有利于建立互帮互助、和谐共处的文化体系和社会风尚。青少年群体受儒家文化思想的影响，倾向于将捐助行为归因于个体的道德品质和人格精神等内在特质，倾向于对捐助行为进行内在归因。所以，对青少年群体捐助行为归因的探讨，有助于对行为归因的内部倾向性进行分析，进而为青少年群体捐助行为归因的内部倾向性提供实证依据，也有助于青少年群体之间的相互了解与认知的和谐建构。

跨情境下青少年捐助行为归因及其紧急情境下青少年捐助行为归因的匿名效应实验均表明，不同捐助情境下青少年捐助行为的归因倾向不同，这和以往的研究结论相一致（刘永芳，2010）。捐助情境是认知归因过程中必不可少的因素之一，青少年外显的行为认知和心理活动自然而然要受捐助情境信息的影响。因而，青少年面对不同的捐助情境会做出不同的捐助行为归因，并且捐助情境信息的显著性能够有效地减少捐助行为归因偏差，有利于个体对行为事件做出准确的归因。此外，不同捐助情境下个体的捐助行为也会有所差异（迟毓凯，2005）。紧急捐助情境下青少年的捐助行为少于非紧急捐助情境；匿名捐助情境下青少年的捐助行为多于公开捐助情境；紧急匿名捐助情境下青少年的捐助行为多于紧急公开捐助情境。本章的研究再次印证，当面对不同的捐助情境时，青少年的捐助行为表现是不同的，强调了捐助情境在行为事件过程中的重要作用。

总之，我们不仅要考虑青少年自身内在因素对其捐助行为的作用，还要善于利用情境信息进行不同捐助情境设置，引发和激励青少年做出捐助行为，这将有利于青少年亲社会行为和价值观的形成，也有利于形成积极向上的充满爱心和慈善意识的和谐社会氛围。结合 Gilbert 和 Malone（1995）关于行为归因的描述，本章中的个体对捐助行为事件进行归因，首先需要对捐助环境信息进行感知，然后才能在已有的捐助信念或是捐助知识经验的基础上产生心理预期，接着对行为主体的行为进行分析和判断，并对情境信息进行适当调整，最后依据心理预期和行为主体做出捐助行为归因，这将有利于增加个体的捐助行为。

二、跨情境下青少年捐助行为归因的中介效应

本章的研究发现，青少年捐助行为归因与捐助行为呈显著负相关，捐助信念和捐助行为呈显著正相关，捐助行为归因与捐助行为呈显著负相关，捐助信念越强，捐助行为内归因越强；内归因的增强进而会导致捐助行为水平的增强。这一结果表明，捐助行为归因的增强部分解释了青少年捐助信念对捐助行为的增强效应，从而支持了动机情绪归因理论（Weiner，2000），即归因在人格因素和行为之间起中介作用。青少年群体具有强烈的捐助信念，倾向于捐助行为的内归因，捐助行为强烈。已有研究也表明，归因对亲社会行为具有中介作用（Sargeant and Woodiiffe，2007）。这一结果启示我们，捐助信念是影响青少年捐助行为归因的主要原因，在归因活动中要考虑个体捐助信念的作用，并通过个体捐助信念的干预改变个体对行为事件的归因。因为个体潜在的捐助信念是影

响行为信息加工的一个重要因素，而个体捐助信念使个体在行为信息解释和归因上具有选择性，在认知资源有限和紧迫的情境下，个体首先选择与自己的捐助信念一致的行为信息进行归因。这就告诉我们，应该对个体的捐助信念进行积极引导，并指导他们积累客观现实的生活经验，从而能更客观、积极地对行为信息进行归因和解释，进而减少个体行为归因的主观性。

Lantané 和 Darley（1970）认为，当个体面对不同的捐助情境决定是否要介入帮助行为时，都需要经历一个认知推断过程。在此过程中，除了依据捐助情境信息进行理性判断外，个体还需要借助于头脑中已有的捐助信念等经验信息对行为事件进行捐助行为归因。我们认为，青少年群体在对捐助行为进行归因时，在中国主流儒家文化"仁、义、礼、智、信"等内在道德思想的熏陶下，倾向于将捐助行为与个体内在道德和信念紧密联系，通过捐助给予他人道义上的关怀和爱心，以此获得内在道德价值和信念的实现。因此，青少年在进行捐助行为归因时，看重的是个人内在道德信念的作用和内在认知与情感对行为归因贡献的大小，使得青少年群体都倾向于从个体的内部特质出发进行捐助行为归因，显然这与中国文化背景下儒家文化的主流思想是相吻合的。研究也表明，个体在因果判断的过程中，一般都是先判断经验信息，然后再审查情境信息是否与之一致，若出现不一致的情况则又重新考虑经验信息（胡清芬等，2005）。此外，本章的研究验证了归因在行为判断过程中的中介作用，即捐助信念影响捐助行为归因，进而影响了后续的捐助行为，这和以往的大多数研究结果相一致（Weiner, 2000；张爱卿等，2005）。为此，青少年群体会通过捐助行为内归因的中介作用，进而增加个体的捐助行为。捐助行为归因将内部心理活动和外部行为有机地连接在一起，为我们有效地探寻行为背后的原因提供了契机。

三、跨情境下青少年捐助行为归因有调节的中介效应

值得注意的是，青少年群体会通过捐助行为归因的中介作用增加个体的捐助行为，青少年群体捐助行为归因的中介作用会受到捐助情境的调节，即捐助行为归因是有调节的中介效应。青少年捐助行为归因有调节的中介效应的研究，揭示了青少年捐助行为归因不仅受到青少年内部捐助信念的影响，还受到外部捐助情境的作用。从主客观因素的交互作用研究视角而言，实际上就是从客体信息与主观信念两方面对个体的心理和行为进行分析，有助于为行为认知和解释提供科学化的依据。所以，我们在对行为归因的研究中，必须同时考虑情境因素和个人因素，孤立的情境因素或个人因素都不是行为归因的唯一标准。青

少年捐助情境是捐助行为归因过程中不可或缺的信息线索，这种对内外信息进行综合比较的加工方式，能有效地帮助青少年形成对事件的正确认知，做出适合的评价，继而最终影响青少年捐助行为。青少年捐助信念和捐助情境的交互作用会对捐助行为产生影响，以往的大多数研究都是考察单一捐助情境对捐助行为归因的影响，很少将复杂的捐助情境信息和捐助信念叠加在一起进行研究。

青少年捐助行为归因的中介作用表明，从认知到行动的过程不仅包括了前因变量的影响，也受到许多后果变量的影响。本章分别将捐助信念、捐助情境和价值取向纳入考量，发现捐助信念和捐助情境的交互作用均显著，即在认知过程的前半段受到了捐助情境的调节作用，存在有调节的中介效应，这和以往的一些研究结论相似（刘肖岑等，2011）。有一些研究的结果显示，青少年从认知到行动的这个过程中，并没有受到价值取向的调节，这和已有的研究结果相悖（丁凤琴，2013）。造成这一结果的原因可能是，本节的研究对象是青少年群体，按照艾里克森的心理社会发展理论来看，青少年正处于心理社会发展的第五阶段，也就是青少年确定自我意识、学习社会角色规范的阶段。此时的他们正处于自我意识的发展和价值观的形成时期，他们正在学习不同社会角色应该遵守的规范，但还没有内化成自身稳定的价值观，他们的价值取向往往会随着个体的认知水平、交往环境等不断发展变化。所以，在青少年捐助行为归因的过程中，价值取向所起到的作用是微乎其微的，这也为我们的教育提供了一个良好的契机。这说明无论是家庭教育、学校教育还是社会其他方面的宣传教育，都要有效地把握这一关键期，引导青少年对慈善捐助、利他行为、助人行为等亲社会行为形成正确的认识，帮助学生树立积极向上的道德价值观念，引导青少年群体面对不同捐助情境时进行合理认知，利用形成的稳定价值观调整自己的认知和行为，并积极主动地实施捐助行为，将有利于社会的和谐建构和发展。

第七章

青少年捐助行为归因的教育干预实验

行为归因在人类日常生活中具有广泛性与普遍性，行为归因的过程往往不是完全理性的、客观的，而是受到个体已有的知识结构与过往实践经验等主观因素的影响，因而会表现出一定的行为归因偏向。对个体行为归因偏向的干预可以改变个体不良的行为归因，而对捐助行为归因偏向的干预可以激发个体更多的捐助行为。

第一节　归因的教育干预

一、归因教育干预的必要性

个体在长期生活中形成的归因方式会对行为产生深刻的影响。个体在生活中出现的不良行为需要通过认知改变来实现，对于行为改变的效果也必须通过实证来检验。本书第四章通过青少年捐助行为归因的实证研究发现，无论是在人际视角下还是在群际视角下，青少年捐助行为归因都会产生自利归因偏好和群际归因偏好，而自利归因偏好和群际归因偏好会导致个体对同一行为产生不同的态度。如果通过一系列的教育干预实验对个体的归因偏好加以改善或纠正，个体的态度和行为也能随之改变（Försterling, 1985）。归因的教育干预需综合认知、情感和行为倾向三个方面的原则和方法，其目标在于通过识别和纠正个体歪曲的、不合理的认知结构或认知模式，从而帮助个体建构具有适应性的合理认知体系。行为归因教育干预的目的就是将个体不稳定的外部情境归因变为稳定的特质归因，同时减少个体因人际关系或群际关系而产生的人际或群际归因偏向，促进个体稳定行为的保持和积极行为的增加。相较于外部情境归因，内部特质归因更有利于产生稳定的行为，对积极行为事件进行更多的内部特质归因将有利于积极行为的产生。本书关于青少年捐助行为归因的实证研究也发现，青少年捐助行为的内归因倾向越大，越能增加青少年的捐助行为。因此，对行为归因偏向的干预可以改变个体不良或不稳定的行为归因，对捐助行为归因偏向的干预更可以促进个体的捐助行为。

此外，教育干预对个体认知的影响具有长期效应。要将个体在特定的某种场合中习得的或者出现的助人行为长期保持下去，就应该内化个体的助人观念和助人认知，包括个体对助人行为的积极自我归因和群际归因。自我归因和群际归因偏向往往与人际偏见、人际关系、群际偏见、群际威胁联系在一起。当个体或群体之间在行为认知、归因等方面产生偏向时，就会使个体或内群体成员形成对他人或外群体的偏见，感知到来自他人或外群体的威胁。因此，人际归因偏向和群际归因偏向是人际关系、群际偏好的重要表现之一，对人际归因偏向或群际归因偏向进行一定的教育干预，可以在一定程度上降低人际偏见、群际偏见，促进人际或群体之间的和谐共处。另外，助人行为也会因为个体的自我积极归因和群际的积极归因而产生持久效应（廖全明和郑涌，2007）。所以，归因教育干预是改变行为的有效策略，而作为积极效价行为之一的捐助行为也可以通过归因教育干预来改变。然而，目前关于捐助行为归因的干预研究并没有受到学者的普遍重视，鲜有关于这方面的实证研究。本章试图采用不同的实验方法进行捐助行为归因教育干预，并进一步考察捐助行为归因教育干预的有效性。

二、归因教育干预的方法

（一）再归因训练法

再归因训练在临床、运动、教育、管理等领域内被普遍使用，最早主要用于解释成就动机，后来也用来干预罪犯假释、戒烟、抑郁、社会交往、行为等方面的问题。研究者通过认知改变、榜样干预及角色扮演的方法对初中生问题行为进行集体教育干预，结果发现，青少年问题行为的总体状况发生了明显改变（张美峰，2004）。研究者请全体学生听情境故事，小组成员一起讨论原因，主试较全面地对其行为归因进行分析，进一步引导小组成员进行更全面的行为归因，结果表明，采用团体发展再归因训练对于培养学生的分享行为有显著作用（廖全明和郑涌，2007）。研究表明，用努力归因和现实归因相结合的归因训练方法及根据不同课堂情境的再归因训练可以改变学生的成就动机（胡胜利，1996）。研究者通过说服、讨论、观看视频等方式对中小学生进行再归因训练，研究发现，再归因训练可以增强行为的持久性（韩仁生，1998；程毅，2005），再归因训练对工人工作绩效的提高也有积极影响（王重鸣，1988）。另外，我们通过集体讨论、激励、推荐读书等方法对中等职业学校护士的心理素质进行再归因训练，发现再归因干预能提高中等职业学校护士的心理素质（满力等，2007）。可见，再归因训练是有效提高行为积极性、增强行为持久性的重要途径。

（二）积极情绪训练法

积极心理学认为，积极情绪能够促进亲社会行为的产生。也就是说，个体越能体验到幸福、快乐、乐观、愉快等积极情感，越趋向于表现出亲社会行为。Wegener 和 Petty（1994）的研究发现，积极情绪能激活人们的积极想法、积极经历及积极认知方式等，处于积极情绪状态下的个体更加乐于助人，即积极情绪越高，个体越倾向于做出捐助行为。研究表明，愉快个体报告的积极生活事件更多（Diener and Seligman, 2002）。选用理性情绪疗法干预大学生乐观解释风格的研究发现，使用理性情绪疗法干预悲观型解释风格个案时效果显著（赵和平，2012）。也有研究采用移情训练干预幼儿的助人行为，结果发现，这不仅能够使幼儿理解对方的感受或进行换位思考，还能够使幼儿在与自己利益冲突的情况下，选择放弃自己的利益，帮助他人（李幼穗等，2013）。因此，对于个体情绪体验状态的干预能影响人们认知方式的改变，从而影响其行为。

此外，对大学生感恩教育干预的研究发现，情绪体验训练和认知重评是提高感恩的有效策略（张萍，2012）。采用积极情绪训练法对大学生暴力行为进行干预训练的研究表明，通过感恩与乐观训练可以增加大学生的积极情绪，进而能够卓有成效地干预其暴力行为（陈斌和瞿晓理，2013）。采用不同的干预方式，如"列举恩惠"活动、班级辅导等对初中生感戴进行干预的研究发现，"列举恩惠"活动与班级辅导相结合的方式对初中生行为的干预非常有效（石国兴和祝伟娜，2008）。同时，感恩对于大学生捐助意愿及捐助额度的影响较大（邓玮，2008），换句话说，懂得感恩的大学生更愿意捐助他人。"滴水之恩，当涌泉相报"，"投桃报李"，"受人点滴还人茱萸"，"施恩勿念，受恩勿忘"，"鸦有反哺之义，羊知跪乳之恩"等，均表达了感恩方面的中华美德和文明理念，也表明感恩是重要且被高度称赞的人类情感。感恩作为一种重要的人类美德，具有道德激发和道德强化功能。研究表明，感恩不但在个体助人行为领域中发挥着积极作用（惠秋平等，2015），而且能抑制个体破坏性行为的发生（Baron, 1984）。如果青少年能够时刻怀有一颗感恩之心，那么他们的生活满意度也会随之提高，对促进捐助行为有积极作用。强化个体的感恩特质，增强个体的愉快、乐观情绪，均是提升个体助人行为的重要策略。因此，加强青少年心理健康教育、感恩教育，培养其积极阳光的良好心态，青少年感知到的积极情绪越强，更愿意做出道德行为，积极情绪训练也将更有实际意义和社会价值。

（三）行为信息反馈法

行为信息反馈是影响人们对行为归因的另一个重要因素。在教育活动中，教师普遍应用行为信息反馈法干预学生的学习过程。行为信息反馈法干预是以调动个体的内部调节变量（如内部目标、应对策略及自我效能感）而对绩效产生影响的内部机制模型（龙君伟，2003）。研究者给被试呈现有 20 个词的词表，让被试进行词汇再认，然后给被试一个高于或低于平均数的学习成绩信息反馈，结果发现，当处于成绩目标定向时，与无进步反馈差生的学习成绩相比，接受进步反馈差生的学习成绩明显更优（李伟健和李锋盈，2003）。有研究者通过口头公开表扬、书面评语表扬及代币制奖赏等强化手段对初中生问题行为进行矫正，结果发现，包括强化干预在内的综合教育干预对学生问题行为的干预是有效而且可行的（张美峰，2004）。研究表明，积极的信息反馈对于提高工作者的绩效水平有促进作用（龙君伟，2003）。还有研究以反馈虚假目标信息为分类标准，将被试分成目标未实现信息组与目标实现信息组，然后让白人被试选择与黑人座位之间的真实距离，以此来评估白人非言语的群际偏见行为，结果表明，目标实现信息组对黑人的内隐态度更积极（Mann and Kawakami, 2012）。所以，积极的信息反馈增强了被试积极的内隐态度，而消极的信息反馈则增强了被试的消极内隐态度。同样，与对他人的积极信息反馈相比，被试对自己积极信息反馈的评价更关注，自我积极行为提高得更快，表明了内隐的自我积极态度的存在。总之，被试对自我或他人的内隐态度明显受到了信息反馈类型的影响，积极的行为信息反馈可以增强个体对于行为的积极态度和动机，从而促进积极行为的产生。

以上研究均表明，归因训练法、积极情绪训练、行为信息反馈法是对个体进行认知干预的重要方法，对个体认知的影响具有长期性。要将个体在特定的场合中习得的或者出现的助人行为长期保持下去，就应该内化个体的助人观念、认知和动机，尤其是要让个体进行自我积极归因和他人积极归因，可改变个体对行为的消极认知和消极动机，使个体形成稳定的内归因，从而促使积极行为的持久保持。

第二节　人际视角下青少年捐助行为归因教育干预

　　归因是行为预测与干预的前提和基础，特质归因可以促进捐助行为，捐助行为归因的教育干预值得我们探究。现实生活中，个体的行为归因并不总是理性的，受个体过往实践经验等因素的影响，个体总是会表现出一定的行为归因偏向。以往研究多从宏观层面探讨个体的行为归因偏向，忽视了对行为归因偏向的有效干预。本节的研究从人际视角入手，探讨青少年捐助行为归因的教育干预，以期为青少年道德教育和亲社会行为的增加提供参考依据。

一、研究目的

　　筛选人际捐助外显情境归因高的青少年，通过再归因训练、积极情绪训练和行为信息反馈法，对青少年捐助行为人际归因进行教育干预，考察青少年捐助行为人际归因教育干预方法的差异及其有效性。

二、研究假设

　　再归因训练、积极情绪训练、行为信息反馈法对青少年人际捐助行为归因干预是有效的；三种教育干预方法对青少年人际捐助行为归因的干预效果是有差异的。

三、研究方法

（一）研究被试

　　我们采用人际视角下青少年捐助行为归因研究中的情境故事归因判断任务，对某职业技术学校 14 个班的 565 名学生进行了施测，剔除无效与不完整的问卷后，保留 524 份，有效回收率为 92.74%。按照被试对故事归因评定的得分，以被试对自己捐助和他人捐助归因均分均大于等于理论均值 4 分为标准，首先筛选出对自己和他人捐助均进行情境归因的青少年共 147 人；接着，根据情境归因被试人数及其所在的班级进行分组；最后，对情境归因的青少年进行分组教育干预，其中，再归因训练组 41 人，积极情绪训练组 37 人，行为信息反馈组 34 人，控制组 35 人。

（二）实验设计

本次实验采用实验组—控制组前测、后测和追踪后测的两因素混合实验设计，以被试对捐助情境故事中不同行为主体捐助行为归因变化的人数及归因得分作为因变量指标。

（三）干预方案

采用再归因训练法、积极情绪训练法、行为信息反馈法对青少年捐助行为归因进行集体教育干预，具体干预方案见后文。

（四）干预程序与时间

根据被试人数及其所在的班级，将筛选出的 147 名被试分配到 3 个干预组（归因再训练组、积极情绪训练组、行为信息反馈组）和 1 个控制组，控制组不进行任何干预训练，干预组由心理健康教师按照前测—干预—后测的程序进行为期 6 周的集体干预训练，每周 1 次，每次 20 分钟，共 6 次，干预时间共 6 周。控制组进行常规教学，不额外进行其他活动。2014 年 10 月上旬进行前测，10 月中旬至 11 月底进行 6 次集体教育干预，干预后立即进行即时后测，12 月底进行追踪后测，其中追踪后测与即时后测间隔 1 个月。

四、研究结果

（一）干预组与控制组前测的同质性检验

即时后测时有 2 名被试请事假，追踪后测时有 3 份问卷未收回，故删除 5 名被试的数据，最终有效被试为 142 人。在进行捐助行为归因教育干预之前，为了确保干预组和控制组的同质性，进行四组被试基线水平的同质性检验。四组被试对不同行为主体捐助行为归因的基线水平的统计数据见表 7-1。

单因素方差分析表明，四组青少年对自己捐助行为归因的基线水平差异不显著，$F_{(3, 138)} = 0.03$，$p > 0.05$；四组青少年对他人捐助行为归因的基线水平差异不显著，$F_{(3, 138)} = 0.05$，$p > 0.05$。以上研究结果表明，四组青少年在干预前对自己捐助行为归因和对他人捐助行为归因的基线水平同质。

表 7-1　干预前四组被试捐助行为归因的基线比较（$M \pm SD$）

组别	自己捐助	他人捐助
再归因训练组（n=41）	4.85±0.87	5.33±0.94
积极情绪训练组（n=36）	4.81±0.81	5.28±1.04
行为信息反馈组（n=33）	4.87±0.87	5.27±0.80
控制组（n=32）	4.85±0.72	5.24±0.95

（二）青少年捐助行为归因教育干预的有效性

本节以前测—即时后测行为内归因得分的变化来考察教育干预的即时效应；以前测—追踪后测行为内归因得分的变化来考察教育干预的保持效应；以即时后测—追踪后测行为内归因得分的变化来考察教育干预的稳定效应，以前测与即时后测之差的 Z 分数作为判断青少年行为内归因得分变化的指标。当 $Z < -1$ 时，判断为行为内归因下降，当 $Z > 1$ 时，判断为行为内归因提升，而当 $-1 \leq Z \leq 1$ 时，则判断为行为内归因稳定。为了分析青少年捐助行为内归因变化的人数，我们借鉴辛自强和韩玉蕾（2014）的统计方法对数据进行分析。

1.青少年捐助行为归因教育干预的个体有效性

我们从个体角度考察青少年捐助行为归因教育干预的有效性，主要分析不同时段条件下青少年不同组别内捐助行为内归因提升、稳定、下降的人数。

首先，青少年捐助行为内归因前测—即时后测提升、稳定、下降的人数统计分析见表 7-2。

表 7-2　青少年捐助行为归因前测—即时后测变化人数分析

组别	自己捐助				他人捐助			
	提升	稳定	下降	χ^2	提升	稳定	下降	χ^2
再归因训练组（n=41）	14	26	1	22.88***	10	28	3	24.34***
积极情绪训练组（n=36）	3	27	6	28.50***	5	29	2	36.50***
行为信息反馈组（n=33）	6	21	6	13.64***	3	28	2	39.46***
控制组（n=32）	1	24	7	26.69***	1	17	14	13.56***
χ^2	16.33***	0.86	4.40	18.97**	9.42*	3.80	19.57***	32.95***

表 7-2 的结果显示，在对自己捐助行为归因进行教育干预时，组别对捐助行为内归因变化有显著的影响。四个组在捐助行为内归因提升人数上存在显著差异（$p < 0.001$），干预组捐助行为内归因提升的人数均比控制组多，其中再归因训练组捐助行为内归因提升的人数最多，行为信息反馈组捐助行为内归因

提升的人数次之，积极情绪训练组捐助行为内归因提升的人数最少；但在内归因稳定和内归因下降方面，四个组捐助行为内归因之间均没有显著差异（$ps>0.05$）。在对他人捐助行为归因进行教育干预时，组别对捐助行为内归因变化有显著的影响（$p<0.001$）。四个组在捐助行为内归因提升人数和下降人数上均存在显著差异（$ps<0.05$），在青少年捐助行为内归因提升方面，干预组提升的人数显著多于控制组，其中，再归因训练组捐助行为内归因提升的人数最多，积极情绪训练组次之，行为信息反馈组最少；在青少年捐助行为内归因下降方面，干预组下降的人数显著少于控制组；在青少年捐助行为内归因稳定方面，组别之间没有显著差异（$p>0.05$）。

以上结果表明，教育干预后的即时后测与前测相比，无论是对自己捐助行为归因的教育干预还是对他人捐助行为归因的教育干预，3个教育干预组捐助行为内归因提升的人数均比控制组多，而且再归因训练组捐助行为内归因提升的人数最多。不同的是，对自己捐助行为内归因进行教育干预时，行为信息反馈组捐助行为内归因提升的人数多于积极情绪训练组，而对他人捐助行为归因进行教育干预时则相反。对自己捐助行为归因进行教育干预时，组别在捐助行为内归因变化上的差异只体现在内归因提升上，而对他人捐助行为进行教育干预时，组别在捐助行为内归因变化上的差异不仅体现在内归因提升上，还体现在内归因下降上，干预组捐助行为内归因下降的人数显著少于控制组。

其次，青少年捐助行为内归因前测—追踪后测提升、稳定、下降的人数统计分析见表7-3。

表 7-3　青少年捐助行为归因前测—追踪后测变化人数分析

组别	自己捐助				他人捐助			
	提升	稳定	下降	χ^2	提升	稳定	下降	χ^2
再归因训练组（$n=41$）	14	27	0	4.12*	11	29	1	29.46***
积极情绪训练组（$n=36$）	2	27	7	29.17***	3	30	3	40.50***
行为信息反馈组（$n=33$）	1	29	3	44.36***	2	28	3	39.46***
控制组（$n=32$）	3	20	9	13.94***	3	20	9	13.94***
χ^2	22.00***	1.82	2.95	30.87***	11.11*	2.35	9.00*	20.77**

表 7-3 的结果显示，在对自己捐助行为归因进行教育干预时，组别对捐助行为内归因变化有显著的影响（$p<0.001$）。四个组在捐助行为内归因稳定和捐助行为内归因下降方面没有显著差异（$ps>0.05$）；在捐助行为内归因提升方面存在显著差异（$p<0.001$），其中，再归因训练组捐助行为内归因提升的人数仍

然最多。积极情绪训练组和行为信息反馈组捐助行为内归因提升的人数少于控制组，但与控制组的差别不大。在对他人捐助行为进行归因时，组别对捐助行为内归因变化亦存在显著性影响（$p<0.01$）。与前测—即时后测捐助行为内归因变化的人数一致，四个组在捐助行为内归因提升和下降方面均存在显著差异（$ps<0.05$），在捐助行为内归因提升方面，再归因训练组捐助行为内归因提升的人数仍然多于其他三个组；在捐助行为内归因下降方面，干预组捐助行为内归因的人数也显著少于控制组；在捐助行为内归因稳定方面，四个组之间仍然没有显著差异（$p>0.05$）。不同的是，积极情绪训练组和行为信息反馈组捐助行为内归因提升的人数与控制组大致相当。

以上研究结果表明，青少年捐助行为内归因教育干预间隔一个月后的追踪后测与前测、即时后测与前测的结果基本一致。青少年对自己捐助行为内归因进行教育干预时，组别在捐助行为内归因变化上的差异只体现在内归因提升方面，而对他人捐助行为内归因进行教育干预时，组别在捐助行为内归因变化上的差异不仅体现在内归因提升方面，还体现在内归因下降方面，干预组捐助行为内归因下降人数显著少于控制组；无论是对自己捐助行为内归因教育干预还是对他人捐助行为内归因教育干预，再归因训练组捐助行为内归因提升的人数依然显著多于控制组。不同的是，行为信息反馈组和积极情绪训练组在自己捐助和他人捐助行为内归因提升方面的人数均与控制组捐助行为内归因提升的人数相当。

最后，青少年捐助行为内归因即时后测—追踪后测提升、稳定、下降的人数统计分析见表7-4。

表7-4　青少年捐助行为归因即时后测—追踪后测人数变化分析

组别	自己捐助				他人捐助			
	提升	稳定	下降	χ^2	提升	稳定	下降	χ^2
再归因训练组（$n=41$）	2	38	1	65.02***	5	34	2	45.71***
积极情绪训练组（$n=36$）	4	27	5	28.17***	3	28	5	32.17***
行为信息反馈组（$n=33$）	5	22	6	16.55***	3	26	4	30.73***
控制组（$n=32$）	8	18	6	7.75*	9	19	4	10.94**
χ^2	3.95	8.56*	3.78	14.36*	4.80	4.29	1.27	9.31

表7-4的结果显示，青少年对自己捐助行为内归因进行教育干预时，组别对捐助行为内归因变化有显著的影响（$p<0.05$）。四个组的捐助行为内归因提升和捐助行为内归因下降方面均不存在显著差异（$ps>0.05$），但在捐助行为内归因稳定方面，四个组存在显著差异（$p<0.05$），三个干预组捐助行为内归因稳定的人数多于控制组，其中，再归因训练组捐助行为内归因稳定的人数最多。对

青少年的他人捐助行为内归因进行教育干预时，组别对捐助行为内归因变化不存在显著影响（$p > 0.05$）。

以上结果表明，在教育干预后间隔一个月的追踪后测与即时后测方面，无论青少年自己捐助行为内归因教育干预还是他人捐助行为内归因教育干预，组别在捐助行为内归因提升和捐助行为内归因下降方面均不存在显著差异。在捐助行为内归因稳定方面，干预组稳定的人数多于控制组，其中，再归因训练组捐助行为内归因稳定的人数最多，但只有对青少年的自己捐助行为内归因进行教育干预时，四个组在捐助行为内归因稳定上才存在显著差异。

2. 青少年捐助行为归因教育干预的组别有效性

为了考察不同组别在干预训练前后捐助行为归因得分的变化，对青少年干预组与控制组在前测、即时后测、追踪后测上的捐助行为归因平均值与标准差进行统计（表 7-5）。

表 7-5　青少年教育干预前后捐助行为归因得分差异（$M \pm SD$）

组别	前测		即时后测		追踪后测	
	自己	他人	自己	他人	自己	他人
再归因训练组（n=41）	4.85±0.87	5.33±0.94	3.75±0.65	4.23±0.61	3.78±0.48	4.25±0.68
积极情绪训练组（n=36）	4.81±0.81	5.28±1.04	4.46±0.65	4.24±0.82	4.65±0.68	4.76±0.76
行为信息反馈组（n=33）	4.87±0.87	5.27±0.80	4.27±0.84	4.57±0.73	4.58±0.75	4.88±0.68
控制组（n=32）	4.85±0.72	5.24±0.95	4.83±0.66	5.20±0.91	4.84±0.78	5.19±0.87

以被试对不同主体捐助行为归因得分为因变量指标，进行 4（组别：再归因训练组、积极情绪训练组、行为信息反馈、控制组）×2（捐助主体：自己、他人）×3（时段：前测、即时后测、追踪后测）的重复测量方差分析。由于球形检验不成立，df=0，需校正单变量检验的自由度，采用 Greenhouse-Geisser 校正系数。结果发现，捐助行为主体主效应显著，$F_{(1, 138)}$=22.96，$p < 0.001$，青少年对自己捐助行为归因得分显著低于对他人捐助行为归因得分；时段主效应显著，$F_{(2, 276)}$=77.00，$p < 0.001$，即时后测归因得分显著低于前测归因得分和追踪后测归因得分，追踪后测归因得分显著低于前测归因得分（$ps < 0.001$）；组别主效应显著，$F_{(3, 138)}$=12.48，$p < 0.001$，多重比较发现，三个干预组捐助行为归因得分均显著低于控制组的得分（$ps < 0.05$），再归因训练组捐助行为归因得分显著低于积极情绪训练组和行为信息反馈组的得分（$ps < 0.001$），后两者之间的差异不显著（$p > 0.05$）；时段与组别的交互作用显著，$F_{(6, 276)}$=13.85，$p < 0.001$，见图 7-1，其他交互作用均不显著。

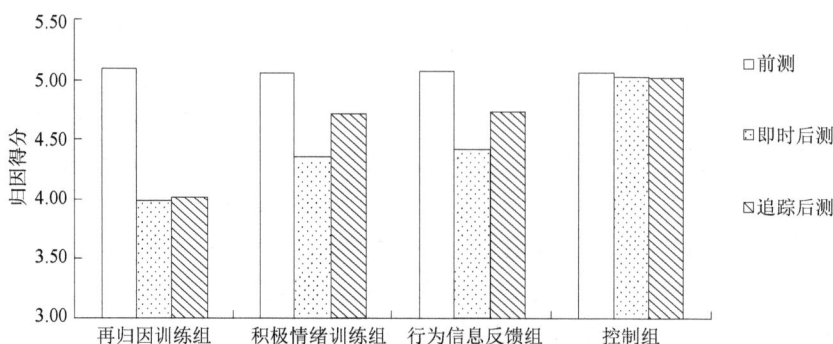

图 7-1　时段与组别的交互作用图

时段与组别的交互作用显著，简单效应检验发现，前测捐助行为归因得分的组别差异不显著，$F(3, 138)=0.04$，$p>0.05$；即时后测捐助行为归因得分存在显著的组别差异，$F(3, 138)=20.28$，$p<0.001$，事后比较发现，三个干预组即时后测捐助行为归因的得分均显著低于控制组（$ps<0.001$）；追踪后测捐助行为归因得分存在显著的组别差异，$F(3, 138)=26.21$，$p<0.001$，事后比较发现，再归因训练组捐助行为归因得分与控制组捐助行为归因的得分差异显著（$p<0.001$），积极情绪训练组和行为信息反馈组与控制组捐助行为归因的得分差异显著（$ps<0.05$）。

此外，再归因训练组捐助行为归因得分在时段上存在显著差异，$F(2, 276)=86.26$，$p<0.001$，事后比较发现，再归因训练组即时后测和追踪后测的捐助行为归因得分显著低于前测的捐助行为归因的得分（$ps<0.001$），但即时后测与追踪后测捐助行为归因的得分差异不显著（$p>0.05$）；积极情绪训练组捐助行为归因得分在时段上存在显著差异，$F(2, 276)=23.72$，$p<0.001$，事后比较发现，积极情绪训练组即时后测和追踪后测的捐助行为归因得分均显著低于前测的捐助行为归因得分，即时后测与追踪后测捐助行为归因的得分差异显著（$ps<0.001$）；行为信息反馈组捐助行为归因得分在时段上存在显著差异，$F(2, 276)=18.62$，$p<0.001$，事后比较发现，行为信息反馈组即时后测和追踪后测的捐助行为归因得分均显著低于前测的捐助行为归因得分（$ps<0.001$），即时后测与追踪后测捐助行为归因得分差异显著（$p<0.05$）；而控制组在时段上不存在显著差异，$F(2, 276)=0.06$，$p>0.05$。

总体而言，四个组前测捐助行为归因得分基线同质，但经过干预训练后，干预组即时后测和追踪后测捐助行为归因得分均显著低于控制组，各干预组捐助行为归因得分变化的情况是：再归因训练组捐助行为归因得分下降的幅度大于积极情绪训练组,积极情绪训练组捐助行为归因得分的下降幅度大致等于行为信息反馈组。控制组在前测、即时后测和追踪后测时的捐助行为归因得分基本稳定,这表明三种干预条件下个体捐助行为归因得分存在即时效应、短时保持效应,其中,再归因训练组捐助行为归因的教育干预效果最好。此外,干预组即时后测和追踪后测的捐助行为归因得分均显著低于前测捐助行为归因得分,但是再归因训练组即时后测与追踪后测的捐助行为归因得分的差异不显著,而积极情绪训练组和行为信息反馈组追踪后测的捐助行为归因的得分均显著高于即时后测的捐助行为归因的得分,这表明间隔一个月进行追踪后测与即时后测后,捐助行为归因干预效果的稳定性存在差异,其中,再归因训练组的捐助行为归因的稳定性较好,而积极情绪训练组和行为信息反馈组追踪后测的捐助行为归因显著增加,其效果不稳定。

3.青少年捐助行为归因教育干预的增益有效性

以各时段捐助行为归因两两增益分数为因变量,进行4(组别:再归因训练组、积极情绪训练组、行为信息反馈组、控制组)×2(捐助主体:自己、他人)×3(增益时段:前测—即时后测、前测—追踪后测、即时后测—追踪后测)的重复测量方差分析。结果显示,增益时段主效应显著,$F(2, 276)=74.68$,$p<0.001$,多重比较发现,前测—即时后测捐助行为归因增益分数显著高于前测—追踪后测和即时后测—追踪后测捐助行为归因增益分数,前测—追踪后测捐助行为归因增益分数显著高于即时后测—追踪后测捐助行为归因增益分数;组别主效应显著,$F(3, 138)=21.28$,$p<0.001$,事后多重比较发现,再归因训练组的捐助行为归因增益分数显著高于控制组的捐助行为归因增益分数($p<0.001$),积极情绪训练组和行为信息反馈组的捐助行为归因增益分数均显著高于控制组捐助行为归因增益分数($ps<0.05$),再归因训练组的捐助行为归因增益分数显著高于积极情绪训练组和行为信息反馈组的捐助行为归因增益分数($p<0.001$),而积极情绪训练组的捐助行为归因增益分数与行为信息反馈组的捐助行为归因增益分数之间的差异不显著($p>0.05$);捐助主体与捐助行为归因增益分数时段的交互作用边缘显著,$F(2, 276)=2.82$,$p=0.06$;捐助行为归因增益分数时段与组别的交互作用显著,$F(6, 276)=8.59$,$p<0.001$;其他主效应和交互作用均不显著。

对捐助行为归因增益分数时段与组别的交互作用进行简单效应检验,结果见图7-2。结果发现,捐助行为归因增益分数时段分别在再归因训练组、积极情绪训练组和行为信息反馈组上存在显著性差异,$F_{再归因训练组}(2, 276)=51.33$,

$F_{\text{积极情绪训练组}}$（2，276）=32.04，$F_{\text{行为信息反馈组}}$（2，276）=24.12，$ps<0.001$，而与控制组捐助行为归因增益分数不存在显著差异（$p>0.05$）。多重比较分析发现，再归因训练组前测—即时后测时段和前测—追踪后测时段的捐助行为归因增益分数均显著高于即时后测—追踪后测时段的捐助行为归因增益分数（$ps<0.001$），而前测—即时后测时段与前测—追踪后测时段的捐助行为归因增益分数的差异不显著（$p>0.05$）；积极情绪训练组在前测—即时后测时段和前测—追踪后测时段的捐助行为归因增益分数均显著高于即时后测—追踪后测时段的捐助行为归因增益分数（$ps<0.001$），前测—即时后测捐助行为归因增益分数显著高于前测—追踪后测时段的捐助行为归因增益分数（$p<0.001$）；行为信息反馈组前测—即时后测时段和前测—追踪后测时段的捐助行为归因增益分数均显著高于即时后测—追踪后测时段的捐助行为归因增益分数（$ps<0.001$），前测—即时后测时段的捐助行为归因增益分数显著高于前测—追踪后测时段的捐助行为归因增益分数（$p<0.05$）。以上研究结果表明，再归因训练组捐助行为归因教育干预的即时效应和保持效应良好，捐助行为归因教育干预的稳定性也较好；而积极情绪训练组和行为信息反馈组捐助行为归因教育干预的即时效果和保持效应较好，但捐助行为归因教育干预的稳定性较差。

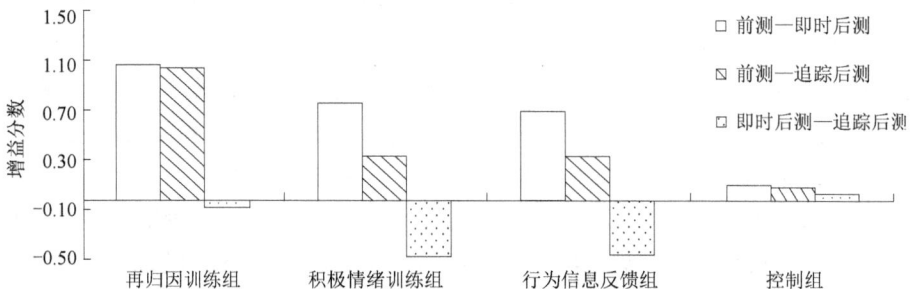

图 7-2　增益分数时段与组别的交互作用图

对捐助主体与捐助行为归因增益分数时段的交互作用进行简单效应检验，见图 7-3。结果发现，在前测—即时后测时段上，青少年自己捐助行为归因的增益分数显著低于他人捐助行为归因的增益分数，F（1，138）=3.91，$p<0.05$，而在前测—追踪后测和即时后测—追踪后测时段上，青少年自己捐助行为归因的增益分数与对他人捐助行为归因的增益分数无显著性差异（$p>0.05$）。青少年对自己的捐助行为进行归因时，捐助行为归因增益分数时段存在显著性差异，F（2，276）=29.41，$p<0.001$，青少年前测—即时后测时段的捐助行为归因

增益分数显著高于前测—追踪后测时段和即时后测—追踪后测时段的捐助行为归因增益分数（$ps<0.05$），前测—追踪后测时段的捐助行为归因增益分数显著高于即时后测—追踪后测时段的捐助行为归因增益分数；青少年对他人的捐助行为进行归因时，捐助行为归因增益分数时段也存在显著性差异，$F（2，276）=56.68$，$p<0.001$，青少年前测—即时后测时段的捐助行为归因增益分数显著高于前测—追踪后测时段和即时后测—追踪后测时段的捐助行为归因增益分数（$ps<0.001$），前测—追踪后测时段的捐助行为归因增益分数显著高于即时后测—追踪后测时段的捐助行为归因增益分数（$p<0.001$）。

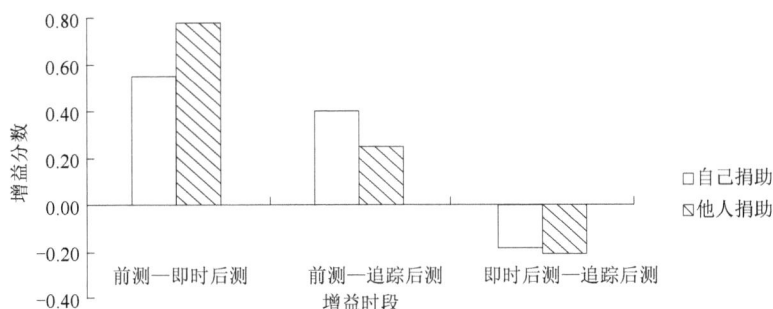

图 7-3　增益分数时段与捐助主体的交互作用图

总体来说，无论是对自己的捐助行为归因进行教育干预还是对他人的捐助行为归因进行教育干预，三种教育干预中，再归因训练法对青少年捐助行为归因改变的即时效应、保持效应都最好。此外，行为信息反馈法可以即时改变个体对自己捐助的行为归因，但其保持效果并不明显，而积极情绪训练法和行为信息反馈法也都可以即时改变个体对他人捐助的行为归因，但行为信息反馈法的保持效果不明显，积极情绪训练法的稳定性较差。

五、讨论分析

研究结果表明，在干预前，再归因训练组、积极情绪训练组、行为信息反馈组与控制组的捐助行为归因并无显著性差异；经过 6 周的干预训练后，再归因训练组、积极情绪训练组、行为信息反馈组即时后测与追踪后测时段的捐助行为归因得分均显著低于前测时段的捐助行为归因得分；控制组在前测、即时后测及追踪后测上的捐助行为归因的得分差异不显著。以上研究结果不但从组别角度得到了验证，从捐助行为归因改变角度也能相互印证。这表明三种教育干预方式对人际视角下的青少年捐助行为归因干预是有效而且可行的。已有研究也表明，可以通过教育干预促使个体的认知发生改变，进而促使个体的行为发生改变（廖全明和郑涌，2007）。因此，人际视角下青少年捐助行为归因干预既具有可行性也具有可塑性。

本书研究通过再归因训练法、积极情绪训练法、行为信息反馈法对青少年捐助行为归因进行干预，结果表明，三种干预方式均是有效而且可行的。同时，研究结果也表明，三种干预方式下青少年捐助行为归因的干预效果存在差异。研究发现，在青少年捐助行为归因的前测得分方面，三种干预方式无显著性差异；在青少年捐助行为归因的即时后测和追踪后测得分方面，干预组的内归因得分均显著低于控制组，而且再归因训练组的内归因得分显著低于积极情绪训练组和行为信息反馈组，积极情绪训练组与行为信息反馈组的内归因得分差异不显著；再归因训练组和控制组的即时后测内归因得分均与其追踪后测的内归因得分差异不显著；积极情绪训练组和行为信息反馈组即时后测的内归因得分均与其追踪后测的内归因得分存在显著差异。对于以上研究结果，无论是从组别角度还是从内归因改变的角度来说，都能相互印证，三种教育干预方法对人际视角下的青少年捐助行为归因的干预效果是存在差异的，再归因训练组干预的即时效应和保持效应优于积极情绪训练组和行为信息反馈组，而且使用再归因训练法对捐助行为归因进行干预最稳定，积极情绪训练组和行为信息反馈组的干预效果不稳定。

第三节　群际视角下青少年捐助行为归因教育干预

上述研究基于人际视角，采用再归因训练法、积极情绪训练法、行为信息反馈法考察青少年捐助行为归因的教育干预，发现三种干预方式均可以改变青少年捐助行为归因。人际视角下的研究较多地考虑了个体对自己与他人捐助行为归因的差异，而群际视角下的研究更加注重个体对内群体与外群体捐助行为归因的差异。本节的研究基于群际视角，通过再归因训练法、积极情绪训练法、行为信息反馈法考察青少年捐助行为归因的教育干预，以及这三种教育干预效果的差异。

一、研究目的

筛选群际捐助外显情境归因高的青少年，通过再归因训练、积极情绪训练、行为反馈法对青少年捐助行为群际归因进行集体教育干预，考察青少年捐助行为群际归因教育干预方法的差异及有效性。

二、研究假设

再归因训练、积极情绪训练、行为信息反馈法对青少年群际捐助行为归因干预是有效的；三种教育干预方法对青少年群际捐助行为归因的干预效果存在差异。

三、研究方法

（一）研究被试

我们采用情境故事归因判断任务对某职业技术学校 9 个班的 435 名青少年进行了施测，剔除无效及不完整的问卷后，剩余 411 份问卷，有效回收率为94.48%。根据青少年对故事行为归因评定的得分，并以青少年对我群体捐助和他群体捐助行为归因均分均大于等于理论均值 4 分为标准对被试进行了筛选，最终得到对我群体和他群体捐助均进行情境归因的青少年共 118 人。然后，根据情境归因的青少年人数进行分组，最终得到再归因训练组 26 人、积极情绪训练组 23 人、行为信息反馈组 40 人、控制组 29 人。

（二）实验设计

我们采用实验组—控制组前测、后测和追踪后测实验设计，以青少年对情境故事中不同主体捐助行为归因变化的人数及归因得分为因变量指标。

（三）教育干预方案

我们采用再归因训练法、积极情绪训练法、行为信息反馈法对青少年捐助行为归因进行教育干预，具体干预方案见后文。

（四）干预程序与时间

首先，将筛选出的 118 名被试分配到三个干预组（再归因训练组、积极情绪训练组、行为信息反馈组）和一个控制组，控制组不进行任何干预训练，干预组由心理学教师按照前测—干预—后测的程序进行为期 6 周的集体干预训练，每周 1 次，每次 20 分钟，共 6 次，干预时间共 6 周。控制组进行常规教学，不额外进行其他活动。接着，2014 年 10 月上旬进行前测，10 月中旬至 11 月底进行 6 次集体教育干预，干预后立即进行即时后测，12 月底进行追踪后测，其中追踪后测与即时后测间隔 1 个月。

四、研究结果

（一）干预组与控制组前测同质性检验

即时后测与追踪后测共有 2 名被试的数据流失，最终收集到了 116 名被试的数据。为了确保干预组和控制组同质，干预之前对 4 组被试在人口统计学特征和不同群体捐助行为归因的基线水平上进行统计与检验（表 7-6）。

表 7-6　干预前被试对群际捐助归因的基线比较（$M \pm SD$）

组别	我群体	他群体
再归因训练组（$n=26$）	5.11±1.10	5.22±1.01
积极情绪训练组（$n=22$）	5.19±0.95	5.14±1.08
行为信息反馈组（$n=40$）	5.22±0.84	5.10±0.96
控制组（$n=28$）	5.17±0.89	5.20±0.78
F	0.07（0.98）	0.12（0.95）

注：最后一行括号内的数据为 p 值

单因素方差分析表明，四组青少年对我群体捐助行为归因的基线水平差异不显著，$F(3, 112)=0.07$，$p>0.05$；四组青少年对他群体捐助行为归因的基线水平差异不显著，$F(3, 112)=0.12$，$p>0.05$；以上研究结果表明，四组青少年在干预前对我群体和他群体捐助行为归因的基线水平基本同质。

（二）青少年捐助行为归因教育干预的有效性

1. 青少年捐助行为归因教育干预的个体有效性

首先，青少年捐助行为归因前测—即时后测的行为内归因提升、稳定、下降的人数统计分析见表 7-7。

表 7-7　青少年捐助行为归因前测—即时后测人数变化分析

组别	我群体捐助				他群体捐助			
	提升	稳定	下降	χ^2	提升	稳定	下降	χ^2
再归因训练组（$n=26$）	5	18	3	15.31***	5	19	2	19.00***
积极情绪训练组（$n=22$）	3	19	0	11.64***	3	17	2	19.18***
行为信息反馈组（$n=40$）	11	27	2	24.05***	9	28	3	25.55***
控制组（$n=28$）	0	18	10	2.29	1	18	9	15.50***
χ^2	5.47*	2.78	7.60*	24.90***	7.78*	3.76	8.50*	13.47*

表 7-7 的结果显示，在对我群体捐助行为归因进行教育干预时，组别对捐助行为内归因变化有显著的影响。四个组在捐助行为内归因提升人数上存在显著差异（$p<0.05$），干预组捐助行为内归因提升的人数均比控制组多，其中行为信息反馈组捐助行为内归因提升的人数最多；四个组在捐助行为内归因下降人数上存在显著差异（$p<0.05$）；但在内归因稳定方面，四个组之间不存在显著差异（$p>0.05$）。在对他群体捐助行为归因进行教育干预时，组别对捐助行为内归因变化也有显著的影响。四个组在捐助行为内归因提升的人数和下降的人数上均存在显著差异（$ps<0.05$），在青少年捐助行为内归因提升方面，干预组提升的人数显著高于控制组，其中，行为信息反馈组捐助行为内归因提升的人数最多；在青少年捐助行为内归因下降方面，干预组下降的人数显著少于控制组；在青少年捐助行为内归因稳定方面，组别之间没有显著差异（$p>0.05$）。以上结果表明，教育干预后的即时后测与前测相比，无论是对我群体捐助行为归因教育干预还是对他群体捐助行为归因教育干预，三个教育干预组捐助行为内归因提升的人数均比控制组多，而且行为信息反馈组捐助行为内归因提升的人数最多。

其次，青少年捐助行为内归因前测—追踪后测提升、稳定、下降的人数统计分析见表 7-8。

表 7-8　青少年捐助行为归因前测—追踪后测人数变化分析

组别	我群体捐助				他群体捐助			
	提升	稳定	下降	χ^2	提升	稳定	下降	χ^2
再归因训练组（$n=26$）	6	18	2	16.00***	6	18	2	16.00***
积极情绪训练组（$n=22$）	3	18	1	23.55***	2	18	2	23.23***
行为信息反馈组（$n=40$）	7	30	3	31.85***	3	34	3	48.05***
控制组（$n=28$）	2	16	10	10.57**	3	17	8	10.79**
χ^2	3.78	6.00	12.50**	16.57*	2.57	9.23*	6.60	12.07

表 7-8 的结果显示，在对我群体捐助行为归因进行教育干预时，组别对捐助行为内归因变化有显著的影响。四个组在捐助行为内归因下降人数上存在显著差异（$p<0.001$），干预组捐助行为内归因下降的人数均比控制组少。在对他群体捐助行为归因进行教育干预时，组别对捐助行为内归因变化也有显著的影响。四个组在捐助行为内归因稳定人数上存在显著差异（$p<0.05$），在青少年捐助行为内归因稳定方面，行为信息反馈组稳定的人数最多。以上结果表明，教育干预后的追踪后测与前测相比，对我群体捐助行为归因进行教育干预，三个教育干预组捐助行为内归因下降的人数均比控制组少；对他群体捐助行为归因

进行教育干预，三个教育干预组捐助行为内归因稳定的人数均比控制组多。

最后，青少年捐助行为内归因即时后测—追踪后测提升、稳定、下降的人数统计分析见表 7-9。

表 7-9　青少年捐助行为归因即时后测—追踪后测人数变化分析

组别	我群体捐助				他群体捐助			
	提升	稳定	下降	χ^2	提升	稳定	下降	χ^2
再归因训练组（n=26）	4	19	3	18.54***	3	22	1	31.00***
积极情绪训练组（n=22）	0	17	5	6.55*	2	19	1	27.91***
行为信息反馈组（n=40）	3	30	7	31.85***	2	28	10	26.60***
控制组（n=28）	6	22	0	9.14**	7	17	4	9.93**
χ^2	1.08	4.46	1.60	11.97	4.86	3.21	13.50**	14.18*

表 7-9 显示，对青少年自己捐助行为归因进行教育干预时，我群体捐助行为内归因教育干预不存在组别差异，干预组在捐助行为内归因提升、稳定和下降的人数上均与控制组无显著性差异（$ps>0.05$）；他群体捐助行为归因教育干预存在组别差异，四个组在捐助行为内归因下降人数上存在显著差异（$p<0.01$），其中，行为信息反馈组捐助行为内归因下降的人数显著多于控制组，而在捐助行为内归因提升和稳定的人数上均不存在显著的组别差异（$ps>0.05$）。这说明教育干预后间隔一个月的追踪后测与后测比较，无论青少年我群体捐助行为内归因教育干预还是他群体捐助行为内归因教育干预，组别在捐助行为内归因提升和稳定方面均不存在显著差异，而在他群体捐助行为内归因下降方面存在组别差异。

2. 青少年捐助行为归因教育干预的组别有效性

为了考察不同组别在干预前后捐助行为归因得分的变化，对青少年干预组与控制组在前测、即时后测及追踪后测上的捐助行为归因平均值与标准差进行统计，见表 7-10。

表 7-10　青少年捐助行为归因教育干预的群际差异（$M \pm SD$）

组别	前测		即时后测		追踪后测	
	我群体	他群体	我群体	他群体	我群体	他群体
再归因训练组（n=26）	5.11±1.10	5.22±1.01	4.65±0.77	4.71±0.74	4.66±1.04	4.72±0.83
积极情绪训练组（n=22）	5.19±0.95	5.14±1.08	4.40±0.85	4.64±0.71	4.82±0.79	4.79±0.79
行为信息反馈组（n=40）	5.22±0.84	5.10±0.96	4.49±0.66	4.27±0.50	4.81±0.79	4.84±0.75
控制组（n=28）	5.17±0.89	5.20±0.78	5.17±0.83	5.15±0.71	5.20±0.75	5.22±0.76

以青少年捐助行为归因得分为指标，进行 4（组别：再归因训练组、积极情绪训练组、行为信息反馈组、控制组）×2（捐助群体：我群体、他群体）×3（时段：前测、即时后测、追踪后测）的重复测量方差分析。由于球形检验不成立，$df=0$，需校正单变量检验的自由度，取 Greenhouse-Geisser 校正系数。研究结果显示，时段主效应显著，$F_{(2, 224)}=57.37$，$p<0.001$，即时后测捐助行为归因得分显著低于前测和追踪后测捐助行为归因得分，追踪后测捐助行为归因得分显著低于前测捐助行为归因得分（$ps<0.001$）；组别主效应边缘显著，$F_{(3, 112)}=2.23$，$p=0.08$，多重比较发现，行为信息反馈组捐助行为归因得分显著低于控制组捐助行为归因得分（$p<0.05$），而再归因训练组、积极情绪训练组与控制组捐助行为归因得分均呈边缘显著（$p_{再归因训练}=0.06$，$p_{积极情绪训练}=0.06$），再归因训练组与积极情绪训练组捐助行为归因得分差异不显著（$p>0.05$）；时段与组别的交互作用显著，$F_{(6, 224)}=8.7$，$p<0.001$；其他主效应和交互作用均不显著。

增益时段与组别的交互作用显著，简单效应检验见图 7-4。结果发现，前测捐助行为归因不存在组别差异，$F_{(3, 112)}=0.01$，$p>0.05$；即时后测捐助行为归因存在组别差异，$F_{(3, 112)}=9.97$，$p<0.001$，事后检验发现，三个干预组即时后测捐助行为归因的得分显著低于控制组捐助行为归因的得分（$ps<0.01$），行为信息反馈组捐助行为归因的得分显著低于再归因训练组捐助行为归因的得分（$p<0.05$），再归因训练组与积极情绪训练组捐助行为归因的得分差异不显著（$p>0.05$），积极情绪训练组和行为信息反馈组捐助行为归因得分的差异不显著（$p>0.05$）；追踪后测捐助行为归因存在组别差异，$F_{(3, 112)}=2.80$，$p<0.05$，事后比较发现，三个干预组追踪后测捐助行为归因的得分显著低于控制组捐助行为归因的得分（$ps<0.05$），再归因训练组、积极情绪训练组、行为信息反馈组捐助行为归因得分的差异不显著（$ps>0.05$）。

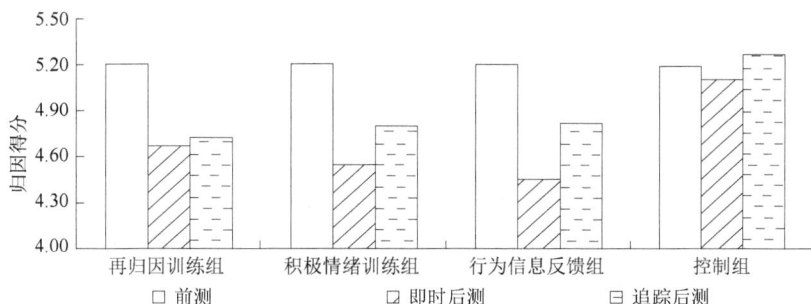

图 7-4　增益时段与组别的交互作用图

总体来看，四组被试接受 3 次干预任务的捐助行为归因得分趋势如下：干预组在接受干预前测、即时后测、追踪后测时段的捐助行为归因得分呈现出了"先下降后上升"的趋势。各干预组在接受干预训练后的捐助行为归因得分明显下降，捐助行为归因下降程度依次为：行为信息反馈组＞积极情绪训练组＞再归因训练组；而在间隔 1 个月后，追踪后测时段的捐助行为归因得分有所上升，但仍然低于前测时段的捐助行为归因得分，捐助行为归因上升程度依次为：再归因训练组＜积极情绪训练组＜行为信息反馈组，而控制组在整个过程中捐助行为归因得分基本持平。这表明三种教育干预下青少年捐助行为归因的即时效应和保持效应良好，其中，行为信息反馈组的即时效应最好，再归因训练组的保持效应最好。

3. 青少年捐助行为归因教育干预的增益有效性

以各时段两两增益分数为因变量，进行 4（组别：再归因训练组、积极情绪训练组、行为信息反馈组、控制组）×2（捐助群体：我群体、他群体）×3（增益时段：前测—即时后测、前测—追踪后测、即时后测—追踪后测）的重复测量方差分析。结果发现，增益时段主效应显著，$F(2，224)=73.56$，$p<0.001$，多重比较发现，前测—即时后测时段的捐助行为内归因增益得分显著高于前测—追踪后测和即时后测—追踪后测时段的捐助行为内归因增益得分（$ps<0.001$），前测—追踪后测时段的捐助行为内归因增益得分显著高于即时后测—追踪后测时段的捐助行为内归因增益得分（$p<0.001$）；组别主效应显著，$F(3，112)=5.43$，$p<0.01$，事后多重比较发现，再归因训练组、积极情绪训练组和行为信息反馈组的捐助行为内归因增益得分均显著高于控制组捐助行为内归因增益得分（$ps<0.01$），积极情绪训练组、行为信息反馈组、再归因训练组的捐助行为内归因增益得分差异均不显著（$ps>0.05$）；组别与增益时段的交互作用显著，$F(6，224)=11.51$，$p<0.001$；其他主效应和交互作用均不显著。

增益时段与组别的交互作用显著，见图 7-5。简单效应检验表明，再归因训练组、积极情绪训练组和行为信息反馈组捐助行为内归因增益得分存在显著差异，$F(2，224)=11.40$，$p<0.001$。多重比较分析发现，再归因训练组前测—即时后测和前测—追踪后测时段的捐助行为内归因增益得分均显著高于即时后测—追踪后测时段的捐助行为内归因增益得分（$ps<0.01$），再归因训练组前测—即时后测与前测—追踪后测时段的捐助行为内归因增益得分差异不显著（$p>0.05$）；积极情绪训练组前测—即时后测和前测—追踪后测时段的捐助行为内归因增益得分均显著高于即时后测—追踪后测时段的捐助行为内归因增益得分（*ps*<0.001），积极情绪训练组前测—即时后测时段的捐助行为内归因增益得分显著高于前测—追踪后测时段的捐助行为内归因增益得分（*p*<0.001）；行为信息反馈组前测—即时后测和前测—追踪后测时段的捐助行为内归因增益得分均显著高于即时后测—追踪后测时段的捐助行为内归因增益得分（*ps*<0.001），行为信息反馈组前测—即时后测时段的捐助行为内归因增益得分显著高于前测—追踪后测时段的捐助行为内归因增益得分（*ps*<0.001）。

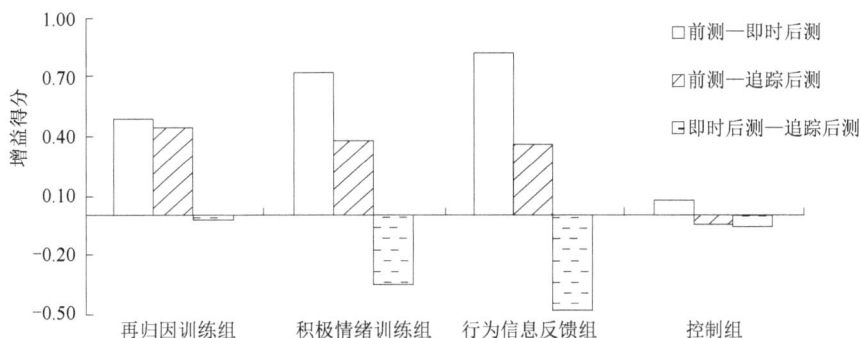

图 7-5　增益时段与组别的交互作用图

综上所述，三种干预方式均能改变青少年的捐助行为归因，但其干预效果存在差异：行为信息反馈组干预的即时后测效应最好，积极情绪训练组次之，再归因训练组较差；三个干预组的保持效应均较好；再归因训练组干预的效果最稳定，而行为信息反馈组和积极情绪训练组干预效果的稳定性较差。

五、讨论分析

本节的研究结果表明，在干预前，再归因训练组、积极情绪训练组、行为信息反馈组和控制组青少年捐助行为归因无显著性差异；经过 6 周的干预训练后，在即时后测方面，干预组青少年捐助行为内归因提升的人数显著多于控制组，干预组青少年捐助行为内归因得分显著低于控制组，说明干预的即时效应是存在的。因此，青少年捐助行为归因的教育干预是有效且可行的，即通过教育干预，青少年在较短时间内归因人数增加，个体情境归因得分下降，表明三种教育干预方式均能改变青少年捐助行为归因倾向。以往的研究也表明，教育干预可以改善或纠正个体不良的归因方式（Forsteling, 1985）。采用再归因训练法对青少年捐助行为归因进行教育干预，可促进青少年捐助行为内归因的转变，进而使其后续行为也发生改变；采用积极情绪训练法对青少年捐助行为内归因进行教育干预，可通过积极情绪的训练促进其内归因的改变；采用行为信息反馈法对青少年捐助行为内归因进行教育干预，可以通过设计行为情境引导个体进行正确归因，并予以积极反馈，以增强个体后续行为的持续性。通过以上教育干预建构青少年捐助行为归因的干预体系和教育优化策略，可以为青少年道德教育提供参考和依据。

那么，青少年捐助行为归因的可塑性是否会受到捐助群体的影响？本节以归因得分为指标，从组别角度进行前测—即时后测分析后发现，捐助群体的主效应不显著，各因素与捐助群体的交互作用也不显著。这与从个体角度进行的前测—即时后测内归因人数变化的分析结果吻合，表明青少年捐助行为归因教育干预的即时后测效应并没有受到捐助群体的影响。然而，从个体角度进行前测—追踪后测和即时后测—追踪后测内归因人数的变化的分析结果表明，青少年捐助行为归因教育干预的保持效应和稳定性均受到捐助群体的影响。青少年对我群体捐助行为归因的保持效应差异主要体现在内归因下降方面，而内归因提升和稳定的人数与控制组均无显著差异，表明干预后青少年对我群体捐助行为归因的保持效应良好。青少年对他群体捐助行为归因的保持效应差异主要体现在归因稳定性方面，其中，行为信息反馈组青少年对他群体捐助行为归因的保持效应最差，而青少年对我群体捐助行为归因教育干预的稳定性方面均没有显著差异，表明干预组青少年对我群体捐助行为归因的稳定性良好。

本节的研究发现，与前测—即时后测的研究结果相一致，与前测相比，干预训练后测间隔1个月进行追踪后测时，干预组青少年捐助行为归因得分也显著低于控制组。该结果从个体角度、组别角度和归因改变角度都能相互印证，表明再归因训练法、积极情绪训练法和行为信息反馈法对青少年捐助行为干预的即时后测效应和保持效应良好。然而，各组之间的即时后测效应存在显著差异，行为信息反馈组的前测—即时后测捐助行为内归因得分显著低于再归因训练组的捐助行为内归因得分，而与积极情绪训练组的捐助行为内归因得分无显著差异；再归因训练组与积极情绪训练组的捐助行为内归因得分无显著差异，表明行为信息反馈组干预的即时后测效应较好。

第四节　综　合　讨　论

本章采用再归因训练法、积极情绪训练法、行为信息反馈法分别对人际和群际视角下青少年捐助行为归因进行了教育干预。在干预之前，对三个干预组与控制组进行了前测同质性检验，说明四组被试前测无差异，以此为基线探查了三种教育干预对青少年捐助行为归因干预的效果及各教育干预方式在效果方面的差异。

一、青少年捐助行为归因的可塑性

通过再归因训练法、积极情绪训练法、行为信息反馈法对捐助行为情境归因较高的青少年进行干预，目的在于探查青少年捐助行为归因的干预效果，在此基础上进一步考察青少年捐助行为归因的可塑性。同时，分别以青少年捐助行为归因前测、即时后测与间隔1个月的追踪后测变化人数与内归因得分及各时段归因增益得分为指标，从个体水平、组别水平和归因偏差水平进行分析，结果发现，与实验预期一致，教育干预可以有效地改变青少年捐助行为内归因。不论是人际视角还是群际视角，青少年捐助行为归因干预均是有效的；再归因训练法、积极情绪训练法、行为信息反馈法均能在短时间内改变青少年捐助行为内归因，即青少年捐助行为内归因提升人数显著增多和归因得分的显著下降，表明青少年捐助行为归因的确发生了改变，从捐助行为情境归因向内归因转变，增加了青少年捐助行为归因的内倾性。毋庸置疑，青少年捐助行为归因具有可塑性。

已有研究也表明，积极情绪训练通过感化、移情等方式激活人们的想法、经历及认知方式（Wegener and Petty, 1994）；行为信息反馈可以通过强化手段促使个体提升自我效能感和实现内部目标（龙君伟，2003）；再归因训练可以改变个体的认知与评价，归因训练也可以增强行为的坚韧性（韩仁生，1998）。本章的研究结果与上述研究结果相一致，即再归因训练法、积极情绪训练法、行为信息反馈法对青少年捐助行为归因干预是有效可行的，但是三种干预方式在青少年捐助行为归因的干预效果方面存在差异，以关注移情、情绪感染的积极情绪训练法和以关注奖励、给予强化的行为信息反馈法对青少年捐助行为归因进行干预时，可以产生良好的即时效应和保持效应，但可能容易受到其他因素的影响，难以保持内归因变化的稳定性。具体而言，青少年捐助行为归因的可塑性体现在以下方面。

首先，从个体角度进行分析发现，青少年关于自己捐助行为归因干预的效果，突出表现在即时后测与前测时段捐助行为内归因的人数变化方面。即时后测时段的内归因提升人数多于前测时段的内归因提升人数；干预组的内归因提升人数多于控制组的内归因提升人数；青少年关于他人捐助行为归因干预的效果，主要表现在即时后测与前测时段人数变化方面，即时后测时段的内归因提升人数均多于前测时段的提升人数，即时后测时段的内归因下降人数少于前测时段的内归因下降人数，干预组内归因提升人数多于控制组内归因提升人数，干预组内归因下降人数显著少于控制组内归因下降人数。追踪后测与前测的内归因人数变化的结果与上述研究结果吻合。然而，从追踪后测与即时后测时段内归因的人数变化结果来看，青少年自己捐助行为内归因主要体现在稳定性方面，干预组内归因稳定的人数多于控制组内归因稳定的人数，而青少年他人捐助行为内归因在人数提升、稳定和下降方面，干预组与控制组均没有出现显著差异。由此可知，经过教育干预后，青少年无论对自己的捐助行为归因还是对他人的捐助行为归因，内归因提升人数均明显增多，从而使得外归因程度明显下降。

其次，青少年捐助行为归因干预效果体现在稳定性方面。青少年对自己的捐助行为进行归因时，仍然会考虑到情境外因素的影响，因而在内归因下降方面并没有表现出显著差异；而青少年对他人的捐助行为进行归因时，会比较客观地考虑行为归因，从而使得内归因下降人数减少，内归因提升人数增多。从内归因人数变化来看，虽然干预对他人捐助行为内归因改变的影响更明显，但是在稳定性方面，青少年对自己的捐助行为的内归因更加稳定；而干预组对他人捐助行为内归因的稳定性与控制组无差异。这或许与两个方面的因素有关：一方面，可能受到第三人称观点的影响，对自己的捐助行为进行归因时，青少年以当事人的身份来认知和推断，经过教育干预后，青少年对自己捐助行为归因的认知更加清晰，因而表现出干预效果的稳定性，而青少年对他人的捐助行为进行归因时，是站在第三方的角度，干预训练的效果还会受到旁观者对情境因素的考虑的影响，因而其稳定性会下降；另一方面，可能与较短的教育干预训练有一定的关系，短期归因干预训练并没有彻底改变青少年对他人捐助行为归因的认识与评价，因而会出现不稳定现象，如果能采用更长时间的教育干预，其稳定性可能会增强。

最后，青少年捐助行为归因的干预效果具有群际差异。研究结果表明，青少年捐助行为归因受到捐助群体的影响，可能的原因是青少年内群体认同对我群体捐助行为归因干预产生了重要的影响，青少年为了获取内群体成员的肯定或者自我提升，进而更容易对内群体捐助行为归因产生自利归因偏好，捐助行为内归因的保持效应和稳定性均较好。相比之下，青少年对外群体捐助行为归因较少受到自我提升动机的影响，然而可能较多地受到了持久的认知观点的影响，从而难以在短时间内产生外群体归因偏好。此外，通过行为信息反馈法对青少年他群体捐助行为归因进行教育干预，虽然能够在短时内奏效，但这种通过强化手段来改变青少年对他群体捐助行为归因的方法难以在较长的时间内奏效，尤其是当没有强化之后，可能会使得捐助行为归因强化消退。因而，采用行为信息反馈法，青少年对他群体捐助行为归因的保持效应和稳定性基本上恢复到了前测时段的水平。然而，这种归因变化仅仅体现在各时段归因变化的人数上，而干预组青少年对捐助行为归因的程度并没有受到捐助群体显著的影响。

此外，间隔1个月的追踪后测的结果显示，群际视角下干预组捐助行为内归因的追踪后测时段的得分显著低于捐助行为内归因的前测时段的得分，表明群际干预保持效应良好。然而，即时后测—追踪后测时段的群际捐助行为内归因结果显示，干预组追踪后测时段的群际捐助行为内归因的得分显著高于即时后测时段的捐助行为内归因的得分，体现出了群际教育干预效果的不稳定性。该结果可能与两个方面的原因有关：一方面，可能是因为本次干预时间太短，加之青少年正处于认知发展的敏感期，因而对群体捐助行为内归因的理解仍不够充分，因此，今后的研究要延长教育干预时间，同时尽可能地改变被试的外群体捐助行为内归因偏见；另一方面，可能是因为青少年捐助行为内归因受到群体偏好及群体情绪的影响，而不是对群际捐助行为内归因真正的推理与评价。

二、教育干预对青少年捐助行为归因的影响

（一）教育干预对青少年人际捐助行为归因的影响

本研究结果表明：再归因训练法、积极情绪训练法、行为信息反馈法对青少年捐助行为归因的教育干预是有效且可行的。并且，三种教育干预方法对青少年捐助行为归因的干预效果是不同的，其中，再归因训练法对青少年捐助行为归因教育干预的即时效应和保持效应比积极情绪训练法和行为信息反馈法的效果更好，而且干预效果最稳定。

值得注意的是，从归因改变角度考察青少年捐助行为归因干预的有效性，结果发现，积极情绪训练组青少年捐助行为归因的改变具有即时性，其保持效应和稳定效应较差。其原因可能是：由于情绪容易感染、易诱发，加之青少年情绪的波动性、自我意识的发展变化，通过积极情绪训练法能够在较短的时间内改变其对捐助行为的归因偏向，但积极情绪训练法对青少年捐助行为归因偏向的改变并没有产生稳定的长期效应。因而，对青少年慈善捐助行为归因进行长期的教育干预，可能会改变其归因偏向。本章的研究发现，再归因训练组和行为信息反馈组青少年捐助行为归因偏向的效果不明显，但并不意味着再归因

训练法、行为信息反馈法这两种干预方法对青少年捐助行为归因偏向的改变是无效的，与积极情绪训练法相比，信息反馈法需要通过强化手段来使被试的归因偏向发生改变，这需要通过较长的时间进行干预；而从认知的角度使用再归因训练法来改变个体的归因偏向，同样需要较长时间的教育干预。因此，三种教育干预方式对青少年捐助行为归因偏向的影响不是一蹴而就的，教育干预的效果和稳定性仍需要通过较长时间来进行考量。

与积极情绪训练法和行为信息反馈法相比，通过集体讨论、原因剖析等方式的再归因训练法能够在短时间内有效改变青少年捐助行为的内归因，青少年捐助行为内归因的即时效果、保持效应及稳定性均良好。已有研究也表明，归因训练可以改变个体的认知与评价（程毅，2005）。本章的研究发现，积极情绪训练法和行为信息反馈法也能够有效地改变青少年捐助行为归因，但其保持效应和稳定性均较差。这或许是因为情绪本身就具有暂时性的效应，通过移情、感化等方式也能够激起被试的认知，但是这种效应容易受到其他因素的影响，难以长久保持；而奖励、口头表扬等强化或者信息反馈手段如果在一段时间不再实施，个体的内部目标和自我效能感也会减弱。此外，积极情绪训练法能够在短时间内改变青少年捐助行为归因偏向，这可能是因为情绪易感染、易诱发，通过积极的情绪训练后，个体做出捐助行为时都会体验到捐助的快乐，不受捐助主体的影响，因而能够改变青少年捐助行为归因偏向。但这并不意味着再归因训练法和行为信息反馈法不会改变青少年的捐助行为归因偏向，如果能够延长干预时间，其效果可能也会体现出来，这需要今后进一步考证。

（二）教育干预对青少年群际捐助行为归因的影响

相比之下，基于群际视角对青少年捐助行为归因进行教育干预时，行为信息反馈组捐助行为归因的即时效果和保持效应均优于再归因训练组和积极情绪训练组。通过书面评语、口头表扬及各种奖赏等强化手段之所以能够获得好的即时效果，可能是因为本次干预是集体干预，集体中的青少年为了维护自我形象，在对群体捐助行为进行归因时，为了避免自己对群际捐助行为的归因与他人对群际捐助行为的归因之间产生差异，能够及时调整自己的归因方式以获取集体中的自我形象，也可能是因为青少年对捐助行为归因是依照捐助行为结果来判断的，只有群体的捐助结果得到积极反馈时，被试才可能对捐助行为进行特质归因。

本章采用三种干预方式对群际视角下青少年捐助行为归因进行研究，间隔1个月进行追踪后测时，虽然归因得分有所上升，但仍显著低于前测的归因得分，表明这三种教育干预方式的保持效应均较好。另外，也有研究认为，认知干预的效果一般可以保持 2 个月左右（钱乐琼等，2014）。因而，本章的研究如果在间隔更长的时间进行追踪后测的话，三种教育干预方式的保持效应是否依然良好，尚需进一步考察。总体而言，再归因训练法、积极情绪训练法和行为信息反馈法均是改变青少年捐助行为归因的有效策略。

与人际视角下青少年捐助行为归因的干预效果一样，再归因训练组捐助行为归因的稳定性依然优于行为信息反馈组和积极情绪训练组。这也验证了通过书面评语、口头表扬及各种奖赏等强化手段进行干预的行为信息反馈法，可以显著促进个体对行为的推理与评价（王树芳等，2010；Mann and Kawakami, 2012；孙俊芳和杨伊生，2013）。然而，当进一步分析即时后测与追踪后测时段的捐助行为的内归因得分时发现，各干预组捐助行为的内归因得分均显著低于控制组捐助行为的内归因得分，再归因训练组和控制组在追踪后测捐助行为内归因得分与即时后测捐助行为内归因得分方面的差异不显著；而积极情绪训练组和行为信息反馈组在追踪后测时段的捐助行为的内归因得分显著高于即时后测时段的捐助行为的内归因得分，表明再归因训练组捐助行为内归因的稳定性最好，说明虽然行为信息反馈组捐助行为内归因有较好的即时后测效果，但不稳定，而使用再归因训练法对青少年捐助行为归因进行干预，效果明显，稳定性也较好。

本章通过两个干预实验证明了无论是基于人际视角还是基于群际视角，再归因训练法、积极情绪训练法和行为信息反馈法均是改变青少年捐助行为归因的有效策略，但这三种教育干预方式对青少年捐助行为归因的干预效果存在差异，本章研究结果均验证了实验假设。但在不同研究视角下，三种干预方式的干预效果也存在差异，在人际视角下，再归因训练组捐助行为归因干预的即时效果和保持效应优于积极情绪训练组和行为信息反馈组，积极情绪训练组捐助行为归因干预的即时效果和保持效应与行为信息反馈组之间的差异不显著。在群际视角下，行为信息反馈组捐助行为归因的即时效果和保持效应优于再归因训练组和积极情绪训练组，再归因训练组捐助行为归因的即时效果和保持效应与积极情绪训练组之间的差异不显著。然而，通过对追踪后测与即时后测时段进行比较发现，再归因训练法对人际和群际视角下青少年捐助行为内归因改变的影响均是最稳定的。

三、青少年捐助行为归因集体教育干预方案

行为归因教育干预可以使青少年将不稳定的情境归因转化为稳定的特质归

因，有利于产生稳定行为。在一般情况下，归因偏向的存在使得青少年对自己或者内群体积极行为倾向于特质归因，而对他人或者外群体积极行为倾向于情境归因。教育干预可以使得青少年对行为进行稳定的特质归因，且不会因为人际或者群际的不同而产生归因偏向，这不仅改变了青少年对积极行为的归因偏向，还促使青少年形成积极的自我形象和保护自尊，进而促进其自身积极行为的产生。

本章的研究也发现，再归因训练法、积极情绪训练法和行为信息反馈法均可以改变青少年的捐助行为归因，并且三种教育干预方式的效果存在明显差异。总体而言，本章无论在研究视角还是在研究内容上均进行了拓展，丰富了归因研究的内容，并且将理论与实践相结合，通过不同的干预方法对青少年捐助行为归因进行的集体教育干预也取得了一系列成果。今后我们将进一步结合理论与实践，根据青少年慈善捐助行为归因的特点，采用三种干预方法进行集体教育干预，引导青少年对慈善捐助行为进行正确归因，进一步探查青少年捐助行为归因干预方法的有效性和效果的差异性。

此外，本章采用三种方法对青少年捐助行为归因进行干预，以青少年对慈善捐助故事行为归因评定得分为指标，其研究结果也仅限于作为归因干预有效性的佐证，但由于青少年正处于认知发展的敏感期，对归因干预的有效性还需进行更长时间的考量。此外，本章仅从外显层面对慈善捐助行为归因进行干预，而没有考察三种干预方式对青少年慈善捐助行为内隐归因的干预效果及其稳定性，这无疑是本章研究最大的不足。

（一）再归因训练集体教育干预方案

再归因训练研究表明，用努力归因和现实归因相结合的归因训练方法及根据不同情境的再归因训练，可以改变学生的成就动机（隋光远，1991；胡胜利，1996）。归因训练可以增强行为的持久性（韩仁生，1998；程毅，2005），对工人工作绩效的提高也有积极影响（王重鸣，1988）。可见，再归因训练可以有效地增强行为的积极性和持久性，是改进青少年内在认知结构，使其正确认识行为原因和动机取向的重要途径。

本章的研究通过对捐助原因认识分析、捐助行为事迹展播、捐助行为正确归因、善举之因分析讨论、捐助行为归因训练、捐助行为归因解释（表7-11）等干预方案对青少年慈善捐助行为归因进行了干预，并且发现此种干预方法是有效且可行的。

表 7-11　再归因训练集体教育干预方案

次数	主题	单元目的	课堂内容	知音时间	总结与预告
一	捐助原因认识分析	①认识自己、他人捐助行为背后的原因；②认识我群体、他群体捐助行为背后的原因；③达成共识，建立良好的团体关系	①讲述自我捐助情境故事；②讲述他人捐助情境故事；③讲述群体捐助情境故事	①自己、他人、群体捐助行为原因讨论和分析；②换位思考、模拟情境故事，进行原因分析	捐助原因总结；布置事迹展播人物作业
二	捐助行为事迹展播	①继续分析慈善捐助行为原因；②捐助行为事迹展播，向楷模学习	①捐助事迹讲述、分析、原因探讨；②学习事迹展播人物的内在美德与精神	①事迹展播人物行为原因解释；②事迹人物内在美德学习	捐助行为事迹展播总结；布置捐助行为归因作业
三	捐助行为正确归因	①正确认识和评价事迹人物捐助行为；②学会进行事迹人物捐助行为特质归因	①讲解归因理论；②结合事迹人物典型故事引导青少年进行内在特质归因	①对事迹人物捐助原因进行认识；②用归因理论解释捐助行为原因	归因理论总结；布置捐助行为概念查阅与分析作业
四	善举之因分析讨论	①慈善捐助行为概念；②慈善捐助行为原因；③青少年捐助行为归因探讨	①捐助行为典型案例；②宣传捐助行为典型；③青少年捐助行为归因分析及共享	①捐助行为原因分析；②青少年捐助行为现身说法；③个体为何要捐助	捐助行为概念理解总结；布置捐助行为典型情景模拟故事作业
五	捐助行为归因训练	①在模拟活动中认识捐助行为原因；②对捐助行为进行再归因训练	①青少年捐助行为角色扮演；②青少年捐助行为再归因训练	①角色人物捐助行为原因分析；②捐助原因之我见	捐助行为角色扮演总结；布置捐助行为归因分享作业
六	捐助行为归因解释	①训练青少年正确地进行捐助行为归因；②青少年捐助行为归因共享与心得	①观看捐助行为归因句子描述；②再次分析捐助行为归因并分享经验	①捐助行为归因句子判断分析；②捐助行为再归因训练与分享；③再次分析捐助行为归因	捐助行为归因解释总结；再次强化捐助行为特质归因

（二）积极情绪训练集体教育干预方案

积极情绪能激活人们的想法、经历及认知方式等，处于积极情绪状态下的青少年更加乐于助人（Wegener and Petty, 1994）。采用积极情绪训练法对大学生暴力行为进行干预训练的研究表明，通过感恩与乐观训练可以增强大学生的积极情绪，进而能够卓有成效地干预其暴力行为（陈斌和瞿晓理, 2013）。因此，对青少年情绪体验状态的干预能改变青少年的道德行为。

本章的研究通过我的捐助行为故事、事迹人物捐助行为展播、捐助行为ABC 理论、捐助行为快乐之因、捐助行为快乐体验、助人为乐美好憧憬等干预方案（表 7-12）对青少年慈善捐助行为进行了干预，并且发现此种干预方法是有效且可行的。

表 7-12 积极情绪训练集体教育干预方案

次数	主题	单元目的	课堂内容	知音时间	总结与预告
一	我的捐助行为故事	①回忆捐助行为经历及心理感受；②巩固良好的团体关系	①回忆自己捐助行为故事；②体验愉悦的捐助行为事件	①分享自己的捐助感受与内心体验；②谈谈自己捐助高兴的原因	捐助行为经历总结；布置捐助行为事迹展播作业
二	事迹人物捐助行为展播	①捐助行为事迹快乐原因分析；②捐助行为快乐心理感受	①讲述愉悦的捐助行为事迹；②分析愉悦捐助的主要原因	①讨论事迹人物为什么有捐助的愉悦心情；②回忆并记录自己捐助的愉悦经历	捐助行为事迹快乐原因总结；布置 ABC 理论作业
三	捐助行为ABC理论	①ABC 理论学习；②捐助行为 ABC 理论分析	①讲授分析 ABC 理论；②结合捐助行为分析 ABC 理论	①ABC 理论分析；②ABC 理论心理剧场；③捐助行为 ABC 理论分析	ABC 理论总结；布置捐助快乐原因分析作业
四	捐助行为快乐之因	①捐助快乐的真正原因分析；②捐助快乐的自我经历与体验	①捐助行为快乐典型故事分析；②自我捐助快乐体验分享	①捐助快乐原因分析；②自我捐助快乐感受与体验	捐助快乐原因总结；布置捐助快乐归因作业
五	捐助行为快乐体验	①再次感受助人的心理快乐；②再次进行捐助的正确归因	①助人角色扮演和模拟；②助人快乐归因分析	①分享助人角色扮演的愉快感受；②助人快乐归因分析；③助人行为的价值与意义传播	捐助行为快乐体验总结；布置助人为乐相关歌曲查阅作业
六	助人为乐美好憧憬	①通过唱歌感受社会爱的奉献力量；②认识良好品质是捐助快乐的原因；③捐助氛围的美好憧憬	①合唱《助人为乐》《爱的奉献》；②捐助快乐归因；③捐助行为美好憧憬	①歌词表达的意义及个人心情分享；②快乐捐助归因探讨；③慈善捐助行为的美好憧憬	宣扬捐助行为及其美好憧憬畅想

（三）行为信息反馈集体教育干预方案

行为信息反馈是影响人们对行为归因的另一个重要因素。在实际的教育活动中，通过口头公开表扬、书面评语表扬及代币制奖赏等强化手段对青少年的行为进行校正，是有效且可行的，积极的行为信息反馈可以促进青少年积极行为的产生。

本章的研究通过捐助情境原因探讨、捐助人物事迹展播、捐助行为信息反馈、捐助行为善举反馈、捐助行为归因反馈、捐助行为归因解释等干预方案（表 7-13）对青少年慈善捐助行为归因进行干预，并且发现此种方法干预是有效且可行的。

表 7-13　行为信息反馈集体教育干预方案

次数	主题	单元目的	课堂内容	知音时间	总结与预告
一	捐助情境原因讨论	①通过捐助情境讨论并认识捐助行为原因；②捐助行为原因班级分享与反馈	①捐助情境故事；②捐助行为情境故事原因分析；③分享捐助行为原因	①捐助行为情境故事讨论与分析；②捐助行为口头赞扬；③捐助行为原因分享	捐助原因总结；布置捐助人物事迹展播作业
二	捐助人物事迹展播	①捐助行为典型人物事迹展播；②捐助人物事迹反馈及原因分析	①捐助行为典型人物事迹展播；②捐助人物事迹原因讨论及分析	①捐助人物事迹原因；②捐助人物事迹看法；③捐助人物事迹原因反馈及共享	捐助人物事迹反馈总结；布置行为信息反馈理论作业
三	捐助行为信息反馈	①帮助学生对捐助行为信息反馈进行分析；②学会对捐助行为正确归因	①讲解行为信息反馈理论；②结合捐助行为进行分析	①谈谈自己对捐助行为原因的认识；②使用反馈信息理论解释捐助行为	捐助行为信息反馈理论总结；布置捐助行为典型故事反馈作业
四	捐助行为善举反馈	①正确认识慈善捐助行为的意义与价值；②理解捐助行为归因及反馈	①宣传捐助行为典型故事；②对照自己进行捐助行为信息反馈	①现身说法捐助行为之原因；②集体分享并反馈捐助行为及其归因	捐助行为归因总结；布置捐助行为情境故事角色扮演作业
五	捐助行为归因反馈	①角色扮演捐助行为并进行原因反馈；②矫正自己以前不良的归因方式	①捐助行为情境故事角色扮演；②捐助行为归因信息分享与反馈	①分享捐助行为原因；②集体讨论捐助行为归因并进行结果反馈	捐助行为归因分享与反馈总结；布置捐助行为归因分享作业
六	捐助行为归因解释	①训练青少年正确地解释捐助行为原因；②对捐助行为归因进行集体反馈	①捐助行为归因句子描述与学习；②捐助行为归因分享与反馈	①捐助行为归因体会；②捐助行为原因解释再训练；③捐助行为归因反馈与强化矫正	捐助行为归因信息反馈及强化矫正总结

第八章

青少年捐助行为归因的发展及教学实践干预

第一节　归因的年龄发展及教学实践干预策略

归因属于认知的范畴，而认知发展的实质便是个体心理机能的逐步完善。个体之所以能够拥有更高级别的认知活动，是因为个体在成长过程中会从周围环境中获得各种知识、技能并进行教育干预，以进行自我认知监控和自我行为的管理和教育，不断推动个体成长和发展。

一、归因的年龄发展

众多的研究表明，亲社会行为认知存在着显著的年龄差异。张梦圆和杨莹（2015）的研究发现，从小学高年级到高中，青少年对亲社会行为的整体认识水平在增强，经历了先上升、后下降的过程，具体而言，五年级学生的亲社会行为认识水平最高，初一和初二年级学生的亲社会行为认识水平基本持平，高中阶段学生的亲社会行为认识水平最低。张庆鹏（2008）的研究发现，青少年亲社会行为概念认知存在年级差异，初二年级学生亲社会行为回忆成绩得分显著高于初一和初三年级学生，表明初二年级学生对亲社会行为的概念认知发展较好。林崇德和李庆安（2005）的研究发现，在整个中学阶段，青少年亲社会行为的价值观迅速发展，并自觉地运用道德行为观念和信念来调节自己的道德行为。聂衍刚等（2014）的研究发现，青少年在社会道德自我概念认识上存在显著的年级差异，主要表现为：初一和高一年级学生社会道德自我概念认识较高，初二和高二年级学生社会道德自我概念认识较低。可见，不同年龄学生道德行为认识发展水平是不平衡的，道德行为认知存在显著的年龄差异。

此外，已有研究考察了行为归因年龄差异的发展。王鹏等（2011）运用情境故事考察了青少年道德判断归因的特点，结果发现，青少年道德判断归因具有年龄差异，并且主要表现在 12 岁和 14 岁的青少年，12 岁青少年道德判断归因主要以道德定向归因为主，而 14 岁青少年道德判断主要以移情定向归因为主。Saelen 等（2008）的研究发现，14 岁和 16 岁的青少年道德情绪归因存在差异，并且 16 岁青少年比 14 岁青少年对故事主人公的得失更容易做出"内疚"归因。李文道和赵霞（2011）的研究发现，相比于初一年级学生，初二年级学生更倾向于对正性事件做出不稳定的归因。康廷虎和白学军（2007）采用青少年归因风格量表对青少年归因风格的发展特点进行了调查，结果发现，青少年归因风格具有年龄发展特点，并且随着青少年年龄的增长，其外在归因倾向逐渐增强。王凯荣等（1999）的研究发现，成功归因和失败归因都存在着显著的年级差异，并且随着年级的逐步升高，青少年成功和失败的内归因倾向提升得较为明显，外归因倾向显著降低，青少年表现出由成功和失败的外归因向内归因转化的趋势。以上研究从实证研究的视角出发，考察了行为归因的年龄和年级发展特点，为青少年捐助行为归因的发展提供了丰富的理论依据，但依然缺乏对青少年捐助行为归因偏向年龄差异的研究。

二、归因的教学实践干预策略

在教学实践中，学生常常对自己的学业成绩、学习效果、成功和失败的经验进行不同归因，这些不同的归因会影响学生后续的学习动机、学习兴趣、学习情绪、成就行为和学业成绩。教师作为教学的指导者、引导者，在教学实践中可通过各种策略或途径对学生进行系统而有效的归因教育实践干预。除了按照第八章所讲的再归因训练法、积极情绪训练法、行为信息反馈法进行归因教育干预外，本章的教学实践干预是教师结合学生实际和教学实践，在具体教学情境中采取的切实有效的归因教学实践策略。

（一）课堂讨论法

课堂讨论法是以小组合作学习的形式进行的，该方法是基于群体动力理论提出的。群体动力理论是勒温早在 1937 年建立的，该理论的核心观点是个体的行为是在外在环境和内在需要的共同作用下产生的，两种力量中内在需要的影响更加显著。在此基础上，勒温展开了对于群体行为的探索，他认为群体成员之间由于受到环境和成员彼此的影响，其行为会呈现出一定的特性，如价值观和行为具有较高的一致性等。这种一致性的获得需要通过合作小组学习进行，因为合作小组学习不仅强调个人的独立探索，也重视团队学习。在合作小组学习中，一旦确定了需要教学干预的主题，即明确了合作学习的具体内容，团队围绕主题进行讨论，提出干预解决问题的思路、假设、需要的工具等，经过查阅资料、专业实验、再次讨论等步骤逐步地解决教学问题，同时与团队内的其他成员交流互动、探讨辩论，彼此补充、修正，优化教学干预方案，共同将教学干预方案运用到教学实践活动中。在小组合作学习中，通过讨论，当个体的意见、想法、思路和行为与小组大多数成员不一致时，个体就会感受到来自小组的压力，这种压力可以使小组合作学习中那些不利于合作的个体行为得以改正，错误行为得以抑制。因此，可以通过小组合作学习的方式来增强学生的合作意识，改变青少年不合理的行为归因，从而增强其亲社会行为。

以道德两难故事为例，通过课堂讨论使不同道德层次的学生都参与进来，引发他们内心的矛盾点，促使其发现问题，通过教师的及时引导和教学，从而让学生感同身受地体验道德困境，提高学生明辨是非的能力，增强学生的道德动机，提高学生的道德责任归因，促进学生的道德行为。如感恩的教学干预可以有效提升个体的主观幸福感、生活满意度和积极情绪，抑制消极情绪，进而提升个体的亲社会行为认知水平（Emmons and Mccullough, 2003）。捐助行为是亲社会行为研究的重点内容，慈善事业的积极发展是建设和谐社会的巨大推动力，青少年捐助行为是青少年道德意识与道德品质的体现，对于构建和谐社会意义重大。因此，教师在恰当的时候必须及时有效地组织课堂讨论，尤其是要对学生疑惑和困惑的道德两难行为进行课堂讨论，通过课堂讨论，借鉴他人的观点，开拓学生的视野，尤其是他人积极的肯定会使学生深受鼓舞，也会使学生的积极行为和归因得到巩固和加强。所以，通过课堂讨论，适当对青少年的认知进行干预，将不恰当的归因进行转变，并且恰当地运用表扬、奖励等方式，能够有效地促进青少年亲社会行为的发展，且能在一定程度上抑制青少年的消极行为。

（二）榜样学习法

班杜拉早在 1971 年就认为，大部分个体的社会行为都是通过观察他人、模仿他人而逐渐习得的，通过观察学习使个体能够获得较复杂的、有内在统一性的、模式化的整体行为，而无需通过行为主义设想的那种沉闷的尝试错误逐渐形成这些行为。班杜拉指出，个体具有应用表征和符号联结内部经验和外部环境的能力，个体具有通过观察学习获得外界信息的能力，并与个体内在表征和经验进行内外统一的能力，以及适当进行自我认知的能力。所以，个体能够不必经过亲身体验，而只通过观察他人行为就可以习得复杂的行为。通过观察他人行为而进行的学习，有时仅仅限于模仿示范者的行为，有时则可以创造出新的行为。通过观察学习，可以将不同示范者的特征综合、概括为新的组合，进而产生新的思想与行为方式。通过观察示范者的行为，可以指导个人的行为，使个人减少了行为归因的错误，并且能尽快以较恰当的归因方式对情境做出反应。模仿是青少年认知社会、学习基本社会行为的重要手段，青少年亲社会行为来自模仿，甚至模仿的好坏将直接决定青少年的实际行为归因和具体表现。

在教学情境中，教师通过视频等手段鼓励青少年观察他人所展示的某种亲社会榜样行为，并且仿效他人亲社会榜样行为的某些举动、言语、行为，从而提升青少年亲社会行为的合理归因。尤其是当青少年的这种亲社会行为归因受到教师的积极鼓励和奖赏时，就会继续扩展和延伸到其他领域，增强榜样观察者亲社会行为的效用性。榜样学习法正是利用青少年善于模仿的特点，选择生动的亲社会榜样行为形象作为典型，感染和激发学生的观察热情和模仿兴趣，改变青少年不合理的行为归因，增强青少年的亲社会行为。因此，在培养青少年的亲社会行为时，一定要给青少年提供学习的榜样，这样青少年才能够在不断的模仿中获得和榜样一样的行为表现。青少年模仿的对象主要来自两方面：一方面是父母，需要家长在日常行为过程中能够起到榜样的示范作用和引领作用，以身作则，让青少年耳濡目染；另一方面是教师和周围的同伴，尤其是教师要通过各种积极方式为青少年树立助人行为的良好榜样。

（三）移情训练法

移情在亲社会行为中有至关重要的作用。Batson（1987）最早提出了移情-利他假说（empathy-altruism hypothesis），该假说认为，当他人处于困境时，旁观者会产生一种指向受助对象的情绪，包括共情、同情、怜悯等，这种情绪强度越大，个体想解除他人困境的利他动机就越强，就越有可能采取帮助行为。Dickert 等（2011）提出了捐赠决策的二阶模型，该模型强调，捐赠的认知决策可以分为两个阶段：第一阶段涉及个体是否对他人捐赠，该阶段的认知决策主要受个体自身情绪的影响；第二阶段涉及个体对他人捐赠的数量，该阶段的认知决策受个体对他人感同身受的移情的影响。可见，移情作为亲社会行为的动机基础，能激发、促进个体亲社会行为的发生。

在教学实践中，采用移情训练可以增强青少年行为归因的合理性和效用性，以进一步促进青少年的亲社会行为。所谓移情训练，就是通过故事扮演、情境表演及日常交谈等形式，让青少年设身处地进行换位思考，站在他人的角度体验别人受困受难和渴望与需要帮助的情绪和情感。例如，可设置或创设帮助或求助情境，让青少年扮演帮助他人或体验他人求助的某一角色，认清帮助或求助角色的心理诉求，了解他人对角色的期望和自己应尽的角色义务，并且在该情境中表达角色的观点，对角色行为进行恰当和准确的归因，体验角色的情绪情感，从而有助于改变青少年对帮助者或求助者的态度，最终达到增强亲社会行为的目的。移情训练可使青少年分享他人的情绪情感体验，体察他人的内在心理感受，理解他人的处境和需要，在此基础上做出合理的亲社会行为归因。在具体的教学实践情境中，教师需要对青少年亲社会行为进行有计划、有目的的强化教育和移情训练，让青少年以自己的情绪去理解帮助者或求助者的情绪，以自己的情感体验去理解帮助者或求助者的情感需要。当然，教师在教学实践情境中进行亲社会行为的移情训练，需要注意两个重要问题：一是移情训练法应当与课堂讨论法、情境演示法、榜样观察法等方法有机地结合起来，可以使各种方法相辅相成，增强亲社会行为移情训练的效果；二是教师自己的移情能力及教师对待移情训练的态度是影响青少年移情训练效果的重要因素，教师在移情训练过程中也要对帮助者或求助者投入真情，以发挥移情训练的榜样示范作用，青少年亲社会行为归因能力才能在短期得到训练和发展。总之，在教学实践情境中，教师要采用符合学生实际和课堂教学实践需要的归因的教学实践干预策略，将亲社会行为归因自然而然地渗透于课堂教学实践，既保障了青少年道德归因的实效性，也达到了青少年道德教育的真正目的。因此，了解青少年捐助行为归因的发展特点，在此基础上通过教学实践干预来改变青少年捐助行为归因，成了教育工作者密切关注的焦点。

第二节　青少年捐助行为归因的年龄发展

以往的研究认为，个体存在积极行为的自利归因偏好（John and Robins, 1994；马伟军，2009）和群际归因偏好（Hewstone et al., 2002）。本书的研究基于以往理论，通过实证研究方法验证了青少年捐助行为归因偏向，但依然缺乏对青少年捐助行为归因年龄发展特点的研究。因为青少年作为未来社会的主体，正处于道德判断和推理能力形成和发展时期，也处于道德教育塑造的关键时期。青少年捐助行为归因直接关系着未来社会慈善捐助的发展。了解青少年捐助行为归因的年龄差异及其发展特点，对于依据年龄发展特点增强青少年捐助行为意识，构建青少年捐助行为归因教学实践干预体系，促进和谐社会发展，都有十分重要的意义。因此，考察青少年捐助行为归因的年龄发展特点成为本节研究的关注点。

一、研究目的

探讨青少年捐助行为归因的年龄发展及其对捐助行为的影响。

二、研究假设

青少年捐助行为归因存在年龄发展差异；捐助行为归因对捐助行为的影响存在年龄发展差异。

三、研究方法

（一）研究被试

本节选取了某地区小学高年级和初中学生189名，以五年级、六年级、七年级、八年级年龄在10~15岁的学生为研究对象，发放问卷189份，无效问卷15份，有效问卷174份，有效率为92%。其中，男生79名，女生95名；五年级学生44名，六年级学生45名，七年级学生42名，八年级学生43名。

（二）研究工具

1. 捐助归因词判断

本节通过特质归因词和情境归因词判断来体现个体捐助行为归因的年龄差异，捐助行为特质归因词与情境归因词事先已进行规范收集与标准化评定。筛选的特质归因词包括：善良的、友爱的、爱心的、奉献的、仁慈的；筛选的情境归因词包括：名誉的、地位的、要求的、跟从的、紧急的。

2. 捐助行为独裁者游戏

其同跨情境下青少年捐助行为归因的心理机制中的捐助行为独裁者游戏。

（三）研究程序

首先，告知被试"很感谢您能抽出时间来完成这份问卷，您的回答仅供科研之用，请先填写个人基本情况，并根据指导语认真作答"；其次，进行捐助行为归因词判断和捐助行为独裁者游戏；最后，收集捐助行为归因词和捐助行为独裁者游戏问卷。另外，所有被试在完全理解测试内容后方可进行笔试作答。

四、研究结果

（一）青少年捐助行为归因的年龄发展趋势

青少年捐助行为特质归因、捐助行为情境归因、捐助行为归因偏向年龄发展的描述性统计数据见表 8-1。

表 8-1　青少年捐助行为归因的年龄发展（$M \pm SD$）

项目	五年级	六年级	七年级	八年级
捐助行为特质归因	3.64±0.34	3.88±0.59	3.36±0.84	3.54±0.72
捐助行为情境归因	3.28±0.65	3.42±0.91	3.09±1.07	2.80±0.77
捐助行为归因偏向	0.36±0.72	0.46±0.93	0.27±1.43	0.74±0.97

单因素方差分析结果表明：捐助行为特质归因在年级上存在显著差异，$F(1, 170)=4.91$，$p<0.01$，事后检验发现，五年级、七年级存在显著差异（$p<0.05$），六年级、七年级存在显著差异（$p<0.001$），六年级、八年级存在显著差异（$p<0.05$），六年级捐助行为特质归因最强；捐助行为情境归因在年级方面存在显著差异，$F(1, 170)=4.35$，$p<0.01$，事后检验发现，五年级、八年级存在显著差异（$p<0.05$），六年级、八年级存在显著差异（$p<0.01$），六年级捐助行为情境归因最强；捐助行为归因偏差在年级上的差异不显著，$F(1, 170)=1.68$，$p>0.05$。总体而言，青少年捐助行为归因表现出不稳定的状态，随着年级的升高，五年级、六年级、七年级、八年级青少年捐助行为归因偏向逐渐下降再升高，八年级青少年捐助行为归因偏向达到高峰。

（二）青少年捐助行为归因对不同年龄青少年捐助行为的影响

以捐助行为（捐助额度、捐助时间）为因变量，采用回归分析的方法分别建立五年级、六年级、七年级、八年级学生捐助行为归因影响捐助行为的回归模型（表 8-2）。

表 8-2　青少年捐助行为归因影响捐助行为的回归模型（标准化回归系数）

项目	捐助额度				捐助时间			
	五年级	六年级	七年级	八年级	五年级	六年级	七年级	八年级
捐助行为特质归因	0.28	0.21	0.24	0.23	0.21	0.04	0.11	0.11
捐助行为情境归因	-0.16	-0.27	-0.04	-0.09	-0.10	-0.15	-0.15	-0.10

在表 8-2 青少年捐助行为归因影响捐助行为的发展模型中，青少年捐助行为特质归因和情境归因对五年级、六年级、七年级、八年级学生捐助时间均没有显著影响（$ps > 0.05$）；青少年捐助行为归因对五年级、六年级、七年级、八年级学生捐助额度没有显著影响（$ps > 0.05$），表明青少年捐助行为归因影响捐助行为的年龄发展趋势不明显。

五、讨论分析

（一）青少年捐助行为归因的年龄发展特点

本节的研究结果表明，青少年捐助行为归因在年级上存在显著差异。以往的研究也认为，青少年道德判断归因具有年龄差异，12 岁青少年道德判断归因主要以道德定向为主，而 14 岁青少年道德判断主要以移情定向为主（王鹏等，2011）。Saelen 等（2008）的研究发现，16 岁青少年比 14 岁青少年更容易对故事行为主人公的得失做出"内疚"归因。刘征等（2012）的研究发现，随着年级的升高，从小学到初中再到高中，尽管青少年的归因风格有所提升，但是各个年龄层次间的差异并不显著。本节的研究结果与以往的研究结果基本吻合，可能的原因是：小学五年级和六年级学生自我意识和自我判断能力不强，考虑行为归因更倾向于依赖人格特质和情境因素本身，因此，在进行捐助行为归因时，依据特质归因词进行捐助行为特质归因，依据情境归因词进行捐助行为情境归因。随着年龄的增加，七年级和八年级学生归因判断的灵活性增强，会全面考虑捐助行为的人格特质因素与情境因素的交互影响，因此，七年级和八年级学生的特质归因与情境归因水平均低于五年级和六年级学生。

（二）青少年捐助行为归因影响捐助行为年龄的发展

在青少年捐助行为归因影响捐助行为的发展模型中，捐助行为归因对其捐助时间没有影响；捐助行为归因对其捐助额度没有影响。Weiner（2000）的动机归因模型认为，个体的成败结果会影响个体的归因，而个体的归因结果会影响个体的情绪和期望，并进而影响个体的后续行为。本节的研究结果与以上研究结果不吻合，其中一个较为重要的原因可能是，捐助行为属于社会积极倡导的道德行为，很多青少年在对他人捐助行为进行归因时，出于提升个人形象的目的，将他人捐助行为进行特质归因，即由于本性善良和人格高尚而做出捐助行为归因。另外，青少年捐助行为归因不存在明显的归因偏向，就是因为青少年捐助行为归因的理性分析不强，仅仅依据研究中提供的现成特质归因词和情境归因词进行捐助行为归因判断，具有捐助行为归因词的心理依赖性。所以，青少年捐助行为归因影响捐助行为的年龄差异并不明显。我们认为，随着年龄的进一步增加，青少年进行行为归因判断的理性程度也将不断增强，对于归因判断与道德行为之间关系的理解更多维，能够从不同的角度对行为做出归因，并且依据已形成的价值观对捐助行为归因和捐助行为进行理性的分析。以往的研究也认为，归因偏向在个体或群体的价值观得到肯定时不容易出现（Sherman and Kim, 2005）。捐助行为是中华民族的一种传统美德，也是和谐社会倡导的一种积极社会行为。一旦个体或群体做出捐助行为，就会受到社会的赞扬，个体或群体的价值观就会得到肯定。

第三节　青少年捐助行为归因的教学实践干预及其年龄差异

王鹏等（2008）的研究认为，青少年亲社会行为归因存在显著的年龄差异；Saelen 等（2008）的研究也认为，青少年道德情绪归因具有年龄发展差异。以上研究为青少年捐助行为归因的年龄发展提供了丰富的理论依据，但依然缺乏对青少年捐助行为归因教学实践干预及其发展趋势的研究。青少年捐助行为归因教学实践干预的年龄发展是学校道德教育工作者义不容辞的责任。教育工作者需要通过教学实践策略培养青少年的捐助意识，促进青少年的助人行为，并依据青少年年龄发展特点进行针对性教育，旨在为学校德育教育的策略抉择提供依据。

一、研究目的

探讨青少年捐助行为归因教学实践干预的有效性和教学实践干预的年龄发展特点；考察青少年捐助行为归因教学实践干预对捐助行为的促进作用。

二、研究假设

青少年捐助行为归因教学实践干预存在显著的即时效应、提升效应和稳定效应，即青少年捐助行为归因教学实践干预是有效的；青少年捐助行为归因教学实践干预具有年龄发展差异。

三、研究方法

（一）研究被试

研究被试同青少年捐助行为归因的年龄发展研究中的被试，其中，五年级学生 44 名，六年级学生 45 名，七年级学 42 名，八年级学生 43 名。对以上学生进行为期 4 次的教学实践集体干预。在 4 次教学实践集体干预过程中，将参加次数少于 3 次（不包括 3 次）的被试视为无效被试，从干预被试中剔除。本次教学实践集体干预利用心理健康教育教学课堂时间进行干预，被试均参与 3 次以上的教学实践集体干预。

（二）实验设计

实验设计采用教学实践集体干预组前测、后测和追踪后测单因素实验设计，以青少年捐助行为归因、捐助行为（捐助时间、捐助额度）即时后测和前测、追踪后测和前测、追踪后测和即时后测的成绩之差作为因变量。

（三）教学实践干预策略

我们采用课堂讨论法、移情训练法、榜样学习法、积极情绪训练法对青少年捐助行为归因进行教学实践干预，具体教学实践干预有效策略见后文。

（四）教学实践干预程序

本节研究采用前测—干预—后测的教学实践集体干预模式。教学实践集体干预方案由研究者在参考了许多助人行为教学实践集体干预方案和学生年龄与教学实际之后设计而成。五年级、六年级、七年级、八年级各筛选出一个班级，每个班级学生分别进行教学实践集体干预训练，由心理健康教师按照前测—干预—后测的程序进行为期 4 周的集体干预训练，每周 1 次，每次 40 分钟，共 4 次。主试由心理健康教师和另外 3 名教学实践团体中干预经验丰富的心理辅导教师担任，确保不会因为主试经验的不同而造成干预效果的差异。4 次教学实践集体干预均有相应的主题，按照教学实践集体干预方案进行。实施干预之前，首先对参加教学实践集体干预青少年的捐助行为归因、捐助行为（捐助时间、捐助额度）进行前测；接着进行为期 4 周的教学实践集体干预，干预后立即进行教学实践集体干预青少年的捐助行为归因、捐助行为（捐助时间、捐助额度）的即时后测；1 个月后进行教学实践集体干预青少年的捐助行为归因、捐助行为（捐助时间、捐助额度）的追踪后测；最后对比教学实践集体干预青少年的捐助行为归因、捐助行为（捐助时间、捐助额度）在前测、即时后测、追踪后测时段成绩的变化，以此作为教学实践集体干预的有效指标。

四、研究结果

为了探讨青少年捐助行为归因教学实践集体干预的年龄发展特点及教学实践集体干预的有效性，对教学实践集体干预青少年捐助行为归因、捐助行为（捐助时间、捐助额度）的即时后测和前测、追踪后测和前测、追踪后测和即时后测时段的成绩之差进行比较，以判断青少年捐助行为归因干预的即时效应、提升效应和稳定效应及其对捐助行为（捐助时间、捐助额度）的促进作用。

（一）青少年捐助行为归因教学实践干预的总体效应

1. 青少年捐助行为归因教学实践干预的即时效应

我们对教学实践集体干预青少年捐助行为归因、捐助行为（捐助时间、捐助额度）的即时后测和前测成绩进行配对样本平均数比较，以检验青少年捐助行为归因教学实践干预的即时效应（表 8-3）。

表 8-3　青少年捐助行为归因教学实践干预的即时效应（$M \pm SD$）

项目	即时后测（$M \pm SD$）	前测（$M \pm SD$）	t
捐助行为特质归因	3.71±0.58	3.61±0.67	2.07*
捐助行为情境归因	3.07±0.99	3.15±0.89	−1.38
捐助行为归因偏差	0.63±1.15	0.46±1.04	2.36*
捐助额度	472.01±198.16	404.59±183.75	4.25***
捐助时间	4.95±1.86	4.67±1.83	2.26*

配对样本 t 检验表明：青少年捐助行为特质归因、捐助行为归因偏差的即时后测和前测得分差异显著（$p < 0.05$）；青少年捐助额度、捐助时间的即时后测和前测得分差异显著（$p < 0.05$），表明青少年捐助归因教学实践集体干预存在即时效应，教学实践集体干预是有效的，并且青少年捐助归因教学实践集体干预的即时效应可进一步对青少年即时后测的捐助行为（捐助额度、捐助时间）产生促进作用。

2. 青少年捐助行为归因教学实践干预的提升效应

我们对教学实践集体干预青少年捐助行为归因、捐助行为（捐助时间、捐助额度）的追踪后测和前测成绩进行配对样本平均数比较，以检验青少年捐助行为归因教学实践干预的提升效应（表 8-4）。

表 8-4　青少年捐助行为归因教学实践干预的提升效应

项目	追踪后测（$M \pm SD$）	前测（$M \pm SD$）	t
捐助行为特质归因	3.70±0.52	3.61±0.67	2.25*
捐助行为情境归因	3.05±0.86	3.15±0.89	-1.91
捐助行为归因偏差	0.66±0.98	0.46±1.04	2.94**
捐助额度	457.64±178.69	404.59±183.75	3.68***
捐助时间	4.89±1.48	4.67±1.83	2.01*

配对样本 t 检验表明：青少年捐助行为特质归因、捐助行为归因偏差的追踪后测和前测得分差异显著（$p < 0.05$）；青少年捐助额度、捐助时间的追踪后测和前测得分差异显著（$p < 0.05$），表明青少年捐助行为归因的教学实践集体干预存在提升效应，教学实践集体干预是有效的，并且青少年捐助行为归因的教学实践集体干预的提升效应可进一步对青少年追踪后测的捐助行为（捐助额度、捐助时间）产生促进作用。

3. 青少年捐助行为归因教学实践干预的稳定效应

我们对教学实践集体干预青少年捐助行为归因、捐助行为（捐助时间、捐助额度）的追踪后测和即时后测成绩进行配对样本平均数比较，以检验青少年捐助行为归因教学实践干预的稳定效应（表 8-5）。

表 8-5　青少年捐助行为归因教学实践干预的稳定效应

项目	追踪后测（$M \pm SD$）	即时后测（$M \pm SD$）	t
捐助行为特质归因	3.70±0.52	3.71±0.58	0.47
捐助行为情境归因	3.05±0.86	3.07±0.99	1.06
捐助行为归因偏差	0.66±0.98	0.63±1.15	-1.07
捐助额度	457.64±178.69	472.01±198.16	1.78
捐助时间	4.89±1.48	4.95±1.86	0.56

配对样本 t 检验表明：青少年捐助行为特质归因、捐助行为情境归因、捐助行为归因偏差的追踪后测和即时后测得分差异不显著（$p > 0.05$）；青少年捐助额度、捐助时间的追踪后测和即时后测得分差异不显著（$p > 0.05$），表明青少年

捐助行为归因的教学实践集体干预存在稳定效应，教学实践集体干预是有效的，并且青少年捐助行为归因的教学实践集体干预的稳定效应对青少年捐助行为（捐助额度、捐助时间）产生了相同的效果。

（二）青少年捐助行为归因教学实践干预的年龄差异

1.青少年捐助行为归因干预即时效应的年龄差异

我们对参加教学实践集体干预的五年级、六年级、七年级、八年级学生捐助行为归因、捐助行为（捐助时间、捐助额度）即时后测和前测的得分之差进行单因素方差分析，以检验青少年捐助行为归因教学实践干预即时效应的年龄差异及其对捐助行为产生的作用（表 8-6）。

表 8-6　青少年捐助行为归因教学实践干预即时效应的年龄差异（$M \pm SD$）

项目	五年级	六年级	七年级	八年级	F
捐助行为特质归因	0.05±0.38	0.04±0.58	0.21±0.57	0.14±0.86	0.95
捐助行为情境归因	−0.18±0.79	−0.04±0.61	−0.20±0.77	−0.11±0.79	1.58
捐助行为归因偏差	0.22±0.91	0.04±0.85	0.41±0.93	0.03±1.19	1.41
捐助额度	98.06±188.16	46.00±211.47	59.28±274.70	65.528±149.60	0.50
捐助时间	1.02±1.38	0.24±1.06	0.04±1.62	0.23±1.94	5.39**

单因素方差分析结果表明：青少年捐助行为特质归因、捐助行为情境归因、捐助行为归因偏差、捐助额度方面的教学实践干预即时效应均不存在年级的显著差异（$p > 0.05$）；青少年捐助时间教学实践干预即时效应存在年级的显著差异（$p < 0.05$），事后比较发现，五年级、六年级捐助时间教学实践干预即时效应存在显著差异（$p < 0.05$），五年级、七年级捐助时间教学实践干预即时效应存在显著差异（$p < 0.01$），五年级、八年级捐助时间教学实践干预即时效应存在显著差异（$p < 0.05$）。总体而言，青少年捐助行为归因教学实践干预即时效应的年龄差异不显著，青少年捐助时间教学实践干预的即时效应存在年龄差异。

2.青少年捐助行为归因干预提升效应的年龄差异

对参加教学实践集体干预的五年级、六年级、七年级、八年级学生捐助行为归因、捐助行为（捐助时间、捐助额度）的追踪后测和前测成绩之差进行单因素方差分析，以判断青少年捐助行为归因教学实践干预提升效应的年龄差异（表 8-7）。

表 8-7　青少年捐助行为归因教学实践干预提升效应的年龄差异

项目	五年级 （$M \pm SD$）	六年级 （$M \pm SD$）	七年级 （$M \pm SD$）	八年级 （$M \pm SD$）	F
捐助行为特质归因	0.05 ± 0.39	0.02 ± 0.55	0.23 ± 0.59	0.12 ± 0.84	1.02
捐助行为情境归因	-0.69 ± 0.68	-0.52 ± 1.02	-0.45 ± 1.31	-0.59 ± 1.01	0.44
捐助行为归因偏差	0.39 ± 0.93	0.08 ± 0.77	0.41 ± 0.92	0.04 ± 1.08	2.52
捐助额度	81.81 ± 158.51	40.00 ± 183.89	41.42 ± 252.88	48.60 ± 153.64	0.46
捐助时间	0.73 ± 1.21	0.22 ± 1.31	0.05 ± 1.48	0.12 ± 1.69	2.89*

单因素方差分析结果表明：青少年捐助行为特质归因、捐助行为情境归因、捐助行为归因偏差、捐助额度教学实践干预提升效应均不存在年级的显著差异（$p > 0.05$）；青少年捐助时间教学实践干预提升效应存在年级的显著差异（$p < 0.05$），事后比较发现，五年级、六年级捐助时间教学实践干预提升效应存在显著差异（$p < 0.05$），五年级、七年级捐助时间教学实践干预提升效应存在显著差异（$p < 0.01$），五年级、八年级捐助时间教学实践干预提升效应存在显著差异（$p < 0.01$）。总体而言，青少年捐助行为归因教学实践干预提升效应的年龄差异不显著，青少年捐助时间教学实践干预的提升效应存在年龄差异。

3. 青少年捐助行为归因干预稳定效应的年龄差异

我们对参加教学实践集体干预的五年级、六年级、七年级、八年级学生捐助行为归因、捐助行为（捐助时间、捐助额度）的即时后测和追踪后测成绩之差进行单因素方差分析，以判断青少年捐助行为归因教学实践干预稳定效应的年龄差异（表 8-8）。

表 8-8　青少年捐助行为归因教学实践干预稳定效应的年龄差异

项目	五年级 （$M \pm SD$）	六年级 （$M \pm SD$）	七年级 （$M \pm SD$）	八年级 （$M \pm SD$）	F
捐助行为特质归因	0.01 ± 0.24	0.02 ± 0.19	0.03 ± 0.29	0.02 ± 0.16	0.42
捐助行为情境归因	0.15 ± 0.36	0.02 ± 0.27	0.02 ± 0.37	0.05 ± 0.28	3.40*
捐助行为归因偏差	-0.16 ± 0.43	-0.04 ± 0.28	-0.01 ± 0.58	0.07 ± 0.32	2.35
捐助额度	77.05 ± 124.79	6.00 ± 105.88	17.86 ± 90.94	16.97 ± 101.82	0.13
捐助时间	0.29 ± 1.61	0.02 ± 1.14	0.01 ± 0.75	0.10 ± 1.18	0.88

单因素方差分析结果表明：青少年捐助行为特质归因、捐助行为归因偏差、捐助额度、捐助时间教学实践干预稳定效应均不存在年级的显著差异（$p > 0.05$）；青少年捐助情境归因教学实践干预稳定效应存在年级的显著差异（$p < 0.05$），事后比较发现，五年级、六年级捐助行为情境归因教学实践干预稳定效应存在显

著差异（$p<0.05$），五年级、七年级捐助行为情境归因教学实践干预稳定效应存在显著差异（$p<0.05$），五年级、八年级捐助行为情境归因教学实践干预稳定效应存在显著差异（$p<0.05$）。总体而言，青少年捐助行为情境归因教学实践干预的稳定效应存在年龄差异，青少年捐助行为教学实践干预稳定效应的年龄差异不显著。

五、讨论分析

（一）青少年捐助行为归因教学实践干预的有效性

本节的研究结果表明：青少年捐助行为归因教学实践集体干预存在即时效应，青少年捐助行为归因教学实践集体干预的即时效应对青少年即时后测的捐助行为具有促进作用；青少年捐助行为归因的教学实践集体干预存在提升效应，青少年捐助行为归因教学实践集体干预的提升效应对青少年追踪后测的捐助行为具有促进作用；青少年捐助行为归因的教学实践集体干预存在稳定效应，青少年捐助行为归因的教学实践集体干预的稳定效应对青少年捐助行为产生了相同的效果。可见，青少年捐助行为归因教学实践集体干预是有效的。

本节教学实践集体干预综合运用了课堂讨论法法、移情训练法、榜样学习法、积极情绪训练法对青少年捐助行为归因进行干预。课堂讨论法法重视合作小组学习，确定捐助认识的教学主题内容，让学生围绕个体捐助的意义和重要性进行讨论，主要讨论捐助他人对自己的重要意义、对他人的重要价值、对社会的重要作用，在此基础上提出捐助他人的思路、途径等，同时与团队内的其他成员交流互动、互相探讨辩论、互相补充修正，使得个体的捐助认识有所提升。榜样学习法则力图提供切合学生实际的榜样学习人物，学生通过观察榜样助人的行为，建构榜样学习的内在表征和经验，进行自我助人认知调节，仿效榜样助人的言行举止，从而增加学生助人的内归因倾向，促进学生的助人行为，达到观察学习榜样助人行为的目的。移情训练法重在通过助人故事扮演、助人情境表演让学生设身处地进行换位思考，体验当事人受困受难和渴望帮助的情绪和情感，并在以后的助人行为中体察他人的心理感受，理解他人需要帮助的处境和需要，并以此做出合理的亲社会行为归因和行为。Batson（1987）认为，对受助对象的共情、同情、怜悯等情绪强度越大，个体的利他动机就越强，就越有可能采取帮助行为。积极情绪训练则通过让学生回忆助人的愉悦、幸福、愉快等积极情绪，体会帮助他人给自己带来的收获和快乐，进而促进学生的助人行为。Wegener 和 Petty（1994）发现，积极情绪对个体的帮助行为均具有预测作用。

以上教学实践集体干预的确促使学生的助人意识和助人归因发生了改变，进而促使学生的捐助行为发生了改变。其具体表现在，通过教学实践干预训练在较短时间内使得捐助行为特质归因得分提高，捐助行为情境归因得分下降，捐助行为归因的干预是有效的。同时，捐助行为归因的干预对捐助行为同样具有促进作用，具体表现在青少年捐助额度和捐助时间在即时后测有所增加，追踪后测继续保持稳定，表明课堂讨论法、移情训练法、榜样学习法、积极情绪训练法的确能改变青少年的捐助行为归因和捐助行为。因此，青少年捐助行为归因具有可塑性，课堂讨论法、移情训练法、榜样学习法、积极情绪训练法对改变青少年捐助行为归因和捐助行为是有效且可行的。

（二）青少年捐助行为归因教学实践干预的年龄特点

本节的研究结果表明：青少年捐助行为特质归因、捐助行为归因偏差、捐助额度教学实践干预的即时效应、提升效应、稳定效应在年龄方面均不存显著差异；青少年捐助行为情境归因教学实践干预的稳定效应存在年级的显著差异，五年级、六年级，五年级、七年级，五年级、八年级捐助行为情境归因教学实践干预的稳定效应均存在显著差异；青少年捐助时间教学实践干预的即时效应、提升效应存在年龄差异，五年级、六年级，五年级、七年级，五年级、八年级捐助时间教学实践干预的即时效应和提升效应均存在显著差异。总体而言，青少年捐助行为情境归因教学实践干预的年龄差异显著，青少年捐助时间教学实践干预存在年龄差异。以往的研究也认为，青少年亲社会行为归因具有年龄差异（王鹏等，2011）。年龄较大的 16 岁青少年比 14 岁青少年更容易倾向于内在归因，表现出"内疚"的道德情绪归因（Saelen et al., 2008）。

在本节的教学实践干预中，五年级学生捐助行为情境归因教学实践干预的稳定效应显著高于六年级、七年级、八年级，并且随着年级的升高，青少年捐助行为情境归因的稳定效应逐渐下降，说明年龄越小的青少年，越依赖情境进行助人行为归因，年龄越大的青少年，越依赖个体的人格特质进行助人行为归因。由此可见，随着年龄的增长，青少年助人行为归因逐渐趋于成熟，逐步由外在向内生过渡，外界情境因素对青少年的影响逐渐减少，人格内在因素真正融合到青少年的认知系统中，构成较为稳定的助人行为归因系统。所以，青少年捐助情境归因的稳定效应随年级的升高而逐渐减弱，教学实践干预对青少年捐助情境归因的影响较为明显。同时，随着年龄的增长，青少年的思维发展水平已由形象思维向逻辑思维过渡并最终以逻辑思维为主，其思维的周密性、严谨性、发展性更趋于完善化，青少年捐助行为归因也逐渐由外在情境决定性、外在因素感情化向内在因素决定性、内在感情理性化方向发展，捐助行为归因受外界情境因素的影响逐渐减少。因此，五年级学生捐助情境归因稳定效应得分最高，而八年级学生捐助情境归因稳定效应得分最低。

值得注意的是，捐助行为归因的教学实践干预对青少年捐助时间具有促进作用，说明捐助行为归因和捐助时间的关系密切。张爱卿等（2004）的研究指出，个体的行为控制归因与个体的责任归因会影响个体的助人行为。具体而言，在本节教学实践干预中，通过青少年捐助行为归因教学实践干预，青少年捐助时间教学实践干预的即时效应、提升效应存在年龄差异，五年级学生捐助时间教学实践干预的即时效应和提升效应显著高于六年级、七年级、八年级，并且随着年级的升高，青少年捐助时间的即时效应和提升效应逐渐下降，说明年龄越小的青少年，捐助时间的干预效果越好。其可能的原因是，五年级学生自我独立意识和独立判断能力不强，更加容易考虑行为归因的外在情境因素，在对故事主人公进行捐助时，希望通过更长的捐助时间改变故事主人公的困境。随着年龄的增加，七年级和八年级学生做出助人行为判断的灵活性增强，能全面考虑自己的实际能力和捐助的内外因素的交互作用，八年级学生的捐助时间显著短于五年级学生。此外，青少年捐助额度不受捐助行为归因教学实践干预和年龄差异的影响，可能的原因是小学高年级和初中学生均没有直接的经济收入，可能也是导致捐助额度差异不明显的重要原因。也就是说，只有当个体具有一定的可支配金钱时，其捐助行为归因才会对捐助额度产生较强的干预作用。为此，在学校德育教育中，应通过宣传表扬、树立典型、帮贫济困等方式鼓励学生树立乐善好施的捐助理念和捐助自觉性，形成慈善理念和意识支配下的捐助行为的长效机制。

第四节　综合讨论

本章综合采用课堂讨论法法、移情训练法、榜样学习法、积极情绪训练法对青少年捐助行为归因进行教学实践干预，以此考察教学实践干预对青少年捐助行为归因干预的效果、年龄差异及其对捐助行为的促进作用。

一、青少年捐助行为归因的年龄发展趋势

亲社会行为归因的发展研究表明，亲社会行为归因存在明显的年龄发展效

应和情境差别效应，对亲社会行为内部归因在不同行为条件下顺序递减，并且7~8岁的儿童已经能使用折扣原则（Cohen et al., 1981）。所以，没有外部原因推动的行动者最愿意助人，外部动机越强，行动者的内部动机越弱，内部归因越低（Kelly, 1973）。针对 Cohen 等（1981）的研究而言，儿童认为出于同情和遵守社会规范而做出亲社会行为的行动者内部动机最高，内部归因最强；对为回报他人或获得社会赞扬而做出的亲社会行为的行动者内部归因则次之，而为了物质奖励和逃避惩罚而做出的亲社会行为的行动者内部归因最弱。此外，无论对正性事件还是负性事件进行归因，个人主义倾向的青少年在两类事件各个维度上的得分都显著高于集体主义倾向的青少年的得分，他们更倾向于将事件归为个体稳定的内部原因（黄任之，2008）。也有研究发现，在消极刺激条件下，青少年比成年人更少地表现出群体归因偏向，这种差异只有在控制了内群体认同之后才会出现，因为成年人对自己内群体的认同显著高于青少年；而在积极刺激条件下，青少年比成年人更偏爱自己的内群体，群体归因偏向更强（Liebkind et al., 2006）。

本研究发现，青少年捐助行为归因存在年龄差异，与以往的研究结果吻合（王鹏等，2011；Saelen et al., 2008）。但也有研究结论与此相反，相比于初一年级学生，初二年级学生更倾向于对正性事件做出不稳定的归因，并且对此类事件的行为更倾向于做出消极归因（李文道和赵霞，2011）。刘征等（2012）的研究发现，从小学生到初中生再到高中生，各个年龄层次间的归因差异并不显著。本节的研究结果发现，青少年捐助行为归因在年级上存在显著差异，其中，六年级学生捐助行为特质归因最强，八年级学生捐助行为归因偏差最强，与以往的研究结果基本吻合，可能的原因是小学五、六年级学生自我意识和自我辨别能力不强，往往认为身边发生的事情都是自我能力控制之内的事情。刘征等（2012）的研究发现，与大学生相比，初中生更容易表现出可控的归因风格，但与初中生相比，高中生趋近于不可控风格，与小学生相比，大学生趋近于可控风格，与初中生相比趋近于不可控风格，说明不同年龄阶段青少年归因表现出不平衡的特点。本节研究中，六年级学生捐助行为归因高于五年级学生，也高于七年级、八年级学生，表现出捐助行为归因年龄差异和不平衡的特点。

青少年捐助行为归因表现出年龄差异和不平衡的特点，可能的原因是青少年期是个体品德和人格特质发展的波动时期。从总体上看，青少年个体品德和人格特质虽然具备了道德特质和伦理特征，但仍是不成熟、不稳定的，具有较大的波动性。青少年期个体品德和人格特质波动性特点的具体表现是：道德动机逐渐理想化、信念化、合理化，但又具有敏感性、情境易变性和不稳定性；青少年道德观念的原则性、概括性不断增强，但还带有一定程度情境的特点；青少年的道德情感表现得丰富、强烈，自主捐助行为增加，捐助内在特质表现明显，但捐助行为又具有好冲动性和内群体偏爱性；青少年的道德行为有了一定的目的性，渴望独立、积极、自主地进行帮助行为和亲社会行为，但是愿望与行动有一定距离，亲社会行为容易受个人思想的左右，也容易受周围情境的影响。所以，青少年时期既是人生观开始形成的时期，又是容易发生两极分化的时期，捐助行为归因表现出年龄差异和不平衡的特点。尤其是小学高年级和初中二年级是青少年品德发展的关键期，初中二年级之后，青少年许多个体品德和人格特质逐步趋向成熟。这个时期的个体品德和人格特质进入了以自律为形式、遵守道德准则、运用信念来调节行为的成熟阶段，也开始能较自觉地运用一定的道德观点、原则、信念来调节行为和认知。所以，这个阶段的青少年在进行捐助行为归因时，更强调个体道德观念和人格品质，做出的捐助行为归因倾向于个体内部，并促使个体行为向内部发展和开拓。

二、青少年捐助行为归因影响捐助行为的年龄发展

在青少年捐助行为归因影响捐助行为的发展模型中，捐助行为归因对五年级、六年级、七年级、八年级学生的捐助时间均没有影响（$ps > 0.05$）；捐助行为归因对五年级、六年级、七年级、八年级学生的捐助额度均无影响（$ps > 0.05$）。以往的研究认为，归因会对后续行为产生直接的促进作用（Miller and Ross, 1975; Dooley, 1995; Steins, 1999）。Weiner（1980）的研究表明，潜在的助人者在实施帮助之前会考虑求助者寻求帮助的理由，如果助人者判断问题的原因来自不可控的外在因素，就更可能对其实施帮助，反之则不会实施帮助。夏勉和江光荣（2007）的研究结果显示，无论个体是否求助或是否主动求助，都普遍倾向于把心理问题归因于内部原因，进而推断自己对问题负有责任，但是责任推断并不能预测个体的求助行为，而心理问题的可控性则可以预测后续的求助行为。

本节的研究结果与以往研究结果部分吻合，原因在于，捐助行为属于社会积极倡导的道德行为，很多青少年在对他人实施捐助行为后，出于提升个人形象的目的，喜欢将他们的捐助行为进行特质归因，表现为他们是由于本性善良和人格特质积极而做出的捐助行为。同时，有研究者认为，东方文化背景下个体的人格特质较为含蓄，经常会隐蔽自身，尤其是在外显视角下，青少年对他

人捐助行为归因没有表现出明显的归因偏向，或许是因为被试对他人捐助行为的归因更加具有隐蔽性。以往的研究认为，中国被试倾向于将外显行为归于特质因素（Menon et al., 1999）。捐助行为是中华民族的传统美德，也是和谐社会倡导的一种积极社会行为。青少年一旦做出捐助行为，就会受到社会的赞扬，青少年的价值得到肯定，倾向于将外显捐助行为归因于个人特质因素，归因偏差极小，青少年之间捐助行为归因偏差影响捐助行为的年龄发展趋势就不明显。

此外，捐助行为归因是亲社会行为预测和干预的前提与基础，是人类亲社会行为产生和发展不可或缺的要素。捐助行为归因是教育学家、伦理学家和心理学家一直关心的重要议题。正是由于理论和实践领域存在着对青少年捐助教育的需求，捐助行为的研究也就应运而生。青少年社会认知能力和归因推断年龄的发展是助推亲社会行为发展的关键。青少年道德意识的发展也使得青少年道德行为得以提升，而道德行为的提升势必会影响其道德认知和道德归因。所以，对青少年捐助行为归因进行干预进而促进其捐助行为，就显得尤为重要。

三、青少年捐助行为归因干预对捐助行为的促进作用

本章研究揭示了捐助行为归因教学实践干预对青少年捐助行为的促进作用，对强化青少年捐助行为归因，加强青少年捐助行为归因教学实践干预，具有重要启示。对青少年捐助行为归因教学实践干预的即时效应、提升效应和稳定效应的研究结果的分析发现，青少年捐助特质归因的即时效应明显，提升效应显著增加，稳定效应保持较好，说明青少年捐助行为归因的教学实践干预是有效且可行的。同时，这也说明综合采用课堂讨论法、移情训练法、榜样学习法、积极情绪训练法对青少年捐助行为归因进行教学实践干预，的确对青少年捐助行为归因产生了积极的干预效果。更为重要的是，研究也发现，青少年捐助行为归因的教学实践干预也能够促进青少年的捐助行为，青少年捐助行为的即时效应、提升效应和稳定效应均较好。以上研究结果说明，在教学实践干预中，通过移情训练、积极情绪训练改变个体的情绪情感体验，情绪情感本身具有暂时性的效应，通过移情、感化等方式也能够激起青少年的捐助认知，改变青少年的捐助行为归因；而通过课堂讨论法、榜样学习法同样能强化青少年对捐助行为的认识，加强青少年对捐助榜样的示范学习，青少年捐助行为的内部归因和自我效能感也会增强，从而可以促进青少年的捐助行为。

当然，青少年捐助行为归因教学实践干预对青少年捐助行为的促进作用还受年龄发展特点的影响。对五年级学生进行捐助行为归因教学实践干预时，尽

管五年级学生以当事人的身份来认识捐助行为归因，捐助行为归因教学实践干预效果更好，突出表现出教学实践干预效果的即时性、提升性和稳定性的特点，但教学实践干预的效果还会受到外在情境因素的影响，因而捐助情境归因相较于其他年级学生更高。此外，五年级学生捐助行为归因教学实践干预只对捐助时间具有促进作用，从另一方面也反映出五年级学生实施捐助行为的迫切心情，但是其仅仅考虑了行为归因的外在时间因素，希望投入更多的捐助时间改变故事主人公的困境，忽略了捐助行为内外在情境因素的交互影响。这也证明了青少年捐助行为归因发展虽逐步趋于成人化，但仍处于不稳定阶段，仍需通过不断的认识、接纳、同化外界因素，实现自身归因系统的进一步完善和稳固。此外，出现这种情况，我们认为与较短的教学实践干预时间不无关系，短期捐助行为归因教学实践干预训练并没有彻底改变青少年对他人捐助行为的认识与评价，因而会出现不稳定现象，如果能采用更长时间的教学实践干预，其稳定性可能会增强。由此可见，对于青少年捐助行为归因，应根据青少年的年龄特点进行有针对性的教学实践干预。后期的教学实践干预，对不同年级学生应采用不同的具体干预策略，对不同年龄阶段青少年捐助行为归因教学实践干预进行补充、完善、修改，构建不同年级青少年捐助行为归因教学实践优化干预系统。

本章的研究也存在一些局限，需要在未来的教学实践干预中加以改进。首先，本章探讨了课堂讨论法、移情训练法、榜样学习法、积极情绪训练法对青少年捐助行为归因教学实践干预的有效性，研究结果具有整合性、实践性和普遍性的特点，但每种具体方法缺乏独立的指导性和分门别类的针对性，以后的教学实践干预应在多种教学情境下考察和分析这些干预方法的独立效应和交互效应，从而更深入地揭示捐助行为归因教学实践干预的有效机制。另外，将青少年可支配资金作为影响捐助行为的重要因素，可能需要达到一定程度才更加有效，未来的研究应该考虑青少年实际经济收入水平对捐助额度的影响。

四、青少年捐助行为归因的教学实践干预策略

捐助行为归因教学实践干预可以使青少年提高稳定内在的捐助行为特质归因，降低外在不稳定的捐助行为情境归因，并将外在捐助行为情境归因转化为内在的捐助行为特质归因，从内在人格特质方面对个体的捐助行为进行归因，将有利于促进个体的捐助行为。本章的研究也发现，综合采用课堂讨论法、移情训练法、榜样学习法、积极情绪训练法对青少年捐助行为归因进行教学实践干预，的确对青少年捐助行为归因具有积极的干预效果，并且捐助行为归因教

学实践干预促进了青少年的捐助行为。总体而言，本章研究在教学实践中进行了捐助行为归因干预的拓展，增强了捐助行为归因实践干预效果，并且将心理学理论与实际教学实践相结合，通过教学实践综合干预策略提升了青少年捐助行为归因，促进了青少年捐助行为，教学实践集体干预的效果是可见的。今后尚需进一步将理论与实践相结合，根据青少年捐助行为归因的年龄发展特点，采用综合教学实践集体干预策略，引导青少年进行捐助行为内在归因，进一步探查青少年捐助行为归因教学实践干预的有效性和年龄差异。

此外，青少年捐助行为归因教学实践干预旨在培养青少年慈善捐助的高尚人格，增强青少年捐助意识和提升其思想境界，进而促进青少年捐助行为，这是一项系统化的教学实践干预工程。首先，通过课堂讨论法，让青少年广泛参与讨论，充分挖掘慈善捐助教学内容中的教育性和价值性，引导青少年将捐助意识渗透到社会、学校、家庭的各个层面，形成合力，达成共识，才能对青少年捐助行为起到积极的促进作用。其次，通过移情训练，让青少年学会体验他人内在的情绪情感，具备捐助的恻隐之心或同情心，打破对助人的冷漠和漠视心理，展现青少年助人的高层次情感境界，以及倾向于他人捐助的道德情感倾向和道德情感事实，在助人行为中蕴含着更深层次的互助互持的情感理念，映射出人人助人的真、善、美情感。其次，通过榜样学习法，对青少年的捐助行为价值和意义进行榜样示范教育，尤其是与青少年关系密切的捐助榜样是榜样示范教育的典型，这样才会扩大青少年慈善捐助行为榜样的影响。毕竟青少年是慈善捐助未来发展的主体，也是慈善捐助学习的主体，青少年如果不对慈善捐助榜样进行模仿和观察，就不可能做出良好的慈善捐助行为。最后，通过积极情绪训练，让青少年体会慈善捐助带来的积极情绪和情感，积极的情绪体验是青少年慈善捐助行为的推动因素，也是推动青少年进行慈善捐助行为的内部力量，贯穿于青少年慈善捐助行为的始终，并且积极情绪有助于青少年保持慈善捐助行为的持久性，青少年只有体验到了慈善捐助的积极情绪，才能将捐助的积极情绪转化为捐助行为，并对捐助的积极情绪和行为进行整合，达到"心动也行动"的境界。

青少年捐助行为归因的教学实践干预策略具体见表8-9。

表8-9　青少年捐助行为归因的教学实践干预策略

流程	干预方法	主题	目的	内容	材料
一	课堂讨论法	慈善捐助认识	①认识慈善捐助对自己的重要意义和重要价值；②认识慈善捐助对他人的重要意义和重要价值；③认识慈善捐助对社会的重要作用和重要意义	①观看视频《感动中国之丛飞》，请学生交流助人感想并书写观后感；②教师引导学生对视频人物助人行为的个人意义和价值进行讨论；③教师引导学生对视频人物助人行为的社会意义和价值进行讨论	视频材料教学媒体白纸
二	移情训练法	慈善捐助的情绪情感	①知觉他人面临困境时需要帮助的内在情绪情感；②感受自己帮助他人时的情绪情感体验；③体验自助互助情绪情感体验的他人立场和自己立场的差异和相同点	①教师指导学生开展"瞎子背瘸子"的游戏，游戏结束，学生进行情绪情感体验讨论；②教师指导学生开展"我需要帮助"的游戏，游戏结束，学生进行情绪情感体验讨论；③教师引导学生分享本次活动中个人不同的情绪情感体验	眼罩绷带拐棍困境故事
三	榜样学习法	慈善捐助的榜样模仿	①引导学生深思榜样助人行为的意义和原因；②引导学生学会观察和模仿榜样助人行为的言谈举止；③让学生通过角色扮演去分别扮演榜样助人行为中的施助者和受助者；④引导学生分享榜样助人行为的原因和自己的收获与经验	①展示身边教师对本辖区患白血病学生进行捐助的照片，以及该学生的治疗纪实和对大家表达谢意的书信；②播放同龄学生进行慈善捐助的视频，让学生观察其在视频中的言谈举止；③教师引导学生进行榜样角色助人行为扮演和助人行为言谈举止模仿；④教师引导学生进行本次内容总结和个人收获与体验分享	捐助视频捐助照片访谈提纲教学媒体
四	积极情绪训练法	慈善捐助快乐的体验	①学生分享自己助人的快乐和愉悦，感受助人的积极情绪；②教师引导学生通过唱歌感受爱和助人的积极力量；③教师引导学生进行助人行为的正确归因和积极感受；④教师引导学生进行助人行为的美好憧憬和积极情绪体验	①集体合唱《让世界充满爱》《爱的奉献》等歌曲；②学生分享自己曾经助人的个人经历和感受；③教师引导学生共同表达助人行为的积极情绪和积极认同；④引导学生进行人人助我和我助人人的美好憧憬及积极心理体验	歌曲歌词教学媒体白纸

五、青少年捐助行为归因个体教育干预策略

本章采用综合教学实践干预法证明了青少年捐助行为归因干预的有效性及其对捐助行为的促进作用，但并未考虑个人捐助信念、道德归因、社会价值取向和道德认同的根深蒂固的影响，以及捐助行为更为复杂的个人因素和捐助情境的共同影响。我们认为，青少年捐助行为归因教育干预不但与学校道德教育、实践教学集体干预有关，也与青少年捐助行为的道德观念、道德社会价值观、捐助信念的自我发展、捐助的道德归因倾向等个体方面的因素密切相关。本书第六章也揭示了青少年捐助行为的内在心理机制，通过强化青少年的捐助信念，引导青少年道德归因的内在化倾向，培养青少年感同身受的社会价值取向，加

强青少年捐助行为归因教育和干预，以促进其捐助行为，具有现实的启示意义。今后的研究尚需继续借鉴以往捐助行为归因心理机制的理论及方法，探讨青少年捐助行为归因的心理机制，同时通过寻求有效捐助行为归因干预策略，对青少年捐助行为归因进行教育干预，使青少年对捐助行为进行积极正确的归因，促进青少年捐助行为，有助于建构青少年捐助行为归因个人教育干预体系，进一步优化青少年捐助行为归因教育策略。

首先，强化青少年的捐助信念。学校和家庭德育教育应有意识地强化个体的捐助信念，日积月累的道德观点表达与道德示范是强化个体捐助信念的主要策略。本书第六章的研究也发现，紧急与非紧急、匿名与公开情境下的捐助信念对青少年的捐助时间和捐助额度均有正向预测作用，捐助信念高的青少年对紧急与非紧急、匿名与公开情境下的主人公更愿意捐助，捐助时间更长和捐助额度也更高，与以往研究结果吻合，再次证实了捐助信念对慈善捐助的积极影响。因此，在青少年德育教育中，应重视捐助信念对慈善捐助的重要意义，关注青少年捐助信念的积极建构与提升。

其次，引导青少年道德归因的内在化倾向。道德归因的内在化倾向是个体道德行为形成的重要原因，学校和家庭要引导个体对道德行为进行合理归因和自我调节，防止道德教育的外在化和形式化。本书第六章的研究也发现，道德内归因在捐助信念对慈善捐助的促进作用方面具有增强效应，具体而言，相比道德外归因者，道德内归因者的捐助信念对捐助时间和捐助额度的促进作用更显著。按照情绪认知评价理论（Lazarus，1991），被试对紧急与非紧急、匿名与公开情境下的故事会产生不同的捐助行为，关键与个体道德归因有关。高道德归因被试在紧急与非紧急、匿名与公开情境下的捐助时间延长，捐助额度明显提升，二者交互促进了被试的慈善捐助，而道德外归因削弱了被试的捐助信念，使被试的捐助行为也有所减少。所以，紧急与非紧急、匿名与公开情境对青少年慈善捐助的影响随道德归因倾向的不同而不同，道德归因中介了捐助信念与慈善捐助之间的关系。关于道德归因对道德行为的激发作用的研究，一方面可使我们通过建构与个体道德归因相符的道德信念以促进道德行为，拓展和丰富道德行为理论；另一方面，道德归因优化了不同捐助信念被试的道德行为，为学校道德教育干预提供了决策依据。

再次，培养青少年感同身受的社会价值取向。学校和家庭要通过具体道德实例培养个体的社会价值取向，有助于个体进行换位思考，以提升个体的社会价值取向能力。社会价值取向诱发了个体对他人行为的判断和情绪体验，使其更容易感知他人的求助诉求和求助感受，促进个体对他人产生亲社会行为。因此，社会价值取向与亲社会行为的关系应得到教育实践者和社会公众的重视。今后可以通过社会价值取向的激发与培养，进一步促进个体的亲社会行为。本书第六章也证实了社会价值取向与亲社会行为之间关系密切，这对于研究如何促进和提高个体的亲社会行为具有重要的借鉴和指导意义。今后在亲社会行为的提升和培养中，研究者可以从社会价值取向入手，通过道德实例的干预和训练来增强个体的同理心，提高个体的社会价值取向能力，从而增加他们的亲社会行为，这不仅有助于个体的道德教育和道德培养，也有助于形成良好的社会道德氛围和伦理精神。

最后，加强青少年道德信念、道德归因和社会价值取向的共同作用。学校和家庭应全面培养和训练青少年的道德信念、道德归因和社会价值取向，以促进青少年道德行为，同时也为中国文化背景下社会道德氛围和伦理文化的形成奠定了基础。本书第六章也探讨了道德归因和社会价值取向对慈善捐助的交互影响，结果发现，在紧急与非紧急、匿名与公开情境下，道德归因和社会价值取向交互促进了慈善捐助，与以往理论观点一致。关于道德归因对道德行为具有激发作用的研究，一方面可使我们通过建构与青少年道德归因相符的社会价值取向，以促进道德行为，拓展和丰富道德行为理论；另一方面，道德归因优化了不同社会价值取向青少年的道德行为，为学校道德教育干预提供了决策依据。当然，本书第六章基于紧急与非紧急、匿名与公开情境考察了慈善捐助行为的内在心理机制，研究结果具有情境针对性，但缺乏情境普遍性，以后的研究应在多情境下考察和分析这些变量的交互影响，从而更深入地揭示慈善捐助行为的内在心理机制。

需要指出的是，本书第六章的研究结果表明，道德归因与亲社会行为之间存在中等程度的相关，也就是说，个体道德归因与亲社会行为的关系还与其他很多因素有关，如道德判断的双加工模型强调情绪反应和认知推理对道德决策和道德行为的共同影响。而个体的心理愿望、意图、信念等都属于认知推理的范畴，同时也包含了情绪的成分。个体通过对某种情境进行认知评价而产生特定的情绪反应，进而影响个体的后续行为。总体来说，慈善捐助行为还与很多其他因素有关，需要后续进一步探索，以制定青少年捐助行为归因有效、全面、完整的教育干预策略，为青少年慈善捐助行为的提升提供理论依据。

参考文献

陈斌，瞿晓理．2013."积极情绪"训练干预大学生暴力行为的研究．吉林省教育学院学报，29(9)：14-16.

陈芸，钟毅平．2013.大学生的内隐自我正面偏见及其增强．中国临床心理学杂志，21(3)：368-371.

迟毓凯．2005.人格与情境启动对亲社会行为的影响．上海：华东师范大学．

程毅．2005.体育教学情境再归因训练研究：积极运动情绪体验、体育锻炼行为坚持性与再归因训练．广州体育学院学报，25(4)：40-42.

邓玮．2008.当代大学生慈善捐赠行为与认知调查——来自厦门高校的问卷分析．中国青年政治学院学报，27(5)：24-29.

丁凤琴．2013.共变信息中双文化认同群体捐助行为群际归因的认知加工偏好．西安：陕西师范大学．

丁凤琴，付卫玲．2011.中学教师工作家庭冲突归因方式与职业倦怠的关系．中国学校卫生，32(3)：315-316.

定险峰，刘华山．2011.个体不幸情境下的慈善捐赠-共情的中介效应．中国临床心理学杂志，19(6)：759-762.

董振华．2005.儿童青少年行为归因与自发特质推理的发展及两者之间的关系．济南：山东师范大学．

杜晓晓，郑全全．2010.诺布效应及其理论解释．心理科学进展，18(1)：91-96.

付慧欣．2008.助人行为研究综述．前沿，(7)：156-158.

付建斌，焦书兰．2000.对应偏差产生的心理机制．心理科学，23：340-343.

胡清芬，陈英和，林崇德．2005.因果判断中经验与共变信息的结合及各自作用．心理学报，37(2)：189-198.

胡胜利．1996.小学生不同课堂情境的成就归因及再归因训练．心理学报，28(3)：268-276.

黄任之．2008.青少年个人主义-集体主义外部特点和内隐特征研究．长沙：中南大学．

黄仁辉，李洁，李文虎．2005.自我服务偏向对自尊心理的保护及提升作用．中国临床康复，(12)：164-165.

黄希庭，张蜀林．1992.562个人格特质形容词的好恶度、意义度和熟悉度的测定．心理科学，(5)：17-22.

惠秋平，何安明，刘华山. 2015. 大学生感恩、负债感、快乐与助人行为关系的情景实验. 中国心理卫生杂志，29(11): 852-857.

韩仁生. 1998. 中小学生归因训练的实验研究. 心理学报，30(4): 442-451.

景娟娟. 2015. 人际与群际视角下青少年慈善捐助归因的特点及其教育干预. 银川：宁夏大学.

康廷虎，白学军. 2007. 中国青少年心理健康素质·归因风格的研究. 心理与行为研究，5(4): 272-276.

林崇德，李庆安. 2005. 青少年期身心发展特点. 北京师范大学学报（社会科学版），(1): 48-56.

黎玉兰，付进. 2013. 大学生自尊与宽恕倾向的关系：归因的中介作用. 中国临床心理学杂志，21(1): 129-132.

李谷，周晖，丁如一. 2013. 道德自我调节对亲社会行为和违规行为的影响. 心理学报，45(6): 672-679.

龙君伟. 2003. 反馈干预对绩效的影响研究. 心理科学，26(4): 658-660.

李伟健，李锋盈. 2003. 目标定向与进步反馈对优差生写作成绩影响的实验研究. 心理科学，26(6): 1086-1090.

廖全明，黄希庭. 2006. 自发特质推理研究的回顾与展望. 西南师范大学学报（人文社会科学版），32: 11-14.

廖全明，郑涌. 2007. 不同训练方法对小学生分享行为影响的实验研究. 心理科学，30(6): 1351-1355.

刘杰，孟会敏. 2009. 关于布郎芬布伦纳发展心理学生态系统理论. 中国健康心理学杂志，17(2): 250-252.

刘璐，吕厚超，黄雨晴，等. 2011. 诚信行为的反馈和归因对诚信态度的影响. 西南农业大学学报（社会科学版），9(1): 181-184.

李森. 2012. 大学生归因风格与主观幸福感的内隐社会认知研究. 新乡：新乡医学院.

李文道，赵霞. 2011. 青少年归因风格的特点及其与人格特质的关系. 首都师范大学学报（社会科学版），(1): 78-83.

李幼穗，韩映虹，陈淑芳. 2013. 不同情境下移情训练对幼儿助人行为的影响. 学前教育研究，(2): 43-47.

刘肖岑，桑标，窦东徽. 2011. 人际/非人际情境下青少年外显与内隐的自我提升. 心理学报，43(11): 1293-1307.

刘肖岑，桑标，张文新. 2010. 大学生自我提升的特点及其与自尊的关系. 心理科学，(2): 294-298.

刘永芳. 1997. 对一种经典归因现象的新解释——"背景效应假设". 心理科学，20: 563-564.

刘永芳. 2010. 归因理论及其应用. 上海：上海教育出版社.

刘征，杨铖，杨小金. 2012. 青少年归因风格相关因素分析. 教育学术月刊，(12): 38-40.

罗跃嘉. 2006. 认知神经科学教程. 北京：北京大学出版社.

罗跃嘉，古若雷，陈华，等. 2008. 社会认知神经科学研究的最新进展. 心理科学进展，16(3): 430-434.

马洁 . 2010. 归因在宽恕中的作用研究 . 杭州：浙江大学 .

马皑 . 2012. 相对剥夺感与社会适应方式：中介效应和调节效应 . 心理学报 , 44(3)：377-387.

马伟军 . 2009. 群际归因偏好研究综述 . 心理科学 , (4)：908-909.

马伟军 . 2010. 一种共变信息在原因维度中的归因 . 心理科学 , 33(4)：891-895.

马伟军 . 2011. 共变信息的程度差异对归因的影响 . 心理科学 , 34：1469-1475.

马伟军 , 冯睿 . 2011. 对一种共变信息的理性与利己的归因 . 华东师范大学学报（教育科学版），
29：62-68.

闵昌运 , 郑超然 , 郜广超 , 等 . 2013. 情景风险因素对助人行为倾向的影响作用 . 社会心理科学 ,
28(7)：16-21, 25.

满力 , 郭玉娟 , 华翠环 . 2007. 归因训练对中等职业学校护生心理素质的影响 . 护理学杂志 ,
22(23)：9-10.

聂衍刚 , 曾敏霞 , 王瑞琪 . 2014. 建构主义视角下青少年道德自我概念的结构及发展特点 . 广州
大学学报（社会科学版），8: 22-27.

钱乐琼 , 戴峥嵘 , 周世杰 . 2014. 孤独症儿童信念理解干预的实验研究 . 中国临床心理学杂志 ,
3: 457-461.

索涛 , 冯廷勇 , 顾本柏 , 等 . 2011. 责任归因对"做效应"的调控及其 ERP 证据 . 心理学报 ,
43(12)：1430-1440.

石国兴 , 祝伟娜 . 2008. 初中生感戴和主观幸福感的干预研究 . 心理研究 , 1(3)：34-37.

隋光远 . 1991. 中学生学业成就动机归因训练研究 . 心理科学 , (4)：21-26.

孙俊芳 , 杨伊生 . 2013. 中专生对自我的内隐态度稳定性的影响因素研究 . 青年文学家 , (29):
168-169.

孙潇 . 2010. 城、乡大学生的群体偏爱及其与内隐自卑的关系 . 保定：河北大学 .

王重鸣 . 1988. 责任制改革与团体归因训练对于工作绩效的影响 . 应用心理学 , 3(3)：7-14.

王大华 , 黄一帆 , 彭华茂 , 等 . 2012. 老年人加工速度的干预研究 . 心理学报 , 44(4)：469-477.

王怀勇 , 刘永芳 . 2012. 责任归因对公平感与情感承诺关系的调节作用研究 . 心理科学 , 35(5)：
1202-1206.

王静琼 , 张卫 , 朱祖德 , 等 . 2010. 大学生自主学习影响因素的中介效应模型 . 心理学报 , 42(2)：
262-270.

王凯荣 , 辛涛 , 李琼 . 1999. 中学生自我效能感、归因与学习成绩关系的研究 . 心理发展与教育 ,
(4)：22-25.

王鹏 , 刘海燕 , 方平 . 2011. 青少年道德情绪判断与归因特点研究 . 心理学探新 , 31(2)：182-185.

王树芳 , 莫雷 , 金花 . 2010. 任务难度和反馈学习对儿童类比推理能力的影响 . 心理发展与教育 ,
(1)：24-30.

王晓颖 . 2011. 情景因素和行为态度评估性对对应偏差的影响 . 西安：陕西师范大学 .

温忠麟 , 侯杰泰 , Herbert W M. 2008. 结构方程模型中调节效应的标准化估计 . 心理学报 , 40：
729-736.

温忠麟，刘红云，侯杰泰 . 2012. 调节效应和中介效应分析 . 北京：教育科学出版社 .

吴明证 . 2004. 内隐态度的理论与实验研究 . 上海：华东师范大学 .

许红建，佐斌 . 2008. 内群认同对群际归因的影响 . 中国社会心理学会 2008 年全国学术大会论文摘要集 .

辛勇，李红，袁加锦 . 2010. 负性情绪干扰行为抑制控制：一项事件相关电位研究 . 心理学报，42: 334-341.

夏勉，江光荣 . 2007. 归因、自我效能和社会容认度对心理求助行为的影响 . 心理学报，39(5)：892-900.

辛自强，韩玉蕾 . 2014. 小学低年级儿童的等值分数概念发展及干预 . 心理学报，(6): 791-806.

闫秀梅，王美芳 . 2010. 大学生自发特质推理的实验研究 . 心理学探新，30(6)：58-62.

叶映华 . 2008. 归因与教师绩效评诂 . 杭州：浙江大学出版社 .

叶映华，郑全全 . 2008. 以阈上启动和投射方法对内隐归因的探讨 . 心理科学，31(4)：871-874.

叶茂林，杨治良 . 2004. 未成年人归因的内隐特征与攻击行为 . 心理科学，27(4)：821-823.

喻丰，彭凯平，韩婷婷，等 . 2011. 道德困境之困境——情与理的辩争 . 心理科学进展，19(11)：1702-1712.

杨福义，梁宁建 . 2007. 内隐自尊与外显自尊的关系：多重内隐测量的视角 . 心理科学，30(4)：785-790.

袁俏芸，黄敏儿 . 2008. 小学攻击性男童的社会信息加工及表情知觉 . 心理科学，31: 133-137.

查仲春，韩仁生 . 2001. 中小学生交往归因特点的研究 . 天津市教科院学报，6: 39-42.

张爱卿，刘华山 . 2003a. 人际责任推断与行为应对策略的归因分析 . 心理学报，35: 231-236.

张爱卿，刘华山 . 2003b. 责任、情感及帮助行为的归因结构模型 . 心理学报，35(4)：535-540.

张爱卿，周方莲，刘华山 . 2004. 责任归因、幸灾乐祸与帮助意愿的关系 . 心理科学，27(1)：220-222.

张爱卿，周方莲，张志学 . 2005. 大学生对不同途径感染艾滋病的责任推断 . 中国心理卫生杂志，19(2)：123-125.

佐斌，张阳阳 . 2006. 自我增强偏向的文化差异 . 心理科学，29(1)：239-242.

钟华 . 2008. 弱势群体成员的认同管理策略研究 . 武汉：华中师范大学 .

张美峰 . 2003. 初中生问题行为教育干预研究 . 重庆：西南师范大学 .

张梦圆，杨莹，寇彧 . 2015. 青少年的亲社会行为及其发展 . 青年研究，(4)：10-18.

张萍 . 2012. 感恩情感的形成机制及其干预：基于特质和状态的研究视角 . 上海：上海师范大学 .

张庆鹏，寇彧 . 2008. 青少年亲社会行为原型概念结构的验证 . 社会学研究，(4)：182-202.

张向葵，盖笑松，陈彩琦，等 . 1996. 当前社会形势下儿童—老年助人行为发展的实验研究 . 心理发展与教育，(2)：6-11.

张莹瑞，佐斌 . 2012. 青少年中华民族认同、国家自豪感与内群体偏好的关系 . 中国健康心理学杂志，20(1)：86-88.

赵荔 . 2013. 浅谈内隐的社会认知 . 神州，(21)：286.

赵和平 . 2012. 大学生乐观型解释风格现状及干预研究 . 重庆 : 重庆师范大学 .

郑全全 , 叶映华 . 2007. 归因双重过程模型研究 . 应用心理学 , 13(3) : 218-222.

周方莲 , 张爱卿 , 方建移 , 等 . 2005. 大学生对艾滋病患者的责任归因及惩戒行为反应 . 心理科学 , 28(5) : 1216-1219.

周秋光 , 曾桂林 . 2006. 中国慈善简史 . 北京 : 人民出版社 .

钟毅平 , 黄柏兰 . 2013. 心理距离对自发特质推理的影响 . 心理科学 , 36(5) : 1031-1036.

Anderson C A, Bushman B J. 2002. Human aggression. Annual Review of Psychology, 53 : 27-51.

Avramova Y R, Stapel D A, Lerouge D. 2010.The influence of mood on attribution. Personality and Social Psychology Bulletin, 36: 1360-1371.

Bargh J A, Chen M, Burrows L. 1996. Automaticity of social behavior: Direct effects of trait construct and stereotypeactivation on action. Journal of Personality and Social Psychology, 71(2) : 230-244.

Baron R A. 1984. Reducing organizational conflict: An incompatible response approach. Journal of Applied Psychology, 69(2) : 272-279.

Bailey C A, Ostrov J M. 2008. Different forms and functions of aggression in emerging adults: Associations with hostile attribution biases and normative beliefs. Journal of Youth and Adolescence, 37: 713-722.

Bandura A. 1971. Social Learning. New York : Blackwell Encyclopedia of Social Psychology.

Bartholow B D, Fabiani M, Gratton G, et al. 2001. A psychophysiological examination of cognitive processing of and affective responses to social expectancy violations. Psychological Science,12: 197-204.

Bartholow B D, Dickter C L. 2007. Social cognitive neuroscience of person perception: A selective review focused on the event related brain potential. In Harmon-Jones E, Winkielman P(Eds.). Social Neuroscience: Integrating Biological and Psychological Explanations of Social Behavior. New York: Guilford Press, 376-400.

Batson C. D. 1987. Prosocial motivation: Is it ever truly altruistic? Advances in Experimental Social Psychology, 20: 65-122.

Benet-Martínez V, Lee F, Leu J. 2006. Biculturalism and cognitive complexity : Expertise in cultural representations. Journal of Cross-Cultural Psychology, 37 : 386-407.

Benet-Martínez V, Leu J, Lee F, et al. 2002. Negotiating biculturalism: Cultural frame switching in biculturals with oppositional versus compatible cultural identities. Journal of Cross-Cultural Psychology, 33: 492-516.

Bellavia G, Murray S. 2003. Did I do that? Self esteem-related differences in reactions to romantic partners' moods. Personal Relationships, 10(1) : 77-95.

Bolton G E, Katok E, Ockenfels A. 2005. Cooperation among strangers with limited information about reputation. Journal of Public Economics, 89: 1457-1468.

Brown R D, Bassili J N. 2002. Spontaneous trait associations and the case of the superstitious banana. Journal of Experimental Social Psychology, 38: 87-92.

Burger J M, Messian N, Patel S, et al. 2004. What a coincidence! The effects of incidental similarity on compliance. Personality and Social Psychology Bulletin, 30: 35-43.

Burton S, Sheather S, Roberts J, 2003. Reality or perception? The effect of actual and perceived performance on satisfaction and behavioral intention. Journal of Service Researeh, 5: 292-302.

Campbell W K, Sedikides C. 1999. Self-threat magnifies the self-serving bias: A meta-analytic integration. Review of General Psychology, 3: 23-43.

Carlsmith J M, Gross A E. 1969. Some effects of guilt on compliance. Journal of Personality and Social Psychology, 11: 232-239.

Carlston D E, Mae L. 2007. Posing with the flag: Trait specific effects of symbols on person perception. Journal of Experimental Social Psychology, 43: 241-248.

Carlston D E, Skowronski J J, Sparks C. 1995. Savings in relearning: Ⅱ. On the formation of behavior-based trait associations and inferences. Journal of Personality and Social Psychology, 69: 420-436.

Carlston D E, Skowronski J J. 1994. Saving in the relearning of trait information as evidence for spontaneous inference generation. Journal of Personality and Social Psychology, 66: 840-856.

Campbell L, Gulas C S, Gruca T S. 1999. Corporate giving behavior and decision maker social consciousness. Journal of Business Ethics, 19(4) : 375-383.

Carlston D E, Skowronski J J. 2005. Linking versus thinking : Evidence for the different associative and attributional bases of spontaneous trait transference and spontaneous trait inference. Journal of Personality and Social Psychology, 89(6) : 884-898.

Cheng C, Lee F, Benet-Martínez V. 2006. Assimilation and contrast effects in cultural frame switching: Bicultural Identity Integration and valence of cultural cues. Journal of Cross Cultural Psychology, 37: 742-760.

Chiu C Y, Cheng S Y Y. 2007. Toward a social psychology of culture and globalization: Some social cognitive consequences of activating two cultures simultaneously. Social and Personality Psychology Compass, 1(1) : 84-100.

Chiu C Y, Hong Y Y . 2007. Cultural processes: Basic principles. In Kruglanski A W , Higgins E T(Eds.).Social Psychology: Handbook of Basic Principles (pp.785-804). New York : The Guilford Press.

Chiu C Y , Morris M W, Hong Y Y , et al. 2000. Motivated cultural cognition: The impact of implicit cultural theories on dispositional attribution varies as a function of need for closure. Journal of Personality and Social Psychology, 78: 247-259.

Chwilla D J, Hagoort P, Brown C. M. 1998. The mechanism underlying backward priming in a lexical decision task: Spreading activation versus semantic matching. Quarterly Journal of

Experimental Psychology, (3) : 531-560.

Choi I, Nisbett R E, Norenzayan A. 1998. Causal attribution across cultures: Variation and universality. Psychological Bulletin, 125(1) : 47-63.

Cohen E A, Gelfand D M, Hartmann D P. 1981. Causal reasoning as a function of behavioral consequences. Child Development, 52: 514-522.

Collins A M, Loftus E F. 1975. A spreading-activation theory of semantic processing. Psychological Review, 82: 407-428.

Crick N R, Dodge K A .1994. A review and reformulation of social information-processing mechanisms in children's social adjustment. Psychological Bulletin, 115: 74-101.

Crisp R J, Nicel J K. 2004. Disconfirming intergroup evaluations: A symmetric effects for ingroups and outgroups. The Journal of Social Psychology, 144(3) : 247-271.

Crawford M T, Skowronski J J, Stiff C, et al. 2007. Interfering with inferential, but not associative, processes underlying spontaneous trait inference. Personality and Social Psychology Bulletin, 33(5) : 677-690.

De Dreu C K W, McCuske C. 1997. Gain loss frames and cooperation in two person social dilemmas: A transformation analysis. Journal of Personality and Social Psychology, 72: 1093-1106.

Dean D H. 2003. Consumer perception of corporate donations : Effects of company reputation for social responsibility and type of donation. Journal of Advertising, 32(4) : 91-102.

De Castro B O, Veerman J W, Koops W, et al. 2002. Hostile attribution of intent and aggressive behavior: A meta-analysis. Child Development, 73: 916-934.

Denton K, Krebs D. 1990. From the scene to the crime: The effect of alcohol and social context on moral judgment. Journal of Personality and Social Psychology, 59(2) : 242-248.

Dickert S, Sagara N, Slovic, P. 2011. Affective motivations to help others: A two-stage model of donation decisions. Journal of Behavioral Decision Making, 24(4) : 361-376.

Diener E, Seligman M E. 2002. Very happy people. Psychological Science, 13(1) : 81-84.

Doosje B, Branscombe N R. 2003. Attributions for the negative historical actions of a group. European Journal of Social Psychology, 33(2) : 235-248.

Dooley P A . 1995. Perceptions of the onset controllability of AIDS and helping judgments : A attributional analysis. Journal of Applied Social Psychology, 25: 858-869.

Dutton K A, Brown J D. 1997. Global self-esteem and specific self-views as determinants of people's reactions to success and failure. Journal of Personality and Social Psychology, 73(1) : 139-148.

Duncan J. 1984. Selective attention and organization of visual information. Journal of Experimental Psychology: General, 113: 501-517.

Dweck C S, Chiu C Y , Hong Y Y. 1995. Implicit theories and their role in judgments and reactions : A world from two perspectives. Psychological Inquiry, 6: 267-285.

Eaton J, Struthers C W, Santelli A G. 2006. Dispositional and state forgiveness: The role of self-esteem, need for structure, and narcissism. Personality and Individual Differences, 41(2) : 371-380.

Emmons R A, McCullough M E. 2003. Counting blessings versus burdens: An experimental investigation of gratitude and subjective well-being in daily life. Journal of Personality and Social Psychology, 84(2) : 377-389.

Epstein S. 1998. Cognitive-experiential self-theory. In Barone D F , Hersen M, Vincent B, et al(Eds.). Advanced Personality. New York : Springer.

Fabes R A, Eisenberg N, Karbon M, et al. 1994. Socialization of children's vicarious emotional responding and prosocial behavior : Relations with mother's perception of children emotion reactivity. Developmental Psychology, 30(1): 44-55.

Fazio R H, Jackson J R, Dunton B C, et al. 1995. Variability in automatic activation as an unobtrusive measure of racial attitudes: A bona fide pipeline? Journal of Personality and Social Psychology, 69(6) : 1013-1027.

Fein S, Hilton J L, Miller D T. 1990. Suspicion of ulterior motivation and the correspondence bias. Journal of Personality and Social Psychology, 58(5) : 753-764.

Fein S. 1996. Effects of suspicion on attributional thinking and the correspondence bias. Journal of Personality and Social Psychology, 70: 1164-1184.

Folstein J R,Van Petten C. 2008. Influence of cognitive control and mismatch on the N2 component of the ERP: A review. Psychophysiology, 45(1) : 152-170.

Fox J, Bailenson J N, Tricase L. 2013. The embodiment of sexualized virtual selves: The Proteus effect and experiences of self objectification via avatars. Computers in Human Behavior, 29(3): 930-938.

Försterling F. 1985. Attributional retraining: A review. Psychological Bulletin, 98(3): 495-512.

Friedman D, Cycowicz Y M, Gaeta H. 2001. The novelty P3: An event-related brain potential(ERP) sign of the brain's evaluation of novelty. Neuroscience and Biobehavioral Reviews, 25: 355-373.

Gaertner L, Iuzzini J, Witt M G, et al. 2006. Us without them: Evidence for an intragroup origin of positive in-group regard. Journal of Personality and Social Psychology, 90: 426-439.

Gaertner S L, Dovidio J F, Banker B S, et al. 2000. Reducing intergroup conflict: From superordinate goals to decategorization, recategorization, and mutual differentiation. Group Dynamics: Theory, Research, and Practice, 4(1): 98-114.

Gawronski B, Bodenhausen G V. 2007. Unraveling the processes underlying evaluation: Attitudes from the perspective of the APE model. Social Cognition, 25: 687-717.

Gervey B M, Chiu C Y, Hong Y Y, et al. 1999. Differential use of person information in decisions about guilt versus innocence: The role of implicit theories. Personality and Social Psychology Bulletin, 25(1) : 17-27.

Gilbert D T, Malone P S. 1995. The correspondence bias. Psychological Bulletin, 117: 21-38.

Gilbert D T, Pelham B W, Krull D S. 1988. On cognitive busyness: When person perceivers meet persons perceived. Journal of Personality and Social Psychology, 54: 733-740.

Gilbert D T , Jones E E. 1986. Perceiver-induced constraint: Interpretations of self-generated reality. Journal of Personality and Social Psychology, 50: 269-280.

Gopnik A, Wellman H M. 1992. Why the child's theory of mind really is a theory. Mind and Language, 7: 145-171.

Graziano W G, Habashi M M, Sheese B E, et al. 2007. Agreeableness, empathy, and helping: A person x situation perspective. Journal of Personality and Social Psychology, 93(4) : 583-599.

Greene J D. 2008. The secret joke of Kant's soul. In Sinnott-Armstrong W (Eds.), Moral Psychology, Vol. 3: The Neuroscience of Morality: Emotion, Disease, and Development. Cambridge: MIT Press, 35-80.

Greenwald A G, Banaji M R. 1995. Implicit social cognition: Attitudes, self-esteem, and stereotypes. Psychological Review, 102(1) : 4-27.

Greenwald A G, Nosek B A. 2001. Health of the Implicit Association Test at age 3. Zeitschrift für Experimentelle Psychologie, 48(2) : 85-93.

Guerin B. 1999. Children's intergroup attribution bias for liked and disliked peers. Journal of Social Psychology, 139(5) : 583-589.

Haidt J. 2001. The emotional dog and its rational tail: A social intuitionist approach to moral judgment. Psychological Review, 108: 814-834.

Haritatos J, Benet-Martínez V. 2002. Bicultural identities: The interface of cultural, personality, and socio-cognitive processes. Journal of Research in Personality, 36(6) : 598-606.

Hamilton V L. 1986. Chains of command: Responsibility attribution in hierarchies. Journal of Applied Social Psychology, 16: 118-138.

Hastie R, Park B, Weber R. 1984. Memory for information about people. In Wyer R S Jr, Srull T K(Eds.). Handbook of Social Cognition, Volume 2(pp. 151-212). Hillsdale : Erlbaum Associates.

Hastie R.1984. Causes and effects of causal attribution. Journal of Personality and Social Psychology, 46: 44-56.

Heider F. 1958. The Psychology of Interpersonal Relations. New York: Wiley.

Heine S J, Hamamura T. 2007. In search of east asian self enhancement. Personality Social Psychology Review, 11(1) : 4-27.

Hepper E G, Gramzow R. H, Sedikides C. 2010. Individual differences in self-enhancement and self-protection strategies: An integrative analysis. Journal of Personality, 78: 781-814.

Hewstone M, Jaspars J. 1983. A re-examination of the roles of consensus, consistency and distinctiveness: Kelly's cube revisited. British Journal of Social Psychology, 22: 41-50.

Hewstone M, Rubin M, Willis H. 2002. Intergroup bias. Annual Review of Psychology, 53: 575-604.

Hewstone M. 1990. The ultimate attribution error? A review of the literature on intergroup causal attribution. European Journal of Social Psychology, 20: 311-335.

Higgins E T, Rholes W S, Jones C R. 1977. Category accessibility and impression formation. Journal of Experimental Social Psychology, 13: 141-154.

Hilton D J, Smith R H, Kim S H. 1995. Processes of causal explanation and dispositional attribution. Journal of Personality and Social Psychology, 68: 377-387.

Hong Y, Morri M W, Chiu C, et al. 2000. Multicultural minds: A dynamic constructivist approach to culture and cognition. American Psychologist, 55: 709-720.

Hofmann W, Rauch W, Gawronski B. 2007. And deplete us not into temptation: Automatic attitudes, dietary restraint, and self-regulatory resources as determinants of eating behavior. Journal of Experimental Social Psychology, 43(3) : 497-504.

Islam M R, Hewstone M . 1993. Intergroup attributions and affective consequences in majority and minority groups. Journal of Personality and Social Psychology, 64: 936-950.

John O P, Robins R W. 1994. Accuracy and bias in self-perception: Individual differences in self-enhancement and the role of narcissism. Journal of Personality and Social Psychology, 66(1) : 206.

Johnston C, Lee C W . 2005. Children's attributions for their own versus others' behavior: Influence of actor versus observer differenees. Applied Developmental Psychology, 26: 314-328.

Jones E E, Davis K E. 1965. From acts to dispositions: The attribution process in person perception. Advances in Experimental Social Psychology, 2(21) : 219-266.

Jones E E, Harris V A. 1967. The attribution of attitudes. Journal of Experimental Social Psychology, 2 : 219-226.

Johnson-Laird P N, Legrenzi P, Girotto V, et al. 1999. Naive probability: A mental model theory of extensional reasoning. Psychological Review, 106 : 62-88.

John O P, Angleitner A, Ostendorf F. 1988. The lexical approach to personality: A historical review of trait taxonomic research. European Journal of Personality, 2: 171-203.

Jourden F J, Heath C. 1996. The evaluation gap in performance perceptions: Illusory perceptions of groups and individuals. Journal of Applied Psychology, 81: 369-379.

Kashima Y, Kashima E, Kim U, et al. 2006. Describing the social world: How is a person, a group, and a relationship described in the East and the West? Journal of Experimental Social Psychology, 42: 388-396.

Kassin S M. 1979. Consensus information, prediction, and causal attribution: A review of the literature and issues. Journal of Personality and Social Psychology, 37: 1966-1981.

Kay A C, Wheeler S C, Smeesters D. 2008. The situated person: Effects of construct accessibility on situation construals and interpersonal perception. Journal of Experimental Social Psychology, 44: 275-291.

Kelley H H, Michela J L.1980. Attribution theory and research. Annual Review of Psychology, 31:

457-501.

Kelley H H. 1973. The processes of causal attribution. American Psychologist, 28: 107-128.

Klinger R, Greenwald A G. 1995. Unconscious priming of association judgment. Journal of Experimental Psychology: Learning, Memory and Cognition, 21(3): 569-581.

Knobe J, Malle B F. 2002. Self and other in the explanation of behavior: 30 years later. Psychologica Belgica, 42: 113-130.

Krueger J. 1998. Enhancement bias in description of self and others. Personality and Social Psychology Bulletin, 24: 505-516.

Kutas M, Federmeier K D. 2011.Thirty years and counting: Finding meaning in the N400 component of the event-related brain potential (ERP). Annual Review of Psychology, 62: 621-647.

Landry C, Lange A, List J A, et al. 2006. Toward an understanding of the economics of charity: Evidence from a field experiment. The Quarterly Journal of Economics, 121: 747-782.

Leslie L M., Constantine V S, Fiske S T. 2007. Fourth in the Princeton quartet's analyses of ethnic and national stereotypes: Private ambivalence moderates modern stereotype content 70 years later.

Leyens J P, Yzerbyt V, Corneille O. 1996. The role of applicability in the emergence of the over attribution bias. Journal of Personality of Social Psychology, 70(2): 219-229.

Lantané B, Darley J M. 1970. The Unresponsive Bystander: Why Doesn't He Help? New York: Appleton Century Crofts.

Lazarus R S.1991. Cognition and motivation in emotion. American Psychologist, 46(4): 352-367.

Lehman D, Chiu C, Schaller M. 2004. Culture and psychology. Annual Review of Psychology, 55: 689-714.

Li Y J, Johnson K A, Cohen A B, et al. 2012. Fundamental(ist) attribution error: Protestants are dispositionally focused. Journal of Personality and Social Psychology, 102(2) : 281-290.

Lieberman M D, Gilbert D T, Gaunt R, et al. 2002. Reflection and reflexion: A social cognitive neuroscience approach to attributional inference. Advances in Experimental Social Psychology, 34: 199-249.

Lieberman M D, Jarcho J M, Obayashi J. 2005. Attributional inference across cultures: Similar automatic attributions and different controlled corrections. Personality and Social Psychology Bulletin, 31(7): 889-901.

Liebkind K, Henning-Lindblom A, Solheim E. 2006. Ingroup favouritism and outgroup derogation among Swedish-speaking finns. Nordic Psychology, 58(1): 57-73.

Mae L, Carlston D E, Skowronski J J. 1999. Spontaneous trait transference to familiar communicators: Is a little knowledge a dangerous thing? Journal of Personality and Social Psychology, 77: 233-246.

Malle B F. 2006. Intentionality, morality, and their relationship in human judgment. Journal of Cognition and Culture, 6: 87-112.

Markus H R, Kitayama S. 1991. Culture and the self: Implications for cognition, emotion, and motivation. Psychological Review, 98: 224-253.

Mann N H, Kawakami K. 2012. The long, steep path to equality: Progressing on egalitarian goals. Journal of Experimental Psychology: General, 141(1) : 187-197.

Masuda T, Gonzalez R, Kwan L, et al. 2008. Culture and aesthetic preference: Comparing the attention to context of East Asians and Americans. Personality and Social Psychology Bulletin, 34: 1260-1275.

Matsui T. 1995. Testing for the robustness of Weiner's attribution—Affect model of helping judgments for exogenous impact. In Weiner B(Eds.), Judgments of Responsibility: A Foundation for a Theory of Social Conduct (pp. 201-203). New York: The Guilford Press.

Menon T, Morris M, Chiu C Y, et al. 1999. Culture and the construal of ageney: Attribution to individual versus group dispositions. Journal of Personality and Social Psychology, 76: 701-717.

Mezulis A H, Abramson L Y, Hyde J S, et al. 2004. Is there a universal positivity bias in attributions? A meta-analytic review of individual, developmental, and cultural differences in the self serving attributional bias. Psychological Bulletin, 130(5): 711-720.

Miller A G, Jones E E, Hinkle S. 1981. A robust attribution error in the personality domain. Journal of Experimental Social Psychology, 17: 587-600.

Miller C H, Burgoon J K, Hall J R. 2007. The effects of implicit theories of moral character on affective reactions to moral transgressions. Social Cognition, 25: 819-832.

Miller D T, Ross M. 1975. Self serving biases in the attribution of causality: Fact or fiction? Psychological Bulletin, 82: 213-225.

Morris M W, Peng K P. 1994. Culture and cause: American and Chinese attributions for social and physical events. Journal of Personality and Social Psychology, 67: 949-971.

Mummendey A, Otten S, Berger U, et al. 2000. Positive-negative asymmetry in social discrimination: Valence of evaluation and salience of categorization. Personality Social Psychology Bulletin, 26(10): 1258-1270.

Nieuwenhuis S, Aston-Jones G, Cohen J D. 2005. Decision making, the P3, and the locus coeruleus-norepinephrine system. Psychological Bulletin, 131(4): 510-532.

Nisbett R E, Miyamoto Y. 2005. The influence of culture: Holistic versus analytic perception. Trends in Cognitive Sciences, 9: 467-473.

Nisbett R, Ross L. 1980. Human Inference: Strategies and Shortcomings of Social Judgment. Englewood Cliffs: Prentice Hall.

Norenzayan A, Schwarz N. 1999. Telling what they want to know: Participants tailor causal attributions to researchers' interests. European Journal of Social Psychology, 29: 1011-1020.

Norenzayan A, Smith E E, Kim B J, et al. 2002. Cultural preferences for formal versus intuitive reasoning. Cognitive Science, 26(5): 653-684.

Nosek B A, Smyth F L. 2007. A multitrait multimethod validation of the implicit association test: Implicit and explicit attitudes are related but distinct constructs. Experimental Psychology, 54(1): 14-29.

Nosek B A, Banaji M, Greenwald A G. 2002. Harvesting implicit group attitudes and beliefs from a demonstration web site. Group Dynamics: Theory, Research, and Practice, 6(1): 101-115.

Nosek B A, Banaji M R. 2001. The go/no-go association task. Social Cognition, 19(6): 625-666.

Nosek J T. 2004. Group cognition as a basis for supporting group knowledge creation and sharing. Journal of Knowledge Management, 8(4): 54-64.

Oishi C, Yoshida F. 2002. Black sheep effect and ingroup favoritism in social identity perspective. Shinrigaku Kenkyu, 73(5): 405-411.

Oswald P A. 2002. The interactive effects of affective demeanor, cognitive processes, and perspective-taking focus on helping behavior. The Journal of Social Psychology, 142(1): 120-132.

Otten S. 2003. "Me and us" or "us and them"？The self as heuristic for defining minimal ingroups. European Review of Social Psychology, 13: 1-33.

Peng K P, Knowles E. 2003. Culture, education, and the attribution of physical causality. Personality and Social Psychology Bulletin, 29: 1272-1284.

Pettigrew T F. 1979. The ultimate attribution error: Extending allport's cognitive analysis of prejudice. Personality Social Psychology Bulletin, 5: 461-476.

Prince R A, File K M. 1994. The Seven Faces of Philanthropy: A New Approach to Cultivating Major Donors. New York: Jossey-Bass.

Pronin E, Gilovich T, Ross L. 2004. Objectivity in the eye of the beholder: Divergent perception of bias in self versus others. Psychological Review, 111: 781-799.

Pronin E, Kruger J, Savitsky K, et al. 2001. You don't know me, but I know you: The illusion of asymmetric insight. Journal of Personality and Social Psychology, 81: 639-656.

Pronin E, Lin D. Y, Ross L. 2002. The bias blind spot: Perception of bias in self versus others. Personality and Social Psychology Bulletin, 28: 369-381.

Quattrone G A. 1982. Overattribution and unit formation: When behavior engulfs the person. Journal of Personality and Social Psychology, 42(4): 593.

Reeder G D, Pryor J B, Wohl M J A, et al. 2005. On attributing negative motives to others who disagree with our opinions. Personality and Social Psychology Bulletin, 31(11): 1498-1510.

Reeder G D. 2009. Mindreading and dispositional inference: MIM revised and extended. Journal of Psychological Inquiry, 20: 73-83.

Reeder G D, Vonk R, Ronk M J, et al. 2004. Dispositional attribution: Multiple inference about motive-related traits. Journal of Personality and Social Psychology, 86: 530-544.

Reeder G D, Monroe A E, Pryor J B. 2008. Impressions of Milgram's obedient teachers: Situational cues inform inferences about motives and traits. Journal of Personality and Social Psychology, 95: 1-7.

Ross L, Nisbett R. 1991. The Person and the Situation: Perspectives of Social Psychology. New York: McGraw Hill, 82-89.

Ross L D, Amabile T M, Steinmetz J L. 1977. Social roles, social control, and bias in social perception processes. Journal of Personality and Social Psychology, 35: 485-494.

Ross L, Greene D, House P. 1977. The false consensus phenomenon: An attributional bias in self perception and social perception processes. Journal of Experimental Social Psychology, 13: 279-301.

Rudman L A, Ashmore R D, Gary M L. 2001. "Unlearning" automatic biases: The malleability of implicit prejudice and stereotypes. Journal of Personality and Social Psychology, 81(5): 856-868.

Sabini J, Siepmann M, Stein J. 2001. The really fundamental attribution error in social psychological research. Psychological Inquiry, 12: 1-15.

Sachdeva S, Iliev R, Medin D L. 2009. Sinning saints and saintly sinners: The paradox of moral self regulation. Psychological Science, 20: 523-528.

Saelen C, Markovits H. 2008. Adolescents' emotion attributions and expectations of behavior in situations involving moral conflict. Journal of Experimental Child Psychology, 100(1): 53-76.

Sargeant A, Woodliffe L. 2007a. Individual Giving Behaviour. New York : The Routledge Companion to Nonprofit Marketing, 117.

Sargeant A, Woodliffe L. 2007b. Gift giving: An interdisciplinary review. International Journal of Nonprofit and Voluntary Sector Marketing, 12: 275-307.

Sargeant A, Ford J B, West D C. 2006. Perceptual determinants of nonprofit giving behavior. Journal of Business Research, 59: 155-165.

Schoda Y A, Mischel W, Wright J C. 1994. Intraindividual stability in the organization and patterning of behavior: Incorporating psychological situations into the idiographic analysis of personality. Journal of Personality and Social Psychology, 67(4): 674-687.

Seidel E M, Eickhoff S B, Kellermann T, et al. 2010. Who is to blame? Neural correlates of causal attribution in social situations. Social Neuroscience, 5(4): 335-350.

Sedikides C, Skowronski J J. 2009. Social cognition and self-cognition: Two sides of the same evolutionary coin? European Journal of Social Psychology, 39: 1245-1249.

Shapiro C. 1983. Premiums for high quality products as returns to reputations. Quarterly Journal of Economics, 98: 659-680.

Sherman D K, Kinias Z, Major B, et al. 2007. The group as a resource: Reducing biased attributions for group success and failure via group affirmation. Personality and Social Psychology Bulletin, 33: 1100-1112.

Sherman D K, Kim H S. 2005. Is there an " I " in " team " ? The role of the self in group serving judgments. Journal of Personality and Social Psychology, 88(1): 108-120.

Skowronski J J, Carlston D E, Mae L, et al.1998. Spontaneous trait transference: Communicators take on the qualities they describe in others. Journal of Personality and Social Psychology, 74(4): 837-848.

Smith C L, Gelfand D M, Hartmann D P, et al. 1979. Children's causal attributions regarding help giving. Child Development,50(1): 203-210.

Smith E R, Miller F D. 1983. Medication among attributional inference and comprehension processes: Initial findings and a general method. Journal of Personal and Social Psychology, 44: 492-505.

Snyder M L, Frankel A. 1976. Observer bias: A stringent test of behavior engulfing the field. Journal of Personality and Social Psychology, 34: 857-864.

Steins G, Weiner B. 1999. The influence of perceived responsibility and personality characteristics on the emotional and behavioral reactions to people with AIDS. Journal of Social Psychology, 139: 487-495.

Steele C M. 1988. The psychology of self affirmation: Sustaining the integrity of the self. Advances in Experimental Social Psychology, 21: 261-302.

Tajfel H, Turner J C. 1986. The social identity theory of intergroup behavior. Political Psychology, 13(3): 7-24.

Tamir D I, Mitchell J P. 2010. Neural correlates of anchoring and adjustment during mentalizing. Proceedings of the National Academy of Sciences, 107(24): 10827-10832.

Todorov A, Gobbini M I, Evans K K. 2007. Spontaneous retrieval of affective person knowledge in face perception. Neuropsychologia, 45(1): 163-173.

Todorov A, Uleman J S. 2002. Spontaneous trait inferences are bound to actors' faces: Evidence from a false recognition paradigm. Journal of Personality and Social Psychology, 83: 1051-1065.

Todorov A, Uleman J.S. 2003. The efficiency of binding spontaneous trait inferences to actors' faces. Journal of Experimental Social Psychology, 39(6): 549-562.

Todorov A, Uleman J S. 2004. The person reference process in spontaneous trait inferences. Journal of Personality and Social Psychology, 87(4): 482.

Trope Y, Gaunt R. 2000. Processing alternative explanations of behavior: Correction or integration? Journal of Personality and Social Psychology, 79: 344-354.

Trope Y, Liberman N, Wakslak C. 2007. Construal levels and psychological distance: Effects on representation, prediction, evaluation, and behavior. Journal of Consumer Psychology, 17(2): 83-95.

Tulving E E,Tomson D M. 1973. Encoding specificity and retrieval processes in episodic memory. Psychological Review, 30: 352-373.

Uleman J S, Blader S L, Todorov A. 2005. Implicit impressions. In Hassin R R, Uleman J S, Bargh J A (Eds.). The New Unconscious (pp. 362-392). New York: Oxford University Press.

Uleman J S. 1987. Conciousness and control: The case of spontaneous trait inferences. Personal and Social Psychology Bulletin, 13: 337-354.

Uleman J S, Voils C. 2001. Effects of culture and processing goals on the activation and binding of trait concepts. Social Cognition, 19(3): 295-323.

Van Boven L, Kamada A, Gilovich T. 1999. The perceiver as perceived: Everyday intuitions about the correspondence bias. Journal of Personality and Social Psycholog, 77: 1188-1199.

Van Duynslaeger M, Sterken C, Van Overwale F, et al. 2008. EEG components of spontaneous trait inferences. Social Neuroscience, 3(2): 164-177.

Van Overwalle F, Van Rooy D. 1998. A connectionist approach to causal attribution. In Read S J, Miller L C (Eds.), Connectionist Models of Social Reasoning and Social Behavior(pp. 142-171). New York: Lawrence Erlbaum.

Van Overwalle F, Heylighen F. 1995. Relating covariation information to causal dimensions through principles of contrast and invariance. European Journal of Social Psychology, 25: 435-455.

Van Overwalle F. 1997. Dispositional attributions require the joint application of the methods of difference and agreement. Personality and Social Psychology Bulletin, 23: 974-980.

Van den Bussche E, Van den Noortgate W, Reynvoet B. 2009. Mechanisms of Masked Priming: A meta-analysis. Psychological Bulletin, 135: 452-477.

Vassilopoulos S P, Banerjee R. 2008. Interpretations and judgments regarding positive and negative social scenarios in childhood social anxiety. Behaviour Research and Therapy, 46: 870-876.

Waston D. 1982. The actor and the observer: How are their perception of causality divergent? Psychology Bulletin, 92: 682-700.

Weber J G. 1993. Patterns of intergroup attribution bias and intergroup conflict. Los Angeles : University of California.

Wegener D T, Petty R E. 1994. Mood management across affective states: The hedonic contingency hypothesis. Journal of Personality and Social Psychology, 66(6): 1034-1048.

Weiner B. 1980. A cognitive (attribution) emotion action model of motivated behavior: An analysis of judgments of help-giving. Journal of Personality Social Psychology, 39(2): 186-200.

Weiner B. 1985. An attributional theory of achievement motivation and emotion. Psychological Review, 92(4): 548-573.

Weiner B. 1986. An Attributional Theory of Motivation and Emotion. New York : Springer-Verlage, 3-15.

Weiner B. 2000. Intrapersonal and interpersonal theories of motivation from an attributional perspective. Educational Psychology Review,12(1): 1-14.

Wilson T D, Lindsey S, Schooler T Y. 2000. A model of dual attitudes. Psychological Review, 107: 101-126.

Wingrove J, Bond A J. 2005. Correlation between trait hostility and faster reading times for sentences describing angry reactions to ambiguous situations. Cognition and Emotion, 19: 463-472.

Winter L, Uleman J S.1984. When are social judgements made? Evidence for the spontaneousness of trait inferences. Journal of Personality and Social Psychology, 47: 237-252.

White K R, Crites S L, Taylor J H, et al. 2009. Wait, what? Assessing stereotype incongruities using the N400 ERP component. Social Cognitive Affective Neuroscience, 4(2): 191-198.

White P A. 1990. Ideas about causation in philosophy and in psychology. Psychological Bulletin, 108: 3-18.

Yeung N, Holroyd C B, Cohen J D. 2005. ERP correlates of feedback and reward processing in the presence and absence of response choice. Cerebral Cortex, 15(5): 535-544.

附　　录

附录一　捐助行为情境故事

1. 新疆库尔勒市 63 岁老人王成将自己珍藏多年的罕世珍品、孤本微型《古兰经》拍卖，并将拍卖所得 650 万人民币全部捐献给青海玉树灾区的孤寡老人、生活困难老人、五保护老人，共计 323 人。

1）你认为主人公的行为由哪种原因决定？

个人内因　1——2——3——4——5——6——7　环境外因

2）如果是你，你是否愿意这样做？

非常愿意　1——2——3——4——5——6——7　非常不愿意

2. 宁夏海原县郑旗乡撒堡村的普通妇女马志英先后救助贫困大学生 95 名，为她们提供住房、做饭烧水、接济零用钱和学杂费、买药治病、买煤取暖，共支出各项费用 27.5 万余元，使她们顺利完成了学业。

1）你认为主人公的行为由哪种原因决定？

个人内因　1——2——3——4——5——6——7　环境外因

2）如果是你，你是否愿意这样做？

非常愿意　1——2——3——4——5——6——7　非常不愿意

附录二　内隐人格信念量表

项目	非常不同意	不太同意	说不来	比较同意	非常同意
1. 一个人的行为几乎全部取决于他的人格					
2. 不管环境如何变化，一个人的人格预期并指导着他按某种特定的方式行事					
3. 在某种意义上说，行为就是人格的反映					
4. 由于行为是由人格决定的，那么一个人的行为在不同的时间和地点是非常稳定的					
5. 假如我们了解了一个人的人格，我们就可以很容易地预测并解释他的行为					
6. 一个人的行为全部取决于他所处的环境					
7. 环境对行为的影响是非常大的，甚至超过了人格的作用					
8. 通常情况下，某种特定环境下就会出现某种特定的行为，与人格的关系不大					
9. 要预测并解释一个人的行为，我们必须把注意力集中到环境上而不是人格上					
10. 人格的作用比我们预想的要弱得多					
附加题	几乎不	较小程度	中等程度	很大程度	完全取决于
11. 你认为你的行为在多大程度上取决于你的人格品质？					
12. 你认为你的行为在多大程度上取决于你所处的环境？					

附录三　内隐归因材料

一、捐助主体

自己捐助词：自己捐助、自我捐助、本人捐助、俺捐助、我捐助。

他人捐助词：他人捐助、别人捐助、外人捐助、人家捐助、他捐助。

二、归因词

特质归因词：善良的、高尚的、无私的、友善的、美德的、同情的、爱心的、利他的、慈善的、慷慨的。

情境归因词：紧急的、偶然的、急需的、病危的、灾难的、不幸的、危急的、可怜的、困难的、贫穷的。

附录四　内群体认同量表

项目	完全不符合	不太符合	基本符合	比较符合	完全符合
1. 我的观念和态度与青少年的很相似					
2. 我很喜欢青少年					
3. 我感觉我能很好地融入青少年群体中					
4. 我觉得青少年都很团结					
5. 青少年这个群体对我很重要					
6. 我很认同青少年					
7. 青少年的事情与我密切相关					
8. 我很高兴自己是一名青少年					
9. 我认为自己属于青少年					

附录五　隐含特质句和外显包含特质句（节选）

1）她扶老奶奶过马路（隐含慈善）。

2）他经常帮助孤寡老人擦洗玻璃（隐含善良）。

3）女友出车祸，他却在她最需要安慰的时候离开了她（隐含薄情）。

4）她从来没有帮助过任何需要帮助的人（隐含自私）。

5）他很友善，见到陌生人时总是面带微笑（外显包含友善）。

6）他努力工作，经常加班到深夜（外显包含努力）。

7）同事反映他很卑鄙，想方设法利用关系把对手赶出了公司（外显包含卑鄙）。

8）他过于粗暴，仅仅因为心情不好，就经常恶狠狠地怒骂他人（外显包含粗暴）。

附录六　启动材料

1）捐助行为特质词：爱心、热情、善良、无私、利他、慈善、慷慨、无私。

2）捐助行为情境词：名誉、地位、紧急、要求、偶然、急需、病危、不幸。

3）中性词：草地、拖鞋、钥匙、公车、花瓶、手机、桌子、香皂。

附录七　捐助信念问卷

项目	绝对反对								绝对赞同
1. 社会捐助对我来说是一个非常重要的问题	1	2	3	4	5	6	7	8	9
2. 我并不在意自己对社会捐助的态度	1	2	3	4	5	6	7	8	9
3. 对于社会捐助问题，我并没有特别的观点	1	2	3	4	5	6	7	8	9
4. 我个人非常关注自己对社会捐助的态度	1	2	3	4	5	6	7	8	9
5. 我经常与朋友和同学讨论关于社会捐助的话题	1	2	3	4	5	6	7	8	9
6. 最近我经常考虑自己对社会捐助的态度	1	2	3	4	5	6	7	8	9
7. 我很少接触有关社会捐助的问题	1	2	3	4	5	6	7	8	9
8. 我近来很少关注有关社会捐助的问题	1	2	3	4	5	6	7	8	9

附录八　社会价值取向矩阵

　　以下为您提供了 12 种决策情景，在每个情景中，假设你和他人在同一个部门做业务。现在有三种业务方案 A、B、C，它们会使得你和他人的收益不同（见表中数字）。请您决定在每个情景下您选择哪个方案。请在你选择的选项 (A、B、C) 下打"√"。

序号	项目	方案				你的选择（只能选择一种方案，并打"√"）		
		A	B	C		A	B	C
1	自己收益	50	40	40				
	他人收益	20	0	40				
2	自己收益	60	70	55				
	他人收益	0	25	55				
3	自己收益	30	35	30				
	他人收益	30	15	5				
4	自己收益	50	50	60				
	他人收益	50	10	30				
5	自己收益	60	70	60				
	他人收益	10	30	60				
6	自己收益	75	75	85				
	他人收益	10	75	35				
7	自己收益	45	35	35				
	他人收益	20	35	0				
8	自己收益	70	80	70				
	他人收益	70	40	10				
9	自己收益	80	80	90				
	他人收益	10	80	50				
10	自己收益	60	55	50				
	他人收益	25	5	50				
11	自己收益	40	40	50				
	他人收益	40	0	15				
12	自己收益	40	30	30				
	他人收益	10	30	0				